中职教育"十三五"规划教材
ZHONGZHI JIAOYU "SHISANWU" GUIHUA JIAOCAI

Excel在财务数据处理中的应用

Excel Zai Caiwu Shuju Chuli Zhong De Yingyong

主编／王兰兰
副主编／梁玉建 黄静闽

立信会计出版社
LIXIN ACCOUNTING PUBLISHING HOUSE

图书在版编目(CIP)数据

Excel在财务数据处理中的应用 / 王兰兰主编. —上海：立信会计出版社，2020.8
ISBN 978-7-5429-6543-1

Ⅰ.①E… Ⅱ.①王… Ⅲ.①表处理软件—应用—财务管理 Ⅳ.①F275-39

中国版本图书馆CIP数据核字(2020)第125527号

策划编辑　赵新民
责任编辑　王斯龙

Excel在财务数据处理中的应用
Excel zai Caiwu Shuju Chuli zhong de Yingyong

出版发行	立信会计出版社		
地　　址	上海市中山西路2230号	邮政编码	200235
电　　话	(021)64411389	传　　真	(021)64411325
网　　址	www.lixinaph.com	电子邮箱	lixinaph2019@126.com
网上书店	http://lixin.jd.com		http://lxkjcbs.tmall.com
经　　销	各地新华书店		

印　　刷	上海天地海设计印刷有限公司
开　　本	787毫米×1092毫米　1/16
印　　张	11.25
字　　数	208千字
版　　次	2020年8月第1版
印　　次	2020年8月第1次
印　　数	1—2100
书　　号	ISBN 978-7-5429-6543-1/F
定　　价	30.00元

前　言

历时一年多,《Excel在财务数据处理中的应用》这本书终于和您见面了。

本书以Excel2016专业增强版为基础进行讲解,同时也适用于Excel的其他版本和WPS表格,但个别功能的位置及其实现方式不尽相同。

书中共分为八个项目,包括Excel2016的基本操作、Excel2016的数据格式设置、Excel2016的公式与引用、Excel2016的数据整理、Excel2016的常用函数、Excel2016在会计工作中的应用、Excel2016在进销存中的应用以及Excel2016在人力资源管理中的应用。

本书有以下几个显著特点。

一、易教易学

书中对每个任务都附有详细的操作步骤,并附有视频讲解,且对操作中的注意事项进行了提示和说明,不仅方便老师的教学,还方便学生和实务工作者的自学。

二、针对性

本书采用Excel2016进行财务数据处理,主要是适应当前及未来实务工作中财务数据的处理需要,也适应目前正在进行的广东省中等职业学校财务数据处理竞赛的需要。

三、实用性

本书所包含的八个项目中,前五个项目主要讲解Excel2016的基本功能,通过学习和不断强化练习,学生能适应大部分数据处理的需要,同时为后三个项目的学习打下坚实的基础。

本书的重点并不是对 Excel2016 的全面讲解，而是对其实际操作方法的提炼。如果需要了解 Excel2016 各个选项的功能，可以通过向老师请教或网上搜索进行学习。书中涉及的任务资料下载文件以及任务操作视频，扫描文末二维码即可自行下载。

本书由王兰兰担任主编，梁玉建和黄静闽担任副主编，姜国君对全书进行统稿和审读。本书编写结合了编者多年从事会计实务工作与 Excel 教学工作的经验，希望对使用者学习能有所帮助。同时，还要感谢立信会计出版社的编辑对本书的大力支持。

因时间仓促，书中如有错漏之处，敬请读者朋友批评指正。

编　者

2020 年 8 月

任务操作视频　　任务资料下载文件

目　录

项目 1

Excel2016 的基本操作

任务 1.1　数据输入
任务 1.2　数据处理
任务 1.3　数据输出
任务 1.4　数据保护

本项目主要介绍 Excel2016 的基本操作，包括数据输入、数据处理、数据输出及数据保护，重点讲解其中比较有特点的操作流程和技巧，以便提高工作效率。

任务 1.1 数据输入

数据输入通常可以分为在表中直接输入和从外部导入。其中，直接输入又可以分为在选中的单元格区域中直接输入和利用记录单进行输入。一般来说，如果输入的数据量不是很大，则采用直接在单元格区域中输入的方法。如果数据量大，则最好采用记录单方式输入。下面对比较常用且有特点的数据输入方法加以介绍。

1.1.1 在多个连续单元格区域输入相同数据

【任务描述】

在多个连续单元格区域输入数据的单元格区域输入相同数据。

【任务资料】

参见下载文件“项目 1 Excel2016 的基本操作\任务 1.1 数据输入\任务 1.1 数据输入. xlsx”中的工作表“任务 1.1.1 在多个连续单元格区域输入相同数据”。

【操作流程】

(1) 双击“任务 1.1 数据输入. xlsx”，单击“任务 1.1.1 在多个连续单元格区域输入相同数据”工作表标签。

(2) 选中 A2:J26 单元格区域，在其中的反白单元格中输入“我爱学习 Excel”，按【Ctrl＋Enter】组合键。

(3) 按组合键的方法：先按住前面的键不放，然后再按后面一个键。如先按住【Ctrl】键不放开，再按住【Enter】键，即可完成按【Ctrl＋Enter】组合键的操作。在按组合键时，如果键位相距较远，最好使用双手操作。

【成果展示】

操作结果如图 1-1-1 所示。

1.1.2 在多个非连续单元格区域输入相同数据

【任务描述】

在多个非连续空白单元格区域输入相同数据。

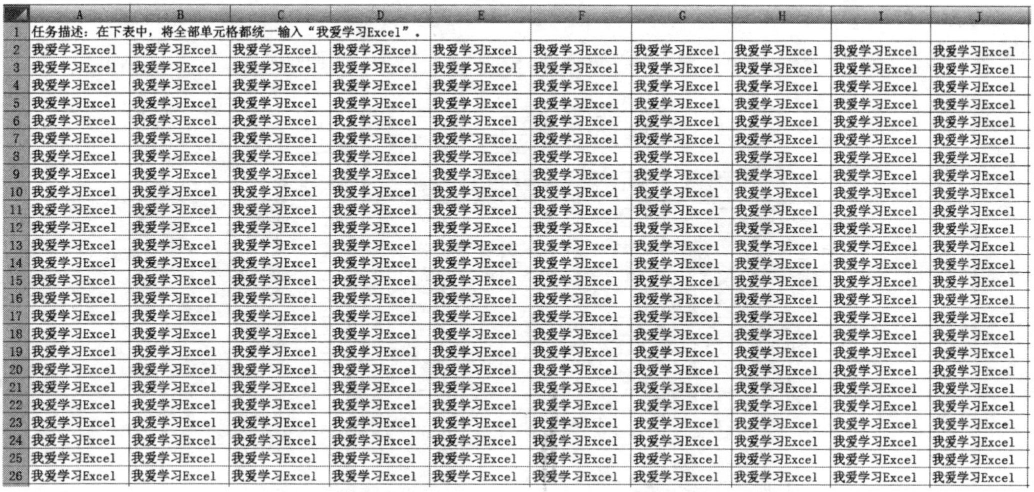

	A	B	C	D	E	F	G	H	I	J
1	任务描述：在下表中，将全部单元格都统一输入"我爱学习Excel"。									
2	我爱学习Excel	我爱学习Excel	我爱学习Excel	我爱学习Excel	我爱学习Excel	我爱学习Excel	我爱学习Excel	我爱学习Excel	我爱学习Excel	我爱学习Excel
3	我爱学习Excel	我爱学习Excel	我爱学习Excel	我爱学习Excel	我爱学习Excel	我爱学习Excel	我爱学习Excel	我爱学习Excel	我爱学习Excel	我爱学习Excel
4	我爱学习Excel	我爱学习Excel	我爱学习Excel	我爱学习Excel	我爱学习Excel	我爱学习Excel	我爱学习Excel	我爱学习Excel	我爱学习Excel	我爱学习Excel
5	我爱学习Excel	我爱学习Excel	我爱学习Excel	我爱学习Excel	我爱学习Excel	我爱学习Excel	我爱学习Excel	我爱学习Excel	我爱学习Excel	我爱学习Excel
6	我爱学习Excel	我爱学习Excel	我爱学习Excel	我爱学习Excel	我爱学习Excel	我爱学习Excel	我爱学习Excel	我爱学习Excel	我爱学习Excel	我爱学习Excel
7	我爱学习Excel	我爱学习Excel	我爱学习Excel	我爱学习Excel	我爱学习Excel	我爱学习Excel	我爱学习Excel	我爱学习Excel	我爱学习Excel	我爱学习Excel
8	我爱学习Excel	我爱学习Excel	我爱学习Excel	我爱学习Excel	我爱学习Excel	我爱学习Excel	我爱学习Excel	我爱学习Excel	我爱学习Excel	我爱学习Excel
9	我爱学习Excel	我爱学习Excel	我爱学习Excel	我爱学习Excel	我爱学习Excel	我爱学习Excel	我爱学习Excel	我爱学习Excel	我爱学习Excel	我爱学习Excel
10	我爱学习Excel	我爱学习Excel	我爱学习Excel	我爱学习Excel	我爱学习Excel	我爱学习Excel	我爱学习Excel	我爱学习Excel	我爱学习Excel	我爱学习Excel
11	我爱学习Excel	我爱学习Excel	我爱学习Excel	我爱学习Excel	我爱学习Excel	我爱学习Excel	我爱学习Excel	我爱学习Excel	我爱学习Excel	我爱学习Excel
12	我爱学习Excel	我爱学习Excel	我爱学习Excel	我爱学习Excel	我爱学习Excel	我爱学习Excel	我爱学习Excel	我爱学习Excel	我爱学习Excel	我爱学习Excel
13	我爱学习Excel	我爱学习Excel	我爱学习Excel	我爱学习Excel	我爱学习Excel	我爱学习Excel	我爱学习Excel	我爱学习Excel	我爱学习Excel	我爱学习Excel
14	我爱学习Excel	我爱学习Excel	我爱学习Excel	我爱学习Excel	我爱学习Excel	我爱学习Excel	我爱学习Excel	我爱学习Excel	我爱学习Excel	我爱学习Excel
15	我爱学习Excel	我爱学习Excel	我爱学习Excel	我爱学习Excel	我爱学习Excel	我爱学习Excel	我爱学习Excel	我爱学习Excel	我爱学习Excel	我爱学习Excel
16	我爱学习Excel	我爱学习Excel	我爱学习Excel	我爱学习Excel	我爱学习Excel	我爱学习Excel	我爱学习Excel	我爱学习Excel	我爱学习Excel	我爱学习Excel
17	我爱学习Excel	我爱学习Excel	我爱学习Excel	我爱学习Excel	我爱学习Excel	我爱学习Excel	我爱学习Excel	我爱学习Excel	我爱学习Excel	我爱学习Excel
18	我爱学习Excel	我爱学习Excel	我爱学习Excel	我爱学习Excel	我爱学习Excel	我爱学习Excel	我爱学习Excel	我爱学习Excel	我爱学习Excel	我爱学习Excel
19	我爱学习Excel	我爱学习Excel	我爱学习Excel	我爱学习Excel	我爱学习Excel	我爱学习Excel	我爱学习Excel	我爱学习Excel	我爱学习Excel	我爱学习Excel
20	我爱学习Excel	我爱学习Excel	我爱学习Excel	我爱学习Excel	我爱学习Excel	我爱学习Excel	我爱学习Excel	我爱学习Excel	我爱学习Excel	我爱学习Excel
21	我爱学习Excel	我爱学习Excel	我爱学习Excel	我爱学习Excel	我爱学习Excel	我爱学习Excel	我爱学习Excel	我爱学习Excel	我爱学习Excel	我爱学习Excel
22	我爱学习Excel	我爱学习Excel	我爱学习Excel	我爱学习Excel	我爱学习Excel	我爱学习Excel	我爱学习Excel	我爱学习Excel	我爱学习Excel	我爱学习Excel
23	我爱学习Excel	我爱学习Excel	我爱学习Excel	我爱学习Excel	我爱学习Excel	我爱学习Excel	我爱学习Excel	我爱学习Excel	我爱学习Excel	我爱学习Excel
24	我爱学习Excel	我爱学习Excel	我爱学习Excel	我爱学习Excel	我爱学习Excel	我爱学习Excel	我爱学习Excel	我爱学习Excel	我爱学习Excel	我爱学习Excel
25	我爱学习Excel	我爱学习Excel	我爱学习Excel	我爱学习Excel	我爱学习Excel	我爱学习Excel	我爱学习Excel	我爱学习Excel	我爱学习Excel	我爱学习Excel
26	我爱学习Excel	我爱学习Excel	我爱学习Excel	我爱学习Excel	我爱学习Excel	我爱学习Excel	我爱学习Excel	我爱学习Excel	我爱学习Excel	我爱学习Excel

图1-1-1　输入相同数据

【任务资料】

参见下载文件"项目1　Excel2016的基本操作\任务1.1　数据输入\任务1.1　数据输入.xlsx"中的工作表"任务1.1.2　在多个非连续单元格区域输入相同数据"。

【操作流程】

(1) 双击"任务1.1　数据输入.xlsx",单击"任务1.1.2　在多个非连续单元格区域输入相同数据"工作表标签。

(2) 选取包含空白单元格的A2:C66单元格区域,按【F5】键(或按【Ctrl+G】组合键)→"定位条件"→"空值"。

(3) 在反白的单元格C4中输入等号(=),选取C3单元格,按【Ctrl+Enter】组合键。

说明:若要输入相同数据而不是公式,则在反白的单元格中输入数据,然后按【Ctrl+Enter】组合键即可。

【成果展示】

操作结果如图1-1-2所示。

【操作技巧】

(1) 要输入的公式可以根据实际需要选择或上、或下、或左、或右。

(2) 一旦选中区域后就不要随意点击其他位置,直到数据或公式输入完成为止。

	A	B	C	D	E	F	G	H
1	任务描述：请将左面表格的A、B、C三列中的空白单元格填写正确内容。							
2	区域	门店	渠道	员工编号	姓名	销售日期	产品类型	金额
3	东城区	一店	线上	CZGS025	雷横	2019/8/30	电脑配件	7,000.00
4	东城区	一店	线上	CZGS026	李俊	2019/8/30	电脑配件	5,800.00
5	东城区	一店	线上	CZGS027	阮小二	2019/8/30	笔记本电脑	28,900.00
6	东城区	一店	线下	CZGS028	张横	2019/8/30	电脑配件	2,300.00
7	东城区	二店	线上	CZGS029	阮小五	2019/8/30	笔记本电脑	20,000.00
8	东城区	二店	线上	CZGS030	张顺	2019/8/30	电脑配件	45,000.00
9	东城区	二店	线上	CZGS031	阮小七	2019/8/30	笔记本电脑	67,230.00
10	东城区	二店	线下	CZGS032	杨雄	2019/8/30	电脑配件	3,900.00
11	东城区	三店	线上	CZGS021	刘唐	2019/8/30	电脑配件	3,400.00
12	东城区	三店	线上	CZGS022	李逵	2019/8/30	台式电脑	47,000.00
13	东城区	三店	线上	CZGS023	史进	2019/8/30	电脑配件	3,800.00
14	东城区	三店	线上	CZGS024	穆弘	2019/8/30	电脑配件	2,800.00
15	东城区	三店	线下	CZGS019	索超	2019/8/30	台式电脑	75,000.00
16	东城区	三店	线下	CZGS020	戴宗	2019/8/30	电脑配件	5,000.00
17	南城区	一店	线上	CZGS007	秦明	2019/8/30	电脑配件	3,800.00
18	南城区	一店	线上	CZGS008	呼延灼	2019/8/30	电脑配件	2,800.00
19	南城区	一店	线上	CZGS009	花荣	2019/8/30	电脑配件	6,000.00
20	南城区	一店	线上	CZGS010	柴进	2019/8/30	电脑配件	3,400.00
21	南城区	一店	线下	CZGS006	林冲	2019/8/30	笔记本电脑	49,000.00
22	南城区	二店	线上	CZGS011	李应	2019/8/30	电脑配件	6,000.00
23	南城区	二店	线下	CZGS012	朱仝	2019/8/30	电脑配件	3,400.00
24	南城区	二店	线下	CZGS013	鲁智深	2019/8/30	台式电脑	25,000.00

图 1-1-2　多个非连续单元格区域输入相同数据(部分)

1.1.3　输入序号

【任务描述】

在连续单元格区域(通常是一列或一行)输入序号。

【任务资料】

参见下载文件“项目 1　Excel2016 的基本操作\任务 1.1　数据输入\任务 1.1　数据输入. xlsx”中的工作表“任务 1.1.3　输入序号”。

【操作流程】

(1) 双击“任务 1.1　数据输入. xlsx”,单击“任务 1.1.3　输入序号”工作表标签。

(2) 在 A3 单元格输入初始值“1”,鼠标移至 A3 单元格的右下角,在出现黑色十字时拖动,松开鼠标时,在浮动的“自动填充选项”中选择“填充序列”。或者按住【Ctrl】键的同时进行拖动,也会有相同的填充效果。本操作方法适用于输入序号比较少的情况。

(3) 如果要填充的序号很多,如本任务要求的 1 至 1 000 或者更多的序号,拖动就不是很方便。此时,可以采用如下操作: 在 A3 单元格输入“1”,鼠标选中 A3:A1002 单元格区域,单击“开始”→“填充”→“序列”,将“序列产生在”栏中的“行”改成“列”,类型选择“等差序列”,步长值输入“1”(也可以按需要输入其他值),按【Enter】键。

【提示】

此种方法也适用于日期的连续输入。

【成果展示】

操作结果如图 1-1-3 所示。

	A	B	C	D	E	F
1	任务描述：在A3：A1002的单元格区域中，输入1至1000的序列号。					
2	序号					
3	1					
4	2					
5	3					
6	4					
7	5					
8	6					
9	7					
10	8					
11	9					
12	10					
13	11					
14	12					
15	13					
16	14					
17	15					
18	16					

图 1-1-3 输入序号(部分)

【操作技巧】

选择单元格区域时,通常有以下几种方法:

(1) 按住鼠标左键进行拖动。

(2) 选中某个单元格,按住【Ctrl】键不放,再单击其他需要的单元格,即可选中不连续的单元格区域。

(3) 选中某个单元格,按住【Shift】键不放,再单击需要的最后一个单元格,即可选中连续的单元格区域。

(4) 如果要选择的连续单元格区域较大,在名称框中输入单元格区域则更加方便。如要选择 A3:A1002 单元格区域,在名称框中输入 A3:A1002,按【Enter】键。

1.1.4 简单选择输入

【任务描述】

在同一列的相邻单元格中输入上面重复的数据。

【任务资料】

参见下载文件“项目 1 Excel2016 的基本操作\任务 1.1 数据输入\任务 1.1

数据输入.xlsx”中的工作表“任务 1.1.4　简单选择输入”。

【操作流程】

(1) 双击“任务 1.1　数据输入.xlsx”,单击“任务 1.1.4　简单选择输入”工作表标签。

(2) 在 A2:A4 单元格区域分别输入“张三”“李四”和“王五”。

(3) 在 A5 单元格中需要再次输入“张三”,则有多种输入方法,如直接在键盘上输入“张三”,或复制 A2 单元格中的“张三”,或者用类似下拉菜单的选择方法。

选中 A5 单元格,按【Alt+↓】组合键,在下拉列表中用光标键或鼠标进行选择输入。

【提示】

(1)【↓】键为键盘上向下的光标键。

(2) 如果重复的是上一个单元格中的数据,直接按【Ctrl+D】组合键即可。

(3) Excel 本身也有联想输入的功能,即当再次输入前面已经输入过的内容时,可以先输入第一个字符,然后按提示按【Enter】键即可。

【成果展示】

操作结果如图 1-1-4 所示。

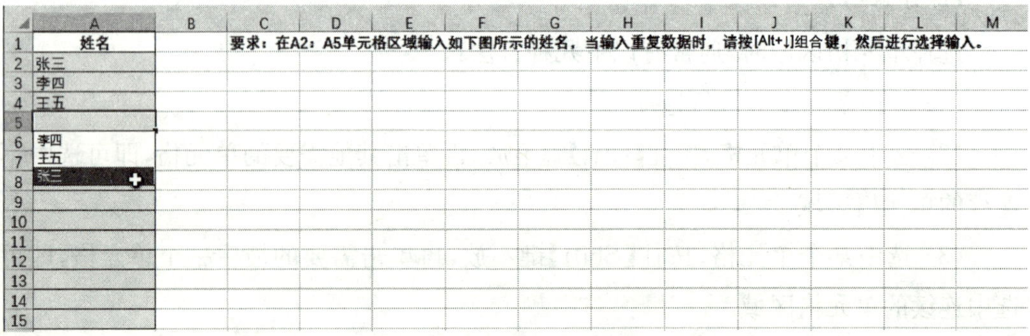

图 1-1-4　简单选择输入

1.1.5　选择输入的设置与输入

【任务描述】

对商品名称和商品型号设置联动一、二级下拉菜单,并输入数据。

【任务资料】

参见下载文件“项目 1　Excel2016 的基本操作\任务 1.1　数据输入\任务 1.1

数据输入.xlsx”中的工作表“任务1.1.5 选择输入的设置与输入”。

【操作流程】

(1) 双击“任务1.1 数据输入.xlsx”,单击“任务1.1.5 选择输入的设置与输入”工作表标签。选中C3:C52单元格区域。

(2) 单击“数据”→“数据验证”→“数据验证”。

(3) 在弹出的对话框中选择“设置”→“序列”。

(4) 单击“来源”中右下角的折叠按钮。

(5) 鼠标拖选F3:I3单元格区域后,再次单击折叠按钮,单击“确定”。

(6) 选中F3:I8单元格区域,按【F5】键,选择“定位条件”→“常量”。

(7) 单击“公式”→“根据所选内容创建”→“首行”→“确定”,如图1-1-5a所示。

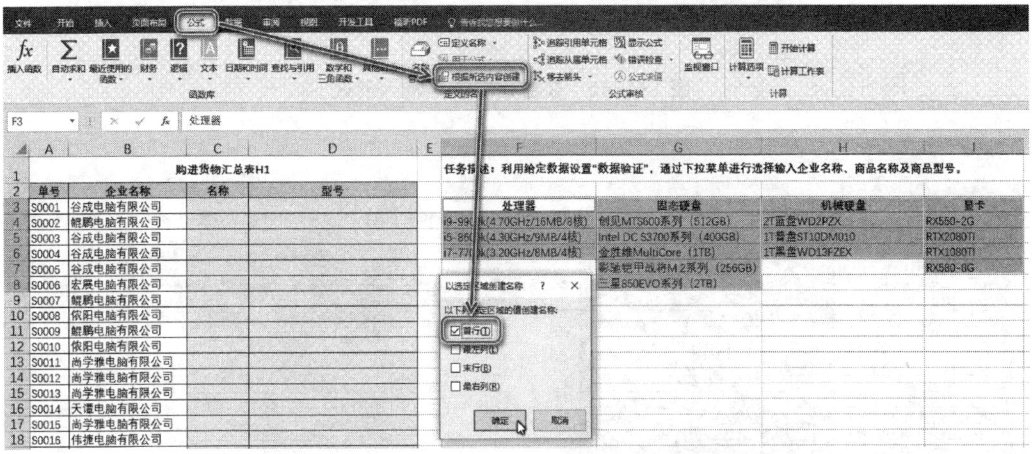

图1-1-5a 根据首行创建名称

(8) 选中D3:D52单元格区域设置数据验证,在“来源”处输入公式“=indirect(C3)”,如图1-1-5b所示。

在设置完数据验证后,就可以轻松地输入数据了。

(9) 单击C3单元格,在右侧的下拉菜单中选择“固态硬盘”。

(10) 单击D3单元格,在右侧的下拉菜单中选择“创见MTS600系列(512GB)”。

(11) 重复上述操作,完成全部数据录入工作。

【成果展示】

操作结果如图1-1-5c所示。

【提示】

关于公式“=indirect(C3)”的具体含义,请参照“项目5 Excel2016的常用函数”。

图 1-1-5b　在数据验证中输入公式

购进货物汇总表H1

单号	企业名称	商品名称	商品型号
S0001	谷成电脑有限公司	固态硬盘	创见MTS600系列（512GB）
S0002	鲲鹏电脑有限公司	显卡	RX550-2G
S0003	谷成电脑有限公司	处理器	i9-9900k(4.70GHz/16MB/8核)
S0004	谷成电脑有限公司	处理器	i5-8600k(4.30GHz/9MB/4核)
S0005	谷成电脑有限公司	机械硬盘	2T蓝盘WD2PZX
S0006	宏展电脑有限公司	显卡	RX550-2G
S0007	鲲鹏电脑有限公司	处理器	i9-9900k(4.70GHz/16MB/8核)
S0008	依阳电脑有限公司	机械硬盘	1T普盘ST10DM010
S0009	鲲鹏电脑有限公司	固态硬盘	创见MTS600系列（512GB）
S0010	依阳电脑有限公司	显卡	RTX2080TI
S0011	尚学雅电脑有限公司	显卡	RTX1080TI
S0012	尚学雅电脑有限公司	固态硬盘	创见MTS600系列（512GB）
S0013	尚学雅电脑有限公司	固态硬盘	Intel DC S3700系列（400GB）
S0014	天谭电脑有限公司	机械硬盘	1T黑盘WD13FZEX
S0015	尚学雅电脑有限公司	显卡	RX580-8G
S0016	伟捷电脑有限公司	机械硬盘	1T黑盘WD13FZEX

任务描述：利用给定数据设置“数据验证”，通过下拉菜单进行选择输入企业名称、商品名称及商品型号。

处理器	固态硬盘	机械硬盘	显卡
i9-9900k(4.70GHz/16MB/8核)	创见MTS600系列（512GB）	2T蓝盘WD2PZX	RX550-2G
i5-8600k(4.30GHz/9MB/4核)	Intel DC S3700系列（400GB）	1T普盘ST10DM010	RTX2080TI
i7-7700k(3.20GHz/8MB/4核)	金胜维MultiCore（1TB）	1T黑盘WD13FZEX	RTX1080TI
	影驰铠甲战将M.2系列（256GB）		RX580-8G
	三星850EVO系列（2TB）		

图 1-1-5c　利用下拉菜单选择录入数据(部分)

1.1.6　日期输入

日期输入有多种方法，不同的方法适合不同的需求。例如，有的适合输入当天日期，有的适合输入当年日期，有的适合输入连续日期，有的适合输入不连续的多个日期等。

输入当天的日期，可以用【Ctrl+;】组合键（如果因冲突无法使用，则改用【Ctrl+Win+;】组合键）、搜狗等拼音输入法和 TODAY 函数。其中，除了用 TODAY 函数获取的日期会随系统日期的变动而变动外，前几种日期都不会因为系统日期的变动而发生变动。输入当年的日期时，既可以输入日期的全部内容，也可以仅输入“年的后两位＋月日”，或直接输入月日，如2019/9/10、19/9/10或9/10。如果是输入非当年日期，则只能是输入日期的全部内容或是输入“年的后两位＋月日”。

【提示】

通常，【Win】键是键盘左下角处于【Fn】键与【Alt】键中间带微软徽标的那个键。当然，不同的键盘布局中【Win】键所在的位置不完全一样，使用时在键盘的左下角找一下即可。

如果要输入某个开始日的连续日期、连续工作日、连续月份等，简单的方法是：在起始单元格输入初始值，然后利用鼠标拖动的方法来完成需要的日期输入。

【任务描述】

日期的连续(序列)输入。

【任务资料】

参见下载文件“项目1　Excel2016的基本操作\任务1.1　数据输入\任务1.1　数据输入.xlsx”中的工作表“任务1.1.6　日期输入”。

【操作流程】

(1) 双击“任务1.1　数据输入.xlsx”，单击“任务1.1.6　日期输入”工作表标签。

(2) 鼠标移至A2单元格的右下角，出现黑色十字时拖动到A30单元格，松开鼠标即可完成“输入连续日期”的操作。

(3) 鼠标移至B2单元格的右下角，出现黑色十字时拖动到B30单元格，松开鼠标时，在浮动的“自动填充选项”中选择“以工作日填充”，即可完成“输入工作日”的操作。

(4) 鼠标移至C2单元格的右下角，出现黑色十字时拖动到C30单元格，松开鼠标时，在浮动的“自动填充选项”中选择“以月填充”，即可完成“输入连续月份的日期”的操作。

【成果展示】

操作结果如图1-1-6所示。

【任务拓展】

(1) 自学“转到”(或“定位条件”)的其他功能，看看除了能够定位空单元格外，还能定位哪些内容。

(2) 试着选取“任务1.1　数据输入.xlsx”中的“任务1.1.3　输入序号”工作表中的A2:C1048576单元格区域。

(3) 自学数据验证的其他功能，体会“输入信息”和“出错警告”的人性化管理功能。

	A	B	C	D	E	F
1	输入连续日期	输入工作日	输入连续月份的日期		任务描述：	
2	2019/9/10	2019/9/10	2019/9/10		在A2:C30单元格区域中输入日期数据。	
3	2019/9/11	2019/9/11	2019/10/10			
4	2019/9/12	2019/9/12	2019/11/10			
5	2019/9/13	2019/9/13	2019/12/10			
6	2019/9/14	2019/9/16	2020/1/10			
7	2019/9/15	2019/9/17	2020/2/10			
8	2019/9/16	2019/9/18	2020/3/10			
9	2019/9/17	2019/9/19	2020/4/10			
10	2019/9/18	2019/9/20	2020/5/10			
11	2019/9/19	2019/9/23	2020/6/10			
12	2019/9/20	2019/9/24	2020/7/10			
13	2019/9/21	2019/9/25	2020/8/10			
14	2019/9/22	2019/9/26	2020/9/10			
15	2019/9/23	2019/9/27	2020/10/10			
16	2019/9/24	2019/9/30	2020/11/10			
17	2019/9/25	2019/10/1	2020/12/10			
18	2019/9/26	2019/10/2	2021/1/10			

图 1-1-6　日期的连续输入(部分)

(4) 如果想让“任务 1.1.5　选择输入的设置与输入”工作表中的下拉列表能够随需要任意扩展,该怎样解决呢?(提示:利用“插入”→“表格”功能)

(5) 自学“记录单”,试用“记录单”功能完成“购进货物汇总表 H1. xlsx”和“固定资产清单. xlsx”的数据录入工作。(上述两个文件在下载文件“项目 1　Excel2016 的基本操作\任务 1.1　数据输入”中)

任务 1.2　数 据 处 理

无论是手工输入的数据还是从其他系统中导入的数据,在经过处理前,Excel 只起到了保存的作用。

一般地,Excel 是以数据源表(也称数据清单或数据库表)的形式来储存数据的,如图 1-2-1 所示。

在图 1-2-1 所示的数据清单中,A1、B1、C1、D1 四个单元格分别代表数据清单中的四个不同的字段,从第 2 行开始的内容称为记录。虽然每一条记录的内容不尽相同,但每个字段下的内容却具有相同属性。这样,当我们要查找某个“单号”的“商品名称”时,就可以以该“单号”为基准,往右数 3 列即可找到。理解字段和记录两个概念,有利于今后学习和使用各种查找引用函数,如 VLOOKUP 函数等。

数据处理通常包括排序、筛选、分类汇总、插入数据透视表及图表等操作,通过对 Excel 存储的数据进行处理,从而获得管理中所需要的信息。

单号	企业名称	商品名称	商品型号
S0001	谷成电脑有限公司	固态硬盘	创见MTS600系列（512GB）
S0002	鲲鹏电脑有限公司	显卡	RX550-2G
S0003	谷成电脑有限公司	处理器	i9-9900k(4.70GHz/16MB/8核)
S0004	谷成电脑有限公司	处理器	i5-8600k(4.30GHz/9MB/4核)
S0005	谷成电脑有限公司	机械硬盘	2T蓝盘WD2PZX
S0006	宏展电脑有限公司	显卡	RX550-2G
S0007	鲲鹏电脑有限公司	处理器	i9-9900k(4.70GHz/16MB/8核)
S0008	依阳电脑有限公司	机械硬盘	1T普盘ST10DM010
S0009	鲲鹏电脑有限公司	固态硬盘	创见MTS600系列（512GB）
S0010	依阳电脑有限公司	显卡	RTX2080TI
S0011	尚学雅电脑有限公司	显卡	RTX1080TI
S0012	尚学雅电脑有限公司	固态硬盘	创见MTS600系列（512GB）
S0013	尚学雅电脑有限公司	固态硬盘	Intel DC S3700系列（400GB）
S0014	天谭电脑有限公司	机械硬盘	1T黑盘WD13FZEX
S0015	尚学雅电脑有限公司	显卡	RX580-8G
S0016	伟捷电脑有限公司	机械硬盘	1T黑盘WD13FZEX
S0017	尚学雅电脑有限公司	显卡	RTX1080TI
S0018	尚学雅电脑有限公司	固态硬盘	创见MTS600系列（512GB）
S0019	郸阳电脑有限公司	固态硬盘	金胜维MultiCore（1TB）
S0020	长发电脑有限公司	显卡	RX580-8G
S0021	中天电脑有限公司	机械硬盘	1T黑盘WD13FZEX
S0022	谷成电脑有限公司	固态硬盘	影驰铠甲战将M.2系列（256GB）
S0023	谷成电脑有限公司	机械硬盘	1T普盘ST10DM010
S0024	谷成电脑有限公司	机械硬盘	1T黑盘WD13FZEX

图 1-2-1　数据库表(数据清单)

1.2.1　排序

排序是指按一定规则对数据清单进行整理、排列，它可以为数据的进一步加工处理做好准备。Excel 提供了多种方法对数据清单进行排序，可以按升序、降序的方式，也可以进行自定义排序。

由于排序是数据处理的常用功能之一，为此，Excel 提供了多种排序的途径，如图 1-2-2a 和图 1-2-2b 所示。

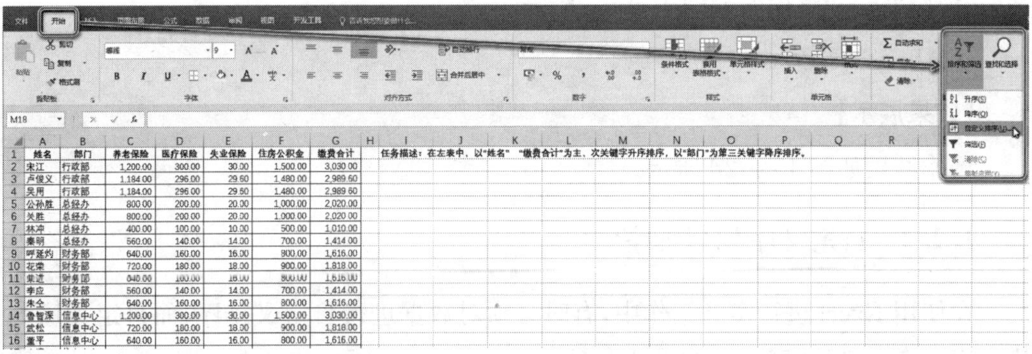

图 1-2-2a　从“开始”标题栏打开的“排序”功能

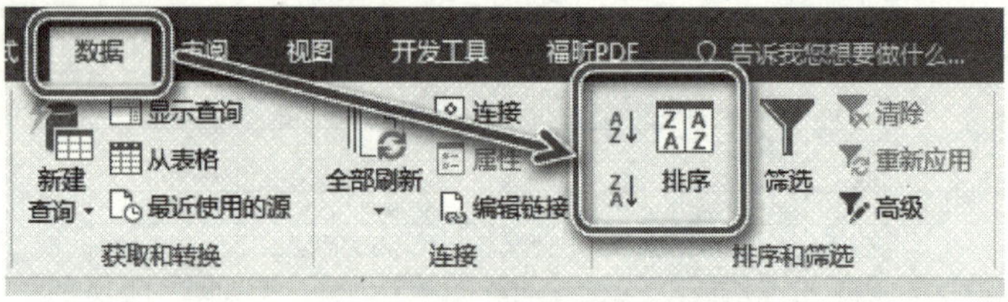

图 1-2-2b　从“数据”标题栏打开的“排序”功能

【任务描述】

对数据按多列(多关键字)进行排序。

【任务资料】

参见下载文件“项目 1　Excel2016 的基本操作\任务 1.2　数据处理\任务 1.2　数据处理. xlsx”中的工作表“任务 1.2.1　多列(多关键字)排序”。

【操作流程】

(1) 双击“任务 1.2　数据处理. xlsx”,单击“任务 1.2.1　多列(多关键字)排序”工作表标签。

(2) 单击表中任意单元格,按图 1-2-2a 所示,单击“开始”→“排序和筛选”→“自定义排序”。

(3) 在弹出的“排序”对话框中,单击“主要关键字”右侧的下拉框,选择“姓名”,“排序依据”默认为“数值”,“次序”选“升序”。

(4) 单击“添加条件”,在“次要关键字”中选择“缴费合计”,“排序依据”默认为“数值”,“次序”选“升序”。

(5) 继续“添加条件”,在“次要关键字”中选择“部门”,“排序依据”默认为“数值”,“次序”改为“降序”,如图 1-2-2c 所示。

(6) 单击“确定”。

【成果展示】

操作结果如图 1-2-2d 所示。

1.2.2　自定义序列与排序

在使用 Excel 进行实务工作中,有时必须对数据进行自定义排序,而自定义序列则是完成自定义排序的关键。

【任务描述】

自定义序列与排序。

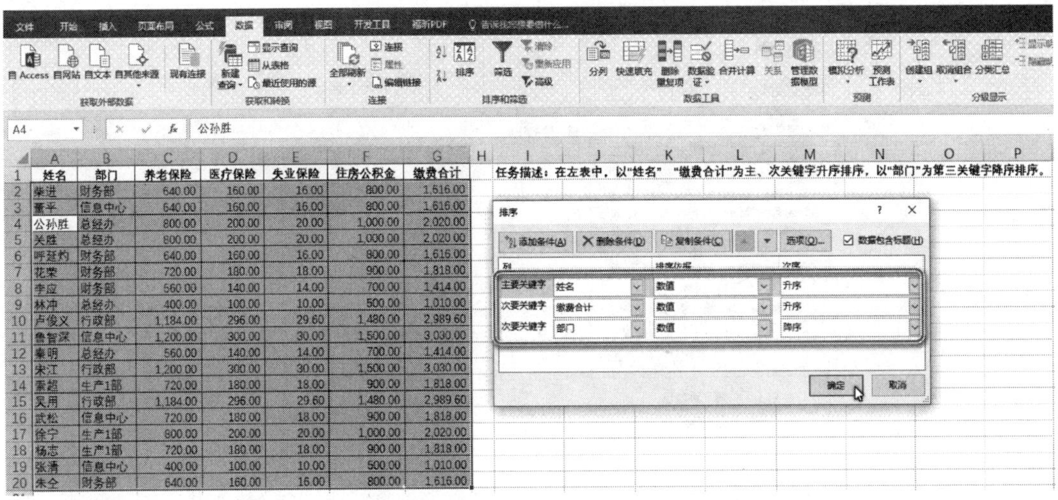

图 1-2-2c　设置多列(多关键字)排序条件

姓名	部门	养老保险	医疗保险	失业保险	住房公积金	缴费合计
柴进	财务部	640.00	160.00	16.00	800.00	1,616.00
董平	信息中心	640.00	160.00	16.00	800.00	1,616.00
公孙胜	总经办	800.00	200.00	20.00	1,000.00	2,020.00
关胜	总经办	800.00	200.00	20.00	1,000.00	2,020.00
呼延灼	财务部	640.00	160.00	16.00	800.00	1,616.00
花荣	财务部	720.00	180.00	18.00	900.00	1,818.00
李应	财务部	560.00	140.00	14.00	700.00	1,414.00
林冲	总经办	400.00	100.00	10.00	500.00	1,010.00
卢俊义	行政部	1,184.00	296.00	29.60	1,480.00	2,989.60
鲁智深	信息中心	1,200.00	300.00	30.00	1,500.00	3,030.00
秦明	总经办	560.00	140.00	14.00	700.00	1,414.00
宋江	行政部	1,200.00	300.00	30.00	1,500.00	3,030.00
索超	生产1部	720.00	180.00	18.00	900.00	1,818.00
吴用	行政部	1,184.00	296.00	29.60	1,480.00	2,989.60
武松	信息中心	720.00	180.00	18.00	900.00	1,818.00
徐宁	生产1部	800.00	200.00	20.00	1,000.00	2,020.00
杨志	生产1部	720.00	180.00	18.00	900.00	1,818.00
张清	信息中心	400.00	100.00	10.00	500.00	1,010.00
朱仝	财务部	640.00	160.00	16.00	800.00	1,616.00

图 1-2-2d　多列(多关键字)排序

【任务资料】

参见下载文件"项目 1　Excel2016 的基本操作\任务 1.2　数据处理\任务 1.2　数据处理. xlsx"中的工作表"任务 1.2.2　自定义序列与排序"。

【操作流程】

(1) 双击"任务 1.2　数据处理. xlsx",单击"任务 1.2.2　自定义序列与排序"工作表标签。

(2) 单击"文件"→"选项"→"高级"。

(3) 拖动滚动条到最后,单击"编辑自定义列表",弹出自定义序列对话框,如图

1-2-3a 所示。

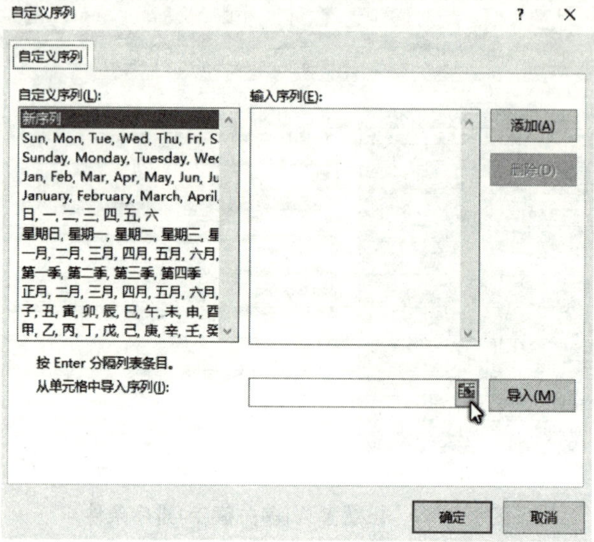

图 1-2-3a　自定义序列

(4) 在图 1-2-3a 所示的对话框中,单击"从单元格中导入序列"右侧的折叠按钮,选择 E3:E47 单元格区域后,单击"导入"→"确定",如图 1-2-3b 所示。

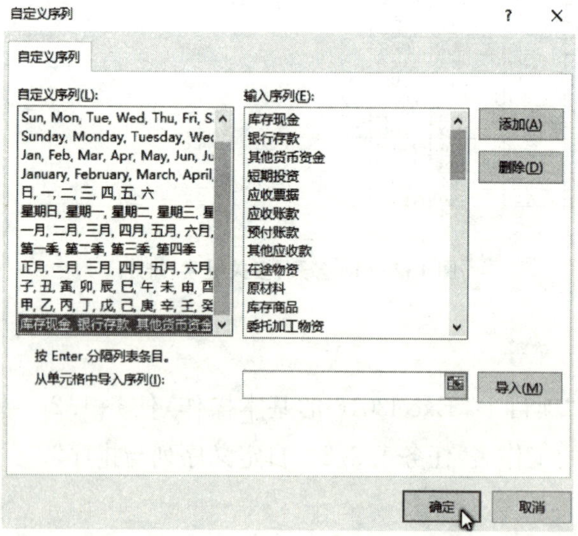

图 1-2-3b　自定义"总账科目"序列

(5) 选中 A2:C48 单元格区域,进入"自定义排序"。

(6) 如图 1-2-3c 所示,在"主关键字"栏中选择"总账科目","排序依据"默认为

"数值"，在"次序"栏中选择"自定义序列"，在"自定义序列"栏中选择"库存现金，银行存款，其他货币资金……"，单击"确定"→"确定"。

图 1-2-3c 选择自定义序列

【成果展示】

操作结果如图 1-2-3d 所示。

【提示】

如果自定义序列的内容较少，一般只要在图 1-2-3a 所示的对话框中直接输入序列即可。注意在输入完一个内容时按【Enter】键，再输入下一个内容，全部序列内容输入完毕后，单击"添加"→"确定"。

1.2.3 筛选

筛选提供了在具有大量记录的数据清单中快速查找符合某种条件记录的功能。

【任务描述】

在数据清单中，筛选出全部的"库存现金"记录。

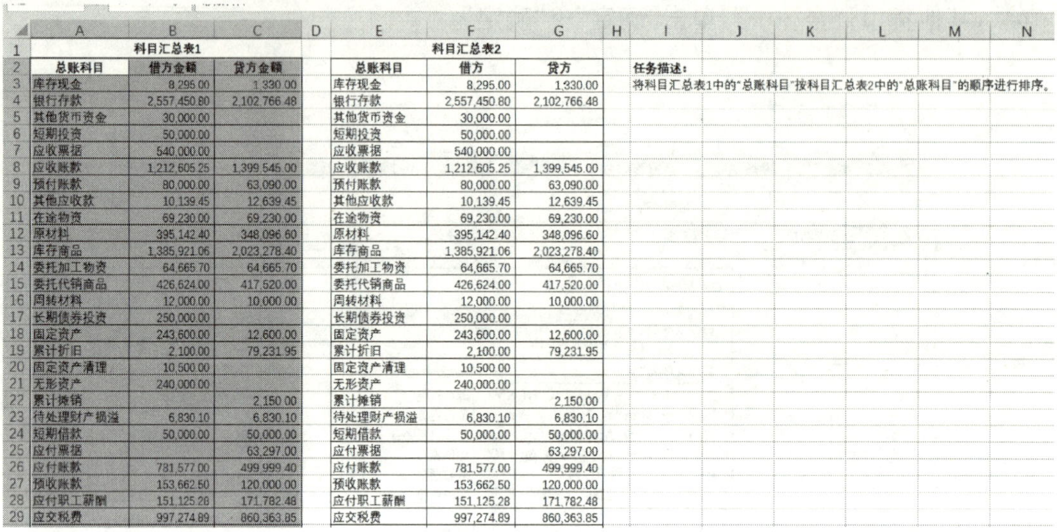

科目汇总表1

总账科目	借方金额	贷方金额
库存现金	8,295.00	1,330.00
银行存款	2,557,450.80	2,102,766.48
其他货币资金	30,000.00	
短期投资	50,000.00	
应收票据	540,000.00	
应收账款	1,212,605.25	1,399,545.00
预付账款	80,000.00	63,090.00
其他应收款	10,139.45	12,639.45
在途物资	69,230.00	69,230.00
原材料	395,142.40	348,096.60
库存商品	1,385,921.06	2,023,278.40
委托加工物资	64,665.70	64,665.70
委托代销商品	426,624.00	417,520.00
周转材料	12,000.00	10,000.00
长期债券投资	250,000.00	
固定资产	243,600.00	12,600.00
累计折旧	2,100.00	79,231.95
固定资产清理	10,500.00	
无形资产	240,000.00	
累计摊销		2,150.00
待处理财产损溢	6,830.10	6,830.10
短期借款	50,000.00	50,000.00
应付票据		63,297.00
应付账款	781,577.00	499,999.40
预收账款	153,662.50	120,000.00
应付职工薪酬	151,125.28	171,782.48
应交税费	997,274.89	860,363.85

科目汇总表2

总账科目	借方	贷方
库存现金	8,295.00	1,330.00
银行存款	2,557,450.80	2,102,766.48
其他货币资金	30,000.00	
短期投资	50,000.00	
应收票据	540,000.00	
应收账款	1,212,605.25	1,399,545.00
预付账款	80,000.00	63,090.00
其他应收款	10,139.45	12,639.45
在途物资	69,230.00	69,230.00
原材料	395,142.40	348,096.60
库存商品	1,385,921.06	2,023,278.40
委托加工物资	64,665.70	64,665.70
委托代销商品	426,624.00	417,520.00
周转材料	12,000.00	10,000.00
长期债券投资	250,000.00	
固定资产	243,600.00	12,600.00
累计折旧	2,100.00	79,231.95
固定资产清理	10,500.00	
无形资产	240,000.00	
累计摊销		2,150.00
待处理财产损溢	6,830.10	6,830.10
短期借款	50,000.00	50,000.00
应付票据		63,297.00
应付账款	781,577.00	499,999.40
预收账款	153,662.50	120,000.00
应付职工薪酬	151,125.28	171,782.48
应交税费	997,274.89	860,363.85

任务描述：

将科目汇总表1中的"总账科目"按科目汇总表2中的"总账科目"的顺序进行排序。

图 1-2-3d　按自定义的"总账科目"进行排序

【任务资料】

参见下载文件"项目 1　Excel2016 的基本操作\任务 1.2　数据处理\任务 1.2　数据处理.xlsx"中的工作表"任务 1.2.3　筛选"。

【操作流程】

(1) 双击"任务 1.2　数据处理.xlsx",单击"任务 1.2.3　筛选"工作表标签。

(2) 右键单击表中的任意一个含有"库存现金"的单元格,在弹出的菜单中选择"筛选",选取"按所选单元格的值筛选"后单击鼠标左键,如图 1-2-4a 所示。

【成果展示】

操作结果如图 1-2-4b 所示。

1.2.4　高级筛选

使用高级筛选功能,必须先建立一个条件区域,用来指定筛选的数据所需满足的条件。条件区域的第一行是所有作为筛选条件的字段名,这些字段名与数据清单中的字段名必须完全一样。在进行高级筛选时,建议从数据清单中复制所需的字段名。

【任务描述】

在数据清单中,筛选出"借方金额大于 5 000 的库存现金"或者"贷方金额大于 5 000 的银行存款"的全部记录。

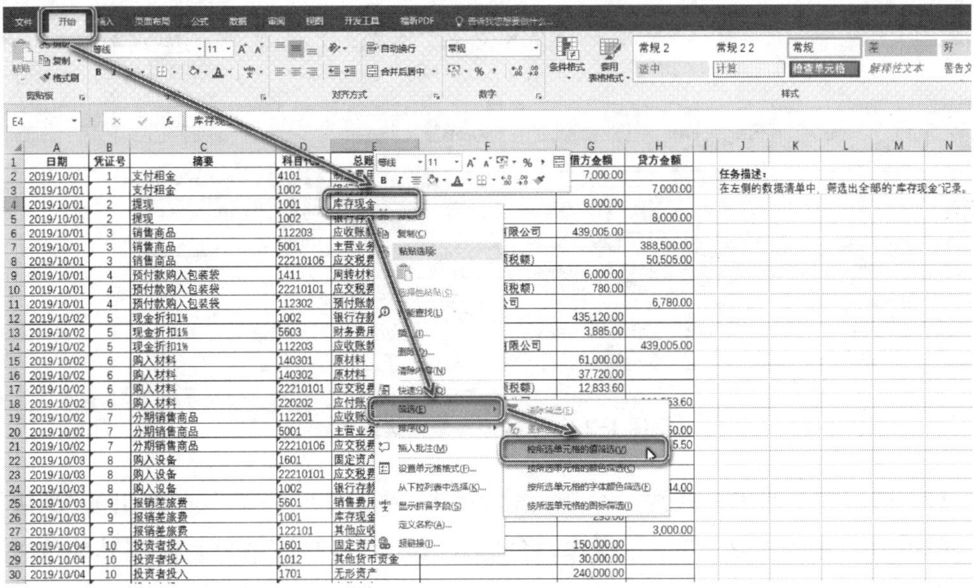

图 1-2-4a　按所选内容进行筛选

图 1-2-4b　筛选结果

【任务资料】

参见下载文件"项目 1　Excel2016 的基本操作\任务 1.2　数据处理\任务 1.2　数据处理.xlsx"中的工作表"任务 1.2.4　高级筛选"。

【操作流程】

(1) 双击"任务 1.2　数据处理.xlsx"，单击"任务 1.2.4　高级筛选"工作表标签。

(2) 在表中任意位置构造一个条件，如图 1-2-5a 所示。

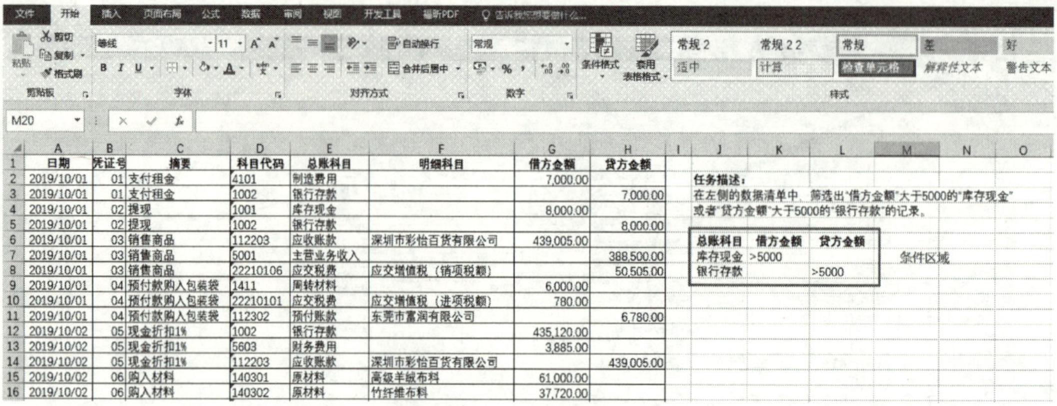

图 1-2-5a　构造高级筛选条件

（3）选取数据清单中任意一个单元格，单击"数据"→"高级"，在弹出的"高级筛选"对话框中，按图 1-2-5b 所示操作，将"方式"改为"将筛选结果复制到其他位置"，框选条件区域 J6:L8，在"复制到"栏中选择 J10 单元格，单击"确定"。

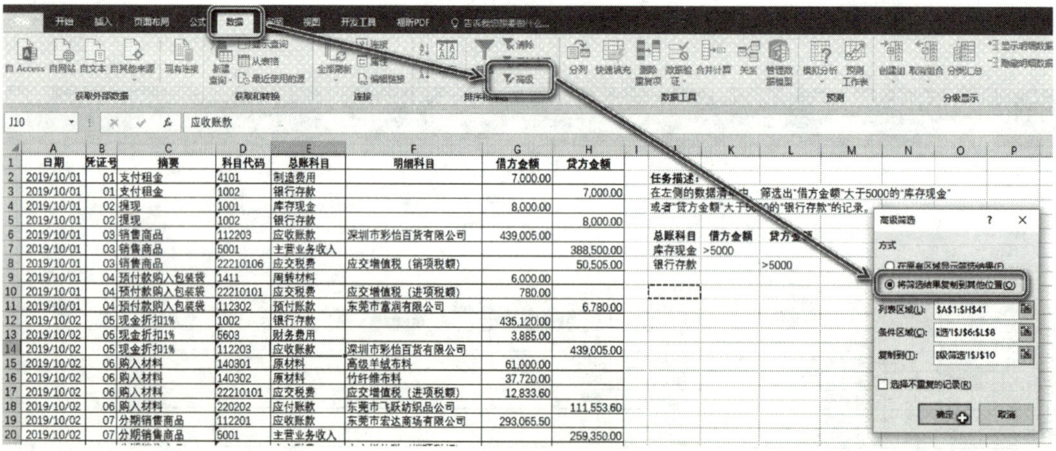

图 1-2-5b　执行高级筛选操作

关于条件区域的说明：

在图 1-2-5a 的 J6:L8 单元格区域中，如果条件在同一行，如"总账科目"栏下的"库存现金"和"借方金额"栏下的"＞5 000"，则表示要同时满足两个条件才能被筛选出来；如果条件不在同一行，如"总账科目"栏下的"库存现金"与"银行存款"，则表示满足其中任意一个条件即可被筛选出来。

【成果展示】

操作结果如图 1-2-5c 所示。

总账科目	借方金额	贷方金额					
库存现金	>5000						
银行存款		>5000					

日期	凭证号	摘要	科目代码	总账科目	明细科目	借方金额	贷方金额
2019/10/01	01	支付租金	1002	银行存款			7,000.00
2019/10/01	02	提现	1001	库存现金		8,000.00	
2019/10/01	02	提现	1002	银行存款			8,000.00
2019/10/03	08	购入设备	1002	银行存款			105,744.00
2019/10/05	11	购买短期投资	1002	银行存款			50,000.00

图 1-2-5c　高级筛选结果

1.2.5　分类汇总

分类汇总是对数据清单中指定的字段先排序后分类，统计同一类记录的有关信息，包括对某些数值段求和、求平均值、求极值等。

【任务描述】

按部门对“基本工资”“浮动工资”“高温补助”“通讯补助”“全勤奖”及“应发合计”进行分类求和。

【任务资料】

参见下载文件“项目 1　Excel2016 的基本操作\任务 1.2　数据处理\任务 1.2　数据处理. xlsx”中的工作表“任务 1.2.5　分类汇总”。

【操作流程】

(1) 双击“任务 1.2　数据处理. xlsx”，单击“任务 1.2.5　分类汇总”工作表标签。

(2) 选取数据清单中任意一个单元格，单击“数据”→“分类汇总”。

(3) 在弹出的分类汇总对话框中，在“分类字段”栏选择“部门”，在“汇总方式”栏选择“求和”，在“选定汇总项”选项中勾选“基本工资”“浮动工资”“高温补助”“通讯补助”“全勤奖”及“应发合计”，如图 1-2-6a 所示。

【成果展示】

操作结果如图 1-2-6b 所示。

【提示】

(1) 如果需要增加其他汇总方式，如增加“计数”“平均值”等，则在图 1-2-6b 所示结果的基础上再次执行分类汇总，并将分类汇总对话框中的“替换当前分类汇总”前的勾号取消。

(2) 分类汇总的前提是已经对要分类汇总的依据(字段)进行过排序。

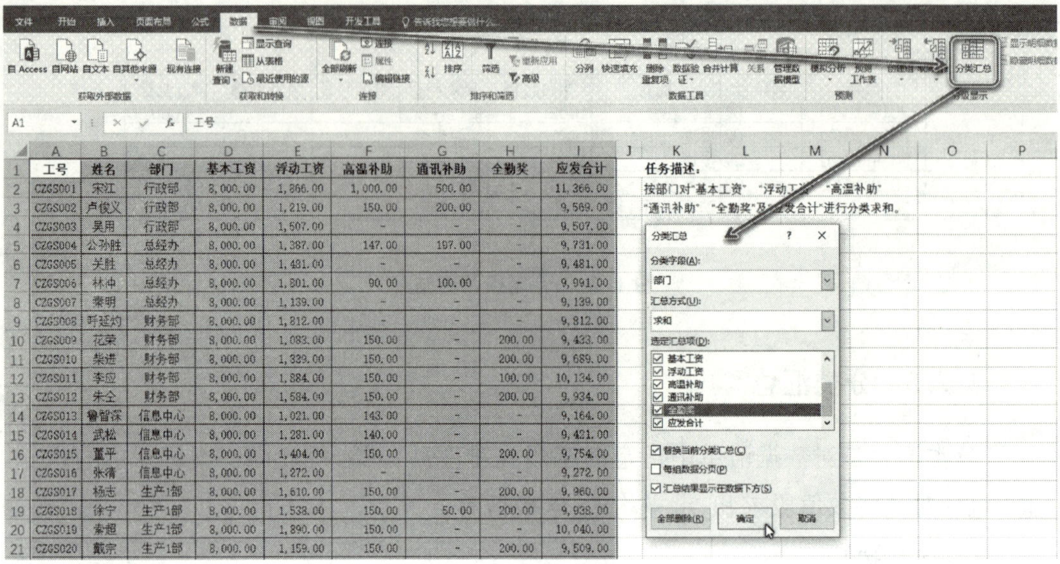

	工号	姓名	部门	基本工资	浮动工资	高温补助	通讯补助	全勤奖	应发合计
2	CZGS001	宋江	行政部	8,000.00	1,866.00	1,000.00	500.00	-	11,366.00
3	CZGS002	卢俊义	行政部	8,000.00	1,219.00	150.00	200.00	-	9,569.00
4	CZGS003	吴用	行政部	8,000.00	1,507.00	-	-	-	9,507.00
5	CZGS004	公孙胜	总经办	8,000.00	1,387.00	147.00	197.00	-	9,731.00
6	CZGS005	关胜	总经办	8,000.00	1,481.00	-	-	-	9,481.00
7	CZGS006	林冲	总经办	8,000.00	1,801.00	90.00	100.00	-	9,991.00
8	CZGS007	秦明	总经办	8,000.00	1,139.00	-	-	-	9,139.00
9	CZGS008	呼延灼	财务部	8,000.00	1,812.00	-	-	-	9,812.00
10	CZGS009	花荣	财务部	8,000.00	1,083.00	150.00	-	200.00	9,433.00
11	CZGS010	柴进	财务部	8,000.00	1,339.00	150.00	-	200.00	9,689.00
12	CZGS011	李应	财务部	8,000.00	1,884.00	150.00	-	100.00	10,134.00
13	CZGS012	朱仝	财务部	8,000.00	1,584.00	150.00	-	200.00	9,934.00
14	CZGS013	鲁智深	信息中心	8,000.00	1,021.00	143.00	-	-	9,164.00
15	CZGS014	武松	信息中心	8,000.00	1,281.00	140.00	-	-	9,421.00
16	CZGS015	董平	信息中心	8,000.00	1,404.00	150.00	-	200.00	9,754.00
17	CZGS016	张清	信息中心	8,000.00	1,272.00	-	-	-	9,272.00
18	CZGS017	杨志	生产1部	8,000.00	1,610.00	150.00	-	200.00	9,960.00
19	CZGS018	徐宁	生产1部	8,000.00	1,538.00	150.00	50.00	200.00	9,938.00
20	CZGS019	索超	生产1部	8,000.00	1,890.00	150.00	-	-	10,040.00
21	CZGS020	戴宗	生产1部	8,000.00	1,159.00	150.00	-	200.00	9,509.00

图 1-2-6a　分类汇总项目的选取

	工号	姓名	部门	基本工资	浮动工资	高温补助	通讯补助	全勤奖	应发合计
2	CZGS001	宋江	行政部	8,000.00	1,866.00	1,000.00	500.00	-	11,366.00
3	CZGS002	卢俊义	行政部	8,000.00	1,219.00	150.00	200.00	-	9,569.00
4	CZGS003	吴用	行政部	8,000.00	1,507.00	-	-	-	9,507.00
5			行政部 汇总	24,000.00	4,592.00	1,150.00	700.00	-	30,442.00
6	CZGS004	公孙胜	总经办	8,000.00	1,387.00	147.00	197.00	-	9,731.00
7	CZGS005	关胜	总经办	8,000.00	1,481.00	-	-	-	9,481.00
8	CZGS006	林冲	总经办	8,000.00	1,801.00	90.00	100.00	-	9,991.00
9	CZGS007	秦明	总经办	8,000.00	1,139.00	-	-	-	9,139.00
10			总经办 汇总	32,000.00	5,808.00	237.00	297.00	-	38,342.00
11	CZGS008	呼延灼	财务部	8,000.00	1,812.00	-	-	-	9,812.00
12	CZGS009	花荣	财务部	8,000.00	1,083.00	150.00	-	200.00	9,433.00
13	CZGS010	柴进	财务部	8,000.00	1,339.00	150.00	-	200.00	9,689.00
14	CZGS011	李应	财务部	8,000.00	1,884.00	150.00	-	100.00	10,134.00
15	CZGS012	朱仝	财务部	8,000.00	1,584.00	150.00	-	200.00	9,934.00
16			财务部 汇总	40,000.00	7,702.00	600.00	-	700.00	49,002.00
17	CZGS013	鲁智深	信息中心	8,000.00	1,021.00	143.00	-	-	9,164.00
18	CZGS014	武松	信息中心	8,000.00	1,281.00	140.00	-	-	9,421.00
19	CZGS015	董平	信息中心	8,000.00	1,404.00	150.00	-	200.00	9,754.00
20	CZGS016	张清	信息中心	8,000.00	1,272.00	-	-	-	9,272.00
21			信息中心 汇总	32,000.00	4,978.00	433.00	-	200.00	37,611.00

图 1-2-6b　分类汇总结果(部分)

1.2.6　数据透视表

数据透视表是对大量数据进行快速汇总的数据处理和分析工具。

【任务描述】

根据数据清单建立数据透视表，按部门对“通讯补助”“全勤奖”和“应发合计”进行求和，对“应发合计”进行计数，求平均值、最大值和最小值，并将结果填入表中。

【任务资料】

参见下载文件"项目1 Excel2016 的基本操作\任务 1.2 数据处理\任务 1.2 数据处理. xlsx"中的工作表"任务 1.2.6 数据透视表"。

【操作流程】

(1) 双击"任务 1.2 数据处理. xlsx",单击"任务 1.2.6 数据透视表"工作表标签。

(2) 选取数据清单中任意一个单元格,单击"插入"→"数据透视表"。

(3) 在弹出的创建数据透视表对话框中,将"选择创建数据透视表的位置"定位在"现有工作表",单击 K18 单元格(或表格下的其他任意位置),如图 1-2-7a 所示。

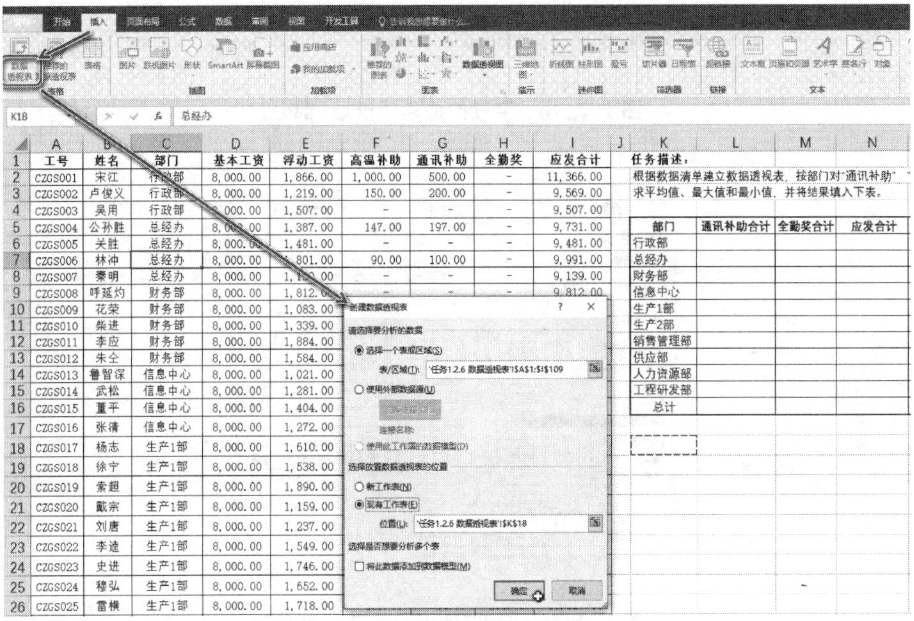

图 1-2-7a 创建数据透视表(部分)

(4) 单击"确定",在字段列表中,将"部门"拖到"行"区域,将"通讯补助"拖到"Σ值"区域,接下来选取"全勤奖""应发合计",再 4 次拖动"应发合计"到"Σ值"区域,如图 1-2-7b 所示。

(5) 双击"求和项:应发合计 2",在弹出的对话框中,将"值汇总方式"改为"计数",单击"确定",如图 1-2-7c 所示。

(6) 依照上述方法将"求和项:应发合计 3""求和项:应发合计 4""求和项:应发合计 5"分别修改为"平均值项:应发合计 3""最大值项:应发合计 4""最小值项:应发合计 5",如图 1-2-7d 所示。

任务描述：

根据数据清单建立数据透视表，按部门对"通讯补助""全勤奖"和"应发合计"进行求和，对"应发合计"进行计数、求平均值、最大值和最小值，并将结果填入下表。

部门	通讯补助合计	全勤奖合计	应发合计	应发合计计数	应发合计平均	应发合计最大值	应发合计最小值
行政部							
总经办							
财务部							
信息中心							
生产1部							
生产2部							
销售管理部							
供应部							
人力资源部							
工程研发部							
总计							

行标签	求和项:通讯补助	求和项:全勤奖	求和项:应发合计	求和项:应发合计2	求和项:应发合计3	求和项:应发合计4	求和项:应发合计5
财务部	0	700	49002	49002	49002	49002	49002
工程研发部	430	600	142427	142427	142427	142427	142427
供应部	295	1600	106594	106594	106594	106594	106594
行政部	700	0	30442	30442	30442	30442	30442
人力资源部	295	400	39129	39129	39129	39129	39129
生产1部	690	2800	226531	226531	226531	226531	226531
生产2部	777	400	230182	230182	230182	230182	230182
销售管理部	150	1500	147194	147194	147194	147194	147194
信息中心	0	200	37611	37611	37611	37611	37611
总经办	297	0	38342	38342	38342	38342	38342
总计	3634	8200	1047454	1047454	1047454	1047454	1047454

图 1-2-7b　字段的拖动或选取(部分)

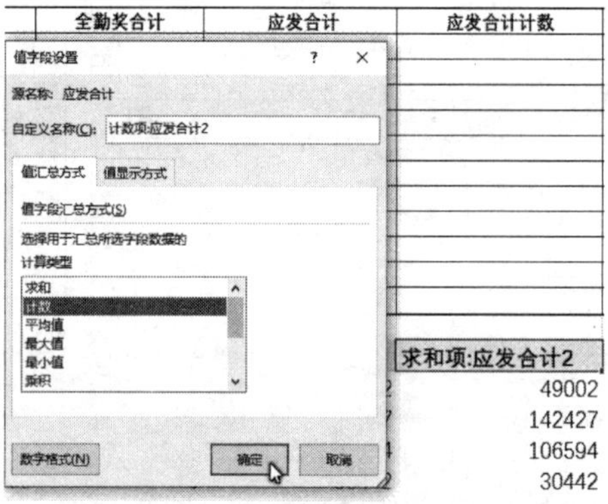

图 1-2-7c　修改"值汇总方式"(部分)

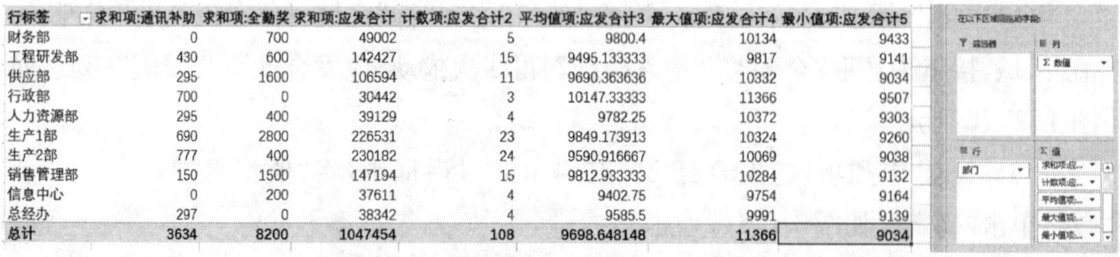

行标签	求和项:通讯补助	求和项:全勤奖	求和项:应发合计	计数项:应发合计2	平均值项:应发合计3	最大值项:应发合计4	最小值项:应发合计5
财务部	0	700	49002	5	9800.4	10134	9433
工程研发部	430	600	142427	15	9495.133333	9817	9141
供应部	295	1600	106594	11	9690.363636	10332	9034
行政部	700	0	30442	3	10147.33333	11366	9507
人力资源部	295	400	39129	4	9782.25	10372	9303
生产1部	690	2800	226531	23	9849.173913	10324	9260
生产2部	777	400	230182	24	9590.916667	10069	9038
销售管理部	150	1500	147194	15	9812.933333	10284	9132
信息中心	0	200	37611	4	9402.75	9754	9164
总经办	297	0	38342	4	9585.5	9991	9139
总计	3634	8200	1047454	108	9698.648148	11366	9034

图 1-2-7d　修改"值汇总方式"(部分)

(7) 按“任务 1.2.2　自定义序列与排序”中讲解的方法，对图 1-2-7d 所示的最左列(行标签)按行政部、总经办、财务部、信息中心、生产 1 部、生产 2 部、销售管理部、供应部、人力资源部和工程研发部的顺序定义序列。

(8) 右键单击行标签下的任一单元格，在弹出的菜单中选择“排序”→“其他排序选项”，如图 1-2-7e 所示。

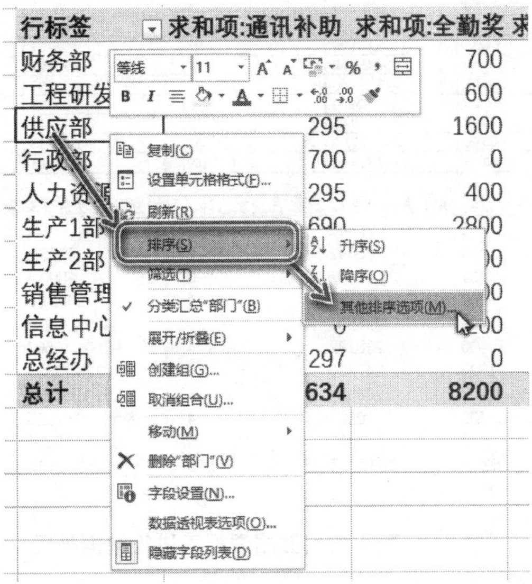

图 1-2-7e　对行标签进行排序

(9) 在弹出的对话框中单击“升序排序(A 到 Z)依据”，默认“部门”，单击“确定”，如图 1-2-7f 所示。

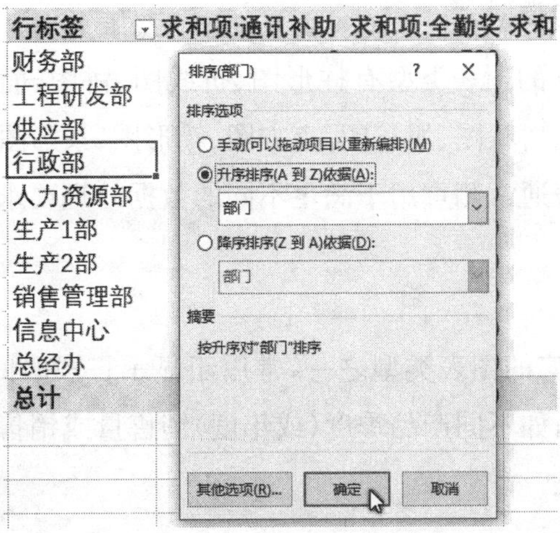

图 1-2-7f　按部门进行升序排序

(10) 复制 L19:R29,将“值”粘贴到 L6:R16 单元格区域。

【成果展示】

操作结果如图 1-2-7g 所示。

部门	通讯补助合计	全勤奖合计	应发合计	应发合计计数	应发合计平均	应发合计最大值	应发合计最小值
行政部	700.00	-	30,442.00	3	10,147.33	11,366.00	9,507.00
总经办	297.00	-	38,342.00	4	9,585.50	9,991.00	9,139.00
财务部	[illegible]	[illegible]	49,002.00	5	9,800.40	10,134.00	9,433.00
信息中心	[illegible]	[illegible]	37,611.00	4	9,402.75	9,754.00	9,164.00
生产1部	[illegible]	[illegible]	226,531.00	23	9,849.17	10,324.00	9,260.00
生产2部	[illegible]	400.00	230,182.00	24	9,590.92	10,069.00	9,038.00
销售管理部	[illegible]	1,500.00	147,194.00	15	9,812.93	10,284.00	9,132.00
供应部	295.00	1,600.00	106,594.00	11	9,690.36	10,332.00	9,034.00
人力资源部	295.00	400.00	39,129.00	4	9,782.25	10,372.00	9,303.00
工程研发部	430.00	600.00	142,427.00	15	9,495.13	9,817.00	9,141.00
总计	3,634.00	8,200.00	1,047,454.00	108	9,698.65	11,366.00	9,034.00

行标签	求和项:通讯补助	求和项:全勤奖	求和项:应发合计	计数项:应发合计2	平均值项:应发合计3	最大值项:应发合计4	最小值项:应发合计5
行政部	700	0	30442	3	10147.33333	11366	9507
总经办	297	0	38342	4	9585.5	9991	9139
财务部	0	700	49002	5	9800.4	10134	9433
信息中心	0	200	37611	4	9402.75	9754	9164
生产1部	690	2800	226531	23	9849.173913	10324	9260
生产2部	777	400	230182	24	9590.916667	10069	9038
销售管理部	150	1500	147194	15	9812.933333	10284	9132
供应部	295	1600	106594	11	9690.363636	10332	9034
人力资源部	295	400	39129	4	9782.25	10372	9303
工程研发部	430	600	142427	15	9495.133333	9817	9141
总计	3634	8200	1047454	108	9698.648148	11366	9034

图 1-2-7g 利用数据透视表进行数据处理

1.2.7 图表

图表是数据的图形展现方式。通过对数据的图形展示,可以更加直观地显示数据之间的关系,比较数据之间的变动、成长关系以及趋势等。

1.2.7.1 图表的类型

Excel2016 中包含的图表类型有柱形图、折线图、饼图、面积图、XY(散点图)、雷达图、股价图、曲面图、树状图、旭日图、直方图、箱形图、条形图、瀑布图及组合等共 15 大类,不同类型的图表通常侧重用于满足不同的数据处理要求。限于篇幅,本书只介绍其中几种。

1. 柱形图

柱形图是应用最广的图表类型之一,常用于显示一段时间内的数据变化或显示各项之间的比较情况,如不同产品季度(或年度)销售量或销售额对比、不同部门的经费分配情况等。

2. 折线图

折线图显示随时间而变化的连续数据,适用于显示在相等时间间隔下数据的趋势。

3. 饼图

饼图显示每一数值相对于总数值的大小。整个饼代表总和，每一个楔形或薄片代表总和中的一个部分。饼图常用于表示不同产品的销售量占总销售量的百分比、各单位的经费占总经费的比例等。

4. 面积图

面积图强调数量随时间而变化的程度。如表示随时间而变化的利润数据，可以被绘制在面积图中以强调总利润。

5. XY(散点图)

XY(散点图)用于展示成对的数和它们所代表的趋势之间的关系。

6. 雷达图

雷达图又称为蜘蛛网图，主要用于各种比率指标的分析。如果将一家公司的各项财务分析所得的比率中比较重要的指标集中在雷达图上，可以表现该公司各项财务比率的情况，以便于了解公司各项财务指标的变动情形及其好坏趋向。

以上只是部分图表的一般应用情况。有时需要对一组数据用多种图表来展现，这时就要根据具体情况加以选择。对有些图表，如果一个数据序列绘制成柱形，而另一个数据序列绘制成折线图或面积图，则形成组合图表。

1.2.7.2　图表的创建方法

【任务描述】

根据数据清单建立图表。

【任务资料】

参见下载文件“项目1　Excel2016的基本操作\任务1.2　数据处理\任务1.2　数据处理.xlsx”中的工作表“任务1.2.7　图表”。

【操作流程】

(1) 双击“任务1.2　数据处理.xlsx”，单击“任务1.2.7　图表”工作表标签。

(2) 拖选B3:G4单元格区域，单击弹出的浮动“快速分析”(或者按【Ctrl＋Q】组合键)，单击“图表”。

(3) 鼠标移至系统推荐的簇状柱形图后，显示结果如图1-2-8a所示。

(4) 单击图表标题，将“销售额”修改为“创造公司2014年至2018年销售额”。

(5) 如果需要修改图表的其他项目，则先单击图表区的任意位置，然后在图表工具的“设计”中选择“添加图表元素”，在弹出的下拉菜单中选择相应的项目进行

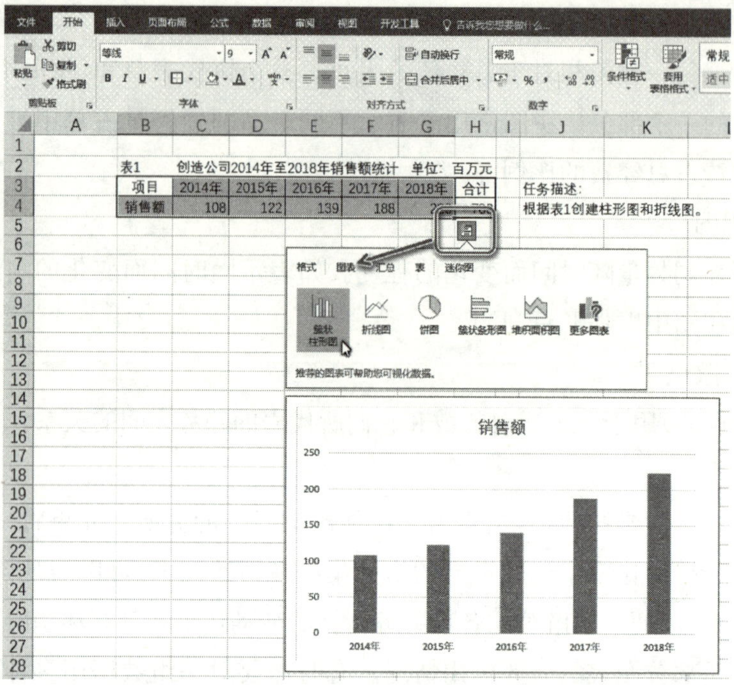

图 1-2-8a　利用“快速分析”创建图表

修改即可。

【成果展示】

操作结果如图 1-2-8b 所示。

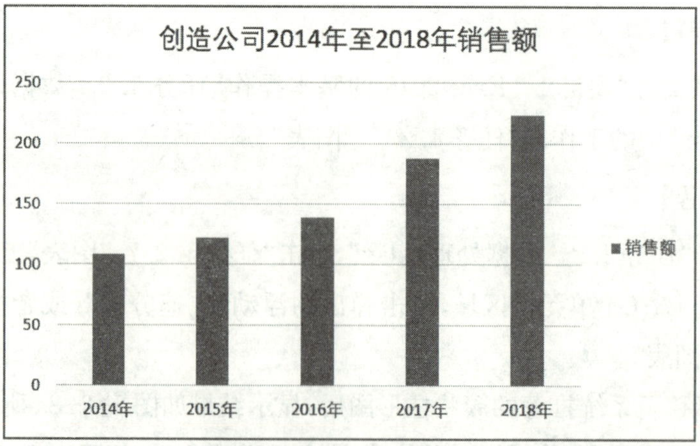

图 1-2-8b　创造公司 2014 年至 2018 年销售额柱形图

【提示】

(1) 在上述创建图表的步骤(3)中，如果将鼠标移至折线图，则可以创建“创造公司2014年至2018年销售额”折线图。当然也可以根据实际需要创建饼图或其他类型的图形，不过，尽量使用Excel2016推荐的前3种图表类型。

(2) 创建图表还可以使用其他方法，此处不再赘述。

【任务拓展】

(1) 自学使用公式进行高级筛选。

(2) 打开下载文件“项目1　Excel2016的基本操作\任务1.2　数据处理”，试用高级筛选功能完成“多列数据核对.xlsx”。

(3) 打开下载文件“项目1　Excel2016的基本操作\任务1.2　数据处理”，试用高级筛选功能完成“删除重复记录.xlsx”。

(4) 自学数据透视表中“值显示方式”的设置。

(5) 打开下载文件“项目1　Excel2016的基本操作\任务1.2　数据处理”，根据“任务1.2　数据处理.xlsx”中的工作表“任务1.2.7　图表”中的表2数据创建饼图。

(6) 自学利用数据透视图创建图表。

任务1.3　数据输出

数据输出主要有将Excel2016中的数据输出为其他格式的文件输出、屏幕输出和打印输出。

1.3.1　其他格式的文件输出

对已经处理好的Excel2016工作簿文件，通过单击“文件”→“另存为”，或单击“文件”→“导出”→“更改文件类型”，可以输出为不同的文件类型，以便其他软件系统调用和处理。

1.3.2　屏幕输出

屏幕输出就是在屏幕上显示。一个数据清单，如果其行和(或)列比较多，在一屏上显示不全时，可以通过冻结窗格来实现需要的输出效果。

【任务描述】

冻结窗格。

【任务资料】

参见下载文件“项目 1　Excel2016 的基本操作\任务 1.3　数据输出\任务 1.3 数据输出. xlsx”中的工作表“任务 1.3.1　屏幕输出”。

【操作流程】

(1) 双击“任务 1.3　数据输出. xlsx”，单击“任务 1.3.1　屏幕输出”工作表标签。

(2) 单击“视图”→“冻结窗格”→“冻结首行”，则数据清单中的第一行即被“冻结”。冻结后，无论往下拖动滚动条多远，数据清单的第一行都将固定可见。

【成果展示】

操作结果如图 1-3-1 所示。

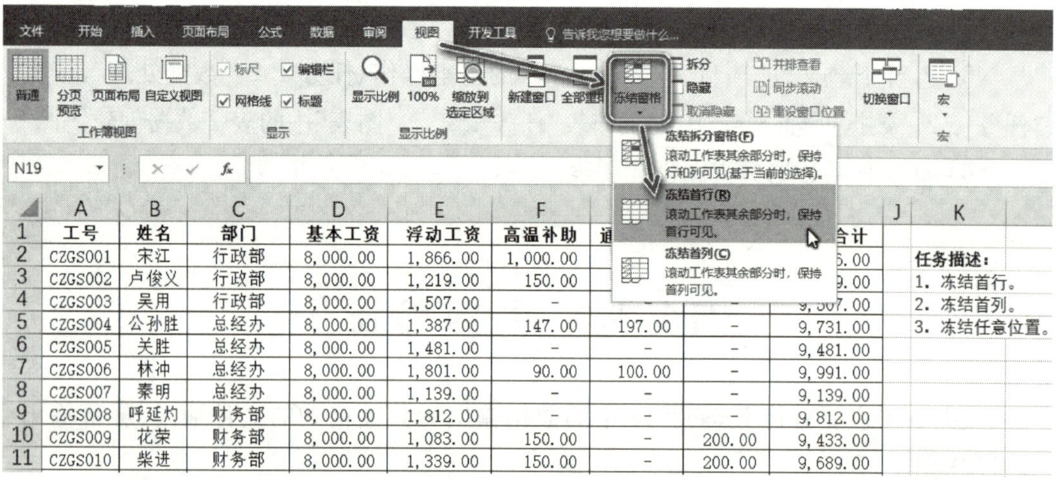

图 1-3-1　“冻结首行”

【提示】

如果想要数据清单中的首列(图 1-3-1 中的“工号”所在列)被冻结，则单击“冻结首列”；如果想要数据清单中的其他部分被冻结，如 A1:I11 单元格区域，则选中 J12 单元格，再单击“冻结拆分窗格”即可。

【操作技巧】

(1) 数据清单一旦被冻结，图 1-3-1 中的“冻结拆分窗格”将变成“取消冻结窗格”，单击“取消冻结窗格”，即可恢复已冻结的窗格，达到取消冻结窗格的目的。

(2) 通过单击“插入”→“表格”，或按【Ctrl+T】组合键，或按【Ctrl+L】组合键，然后在创建表对话框中单击“确定”，亦可实现冻结首行的效果。

1.3.3 打印输出

打印输出就是将 Excel 数据清单通过打印机进行输出。打印输出的关键不在于打印,而在于打印设置。

【任务描述】

将每个部门的记录分类打印在一张纵向的 A4 纸上,要求包含全部列字段,每页页码底部居中,且具有统一的标题。

【任务资料】

参见下载文件“项目 1　Excel2016 的基本操作\任务 1.3　数据输出\任务 1.3 数据输出.xlsx”中的工作表“任务 1.3.2　打印输出”。

【操作流程】

(1) 双击“任务 1.3　数据输出.xlsx”,单击“任务 1.3.2　打印输出”工作表标签。

(2) 按“任务 1.2.5　分类汇总”的操作方法,在选择完“选定汇总项”后,单击勾选“每组数据分页”复选框,其他默认,如图 1-3-2a 所示。

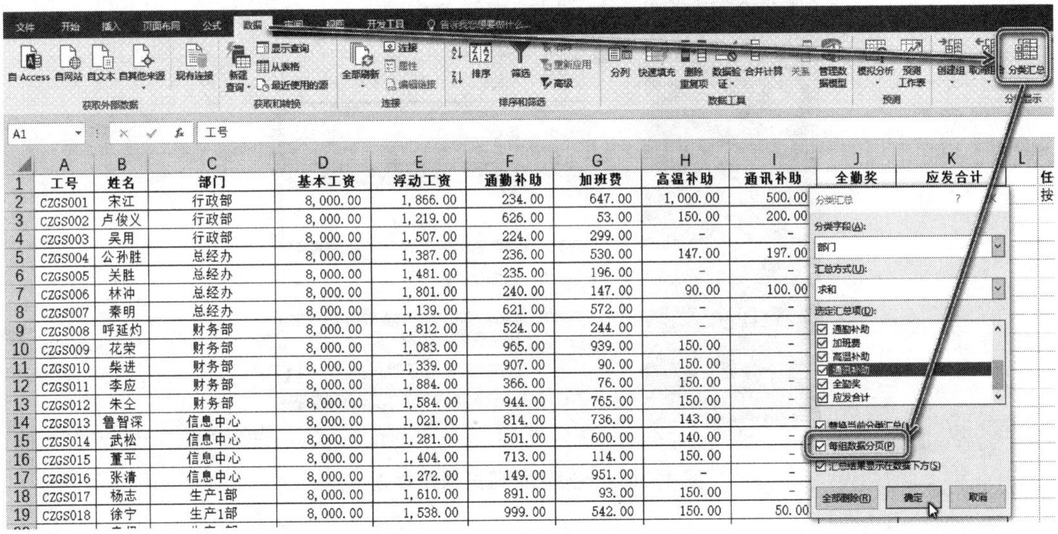

图 1-3-2a　选择“每组数据分页”

(3) 单击“确定”。在已选中 A1:K120 单元格区域(如果没有选取,则先选取该区域)的前提下,单击“页面布局”→“打印区域”→“设置打印区域”,如图 1-3-2b 所示。

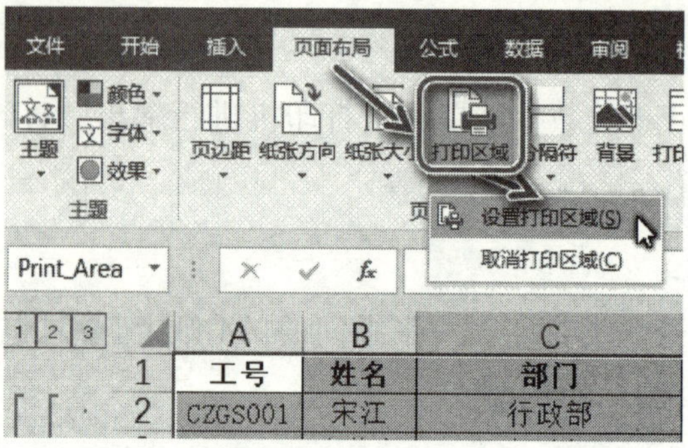

图 1-3-2b　设置打印区域

（4）单击“文件”→“打印”，按图 1-3-2c 所示进行设置。

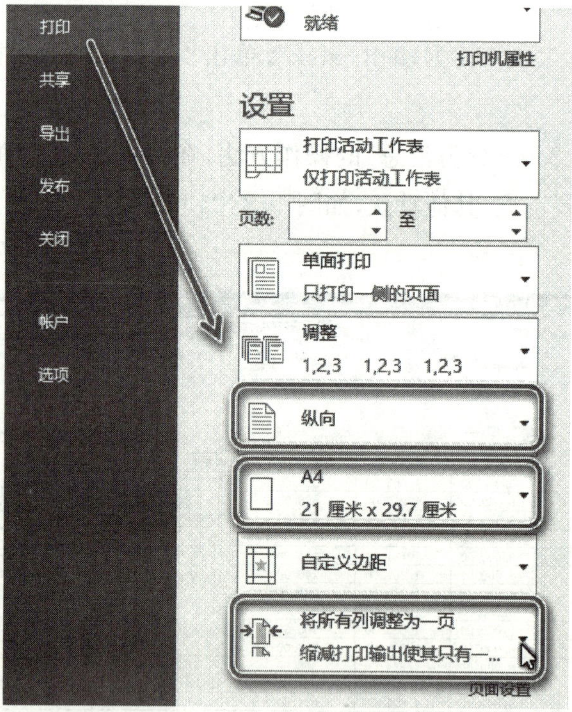

图 1-3-2c　设置打印纸张及规则

（5）单击“页面设置”→“页眉/页脚”→“自定义页脚”，将光标定位在“中”，单击“插入页码”和“插入页数”后，单击“确定”→“确定”，如图 1-3-2d 所示。

（6）按【ESC】键退出打印设置界面。

（7）单击“页面布局”→“顶端标题行”，鼠标选取打印区域的第一行后，单击“确定”，如图 1-3-2e 所示。

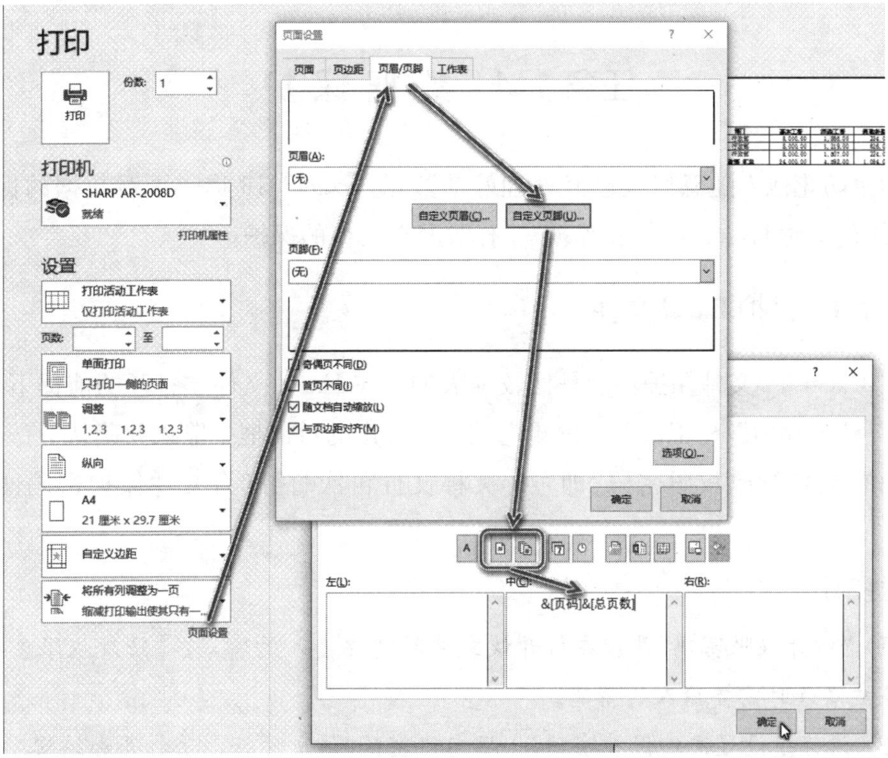

图 1-3-2d 插入自定义页脚、页码和页数

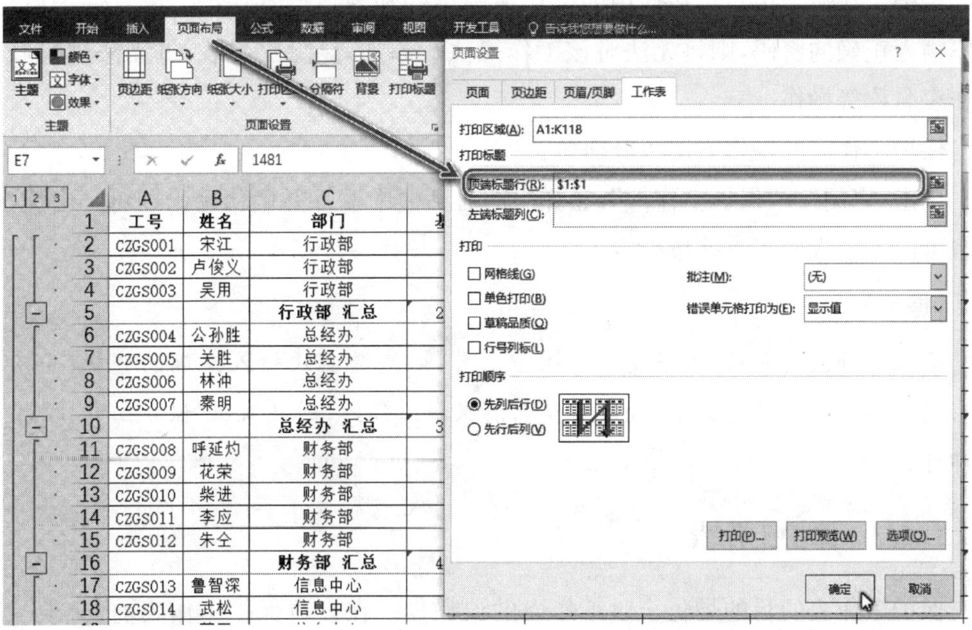

图 1-3-2e 设置打印标题行

任务 1.4　数据保护

为了防止他人随意修改已经处理好的数据，Excel2016 提供了对数据的保护功能，具体包括对 Excel 文件、工作簿、工作表及单元格的保护。

1.4.1　保护 Excel 文件

在 Excel 中，文件保护功能是比较强大的。在 Excel 文件被打开的前提下，单击“文件”→“另存为”→“工具”→“常规选项”，在弹出的对话框中输入并确认“打开权限密码”和(或)“修改权限密码”即可。关掉文件再次打开时，文件保护密码便会起作用。

【提示】

(1)“打开权限密码”是指在打开该文件时需要输入的密码。“修改权限密码”是指文件被修改时需要输入的密码。

(2) 请谨慎设置文件保护密码，一旦忘记密码，该文件将无法打开和编辑。

1.4.2　保护工作簿

保护工作簿是指对正在使用的工作簿的结构和窗口设置保护。设置保护后，如果不输入正确的密码，则将无法对该工作簿执行添加、删除工作表，也无法进行修改工作表名称等操作。

保护工作簿的操作方法十分简单：

单击“审阅”→“保护工作簿”，在弹出的对话框中输入并确认密码即可。当然，此处也可以不输入密码直接按确定。

【提示】

输入并确认密码后，如果想取消保护工作簿，则需再次输入正确的密码；而不输入密码直接按确定的情况下，如果需要取消保护工作簿，则只需在“保护工作簿”上单击即可。

1.4.3　保护工作表

保护工作表的目的是防止对工作表的误操作。在设置保护工作表前，必须了解单元格的“锁定”和取消“锁定”。

默认情况下，Excel 单元格是锁定的。如果想取消“锁定”，则在选取需要的全部或部分单元格区域后，调取设置单元格格式，单击“保护”→“锁定”(使“锁定”前的勾取消)→“确定”，如图 1-4-1a 所示。

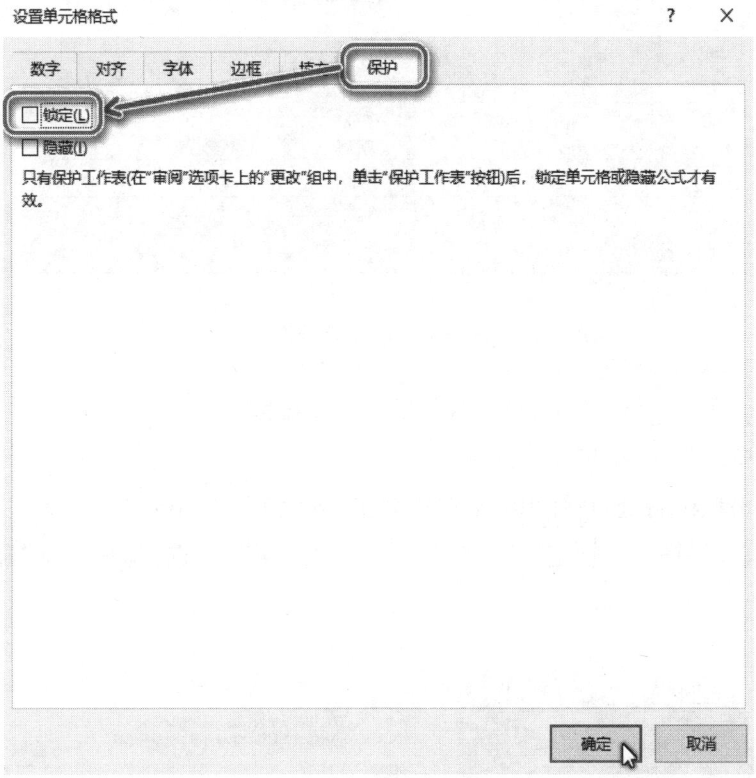

图 1-4-1a　取消“锁定”单元格

保护工作表，实质上是对“锁定”的单元格进行保护，即对锁定的单元格保护其不被编辑，而没有锁定的单元格则可以被编辑。

【任务描述】

保护工作表，使数据清单中的数据不能被选取和编辑，K 列中的公式不可见，但数据清单以外的区域可以被选取和编辑。

【任务资料】

参见下载文件“项目 1　Excel2016 的基本操作\任务 1.4　数据保护\任务 1.4　数据保护. xlsx”中的工作表“任务 1.4.1　保护工作表”。

【操作流程】

(1) 双击“任务 1.4　数据保护. xlsx”。

(2) 按全选按钮，或在单击数据清单外的空白单元格后按【Ctrl+A】组合键，如图

1-4-1b所示。

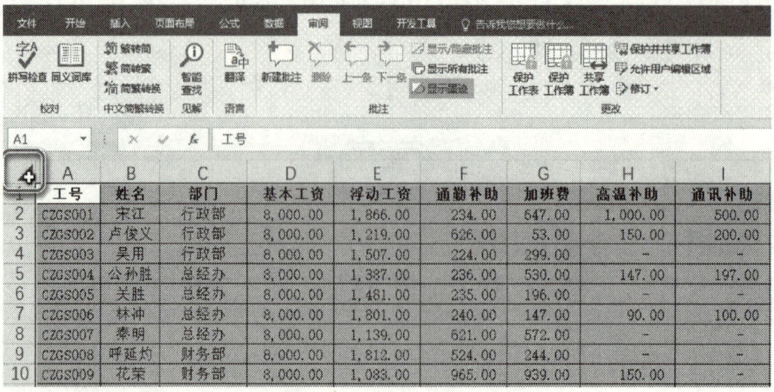

图 1-4-1b　全选表格

(3) 按图 1-4-1a 所示的方法取消“锁定”与“隐藏”。

(4) 选中 A1:K109 单元格区域。

(5) 单击鼠标右键,在弹出的菜单中单击“设置单元格格式”。

(6) 单击“保护”→“锁定”(勾选“锁定”)→“隐藏”(勾选“隐藏”)→“确定”,如图 1-4-1c所示。

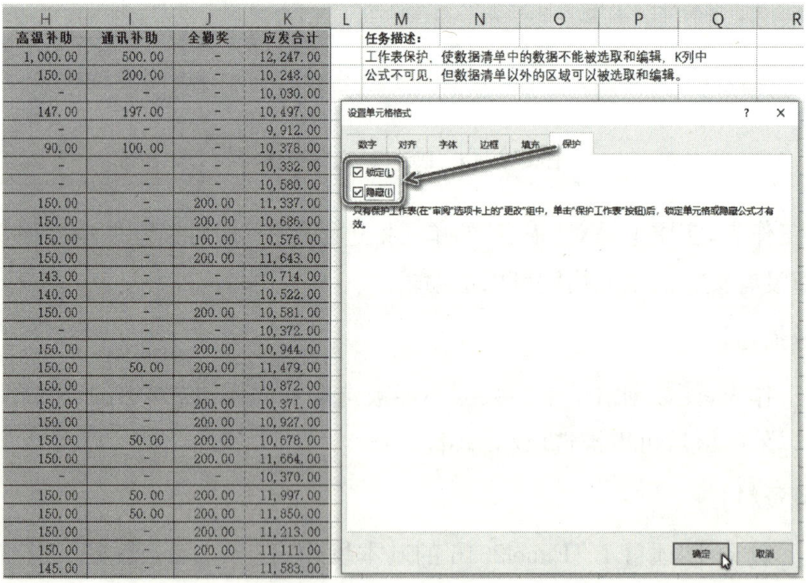

图 1-4-1c　设置 A1:K109 单元格区域“锁定”和“隐藏”

(7) 单击“审阅”→“保护工作表”,弹出如图 1-4-1d 所示的对话框。

(8) 在图 1-4-1d 中,可以设置“取消工作表保护时使用的密码”,也可以不设置。

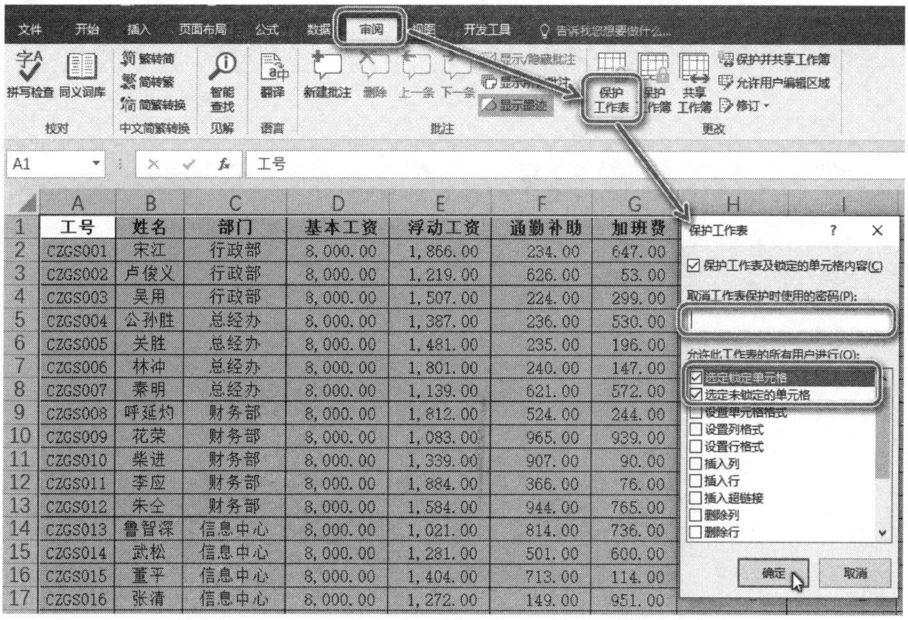

图 1-4-1d　设置 A1:K109 单元格区域“锁定”和“隐藏”

(9) 按图 1-4-1d 所示,在“选定锁定单元格”和“选定未锁定的单元格”前打勾。

(10) 单击“确定”。

【成果展示】

操作结果如图 1-4-1d 所示。

【提示】

因为破解 Excel 工作表保护密码的方法很多,所以一般不建议设置保护工作表的密码。

【任务拓展】

打开下载文件“项目 1　Excel2016 的基本操作\任务 1.2　数据处理\任务 1.2 数据处理.xlsx”中的工作表“任务 1.2.5　分类汇总”,按每页 40 行对其进行打印设置。要求:每 40 行打印一个“本页小计”,A4 纸水平居中,每页都有相同的顶端标题行。

项 目 2

Excel2016 的数据格式设置

在 Excel 的数据中，虽然各种类型的数据都有设置格式的必要，不过，实际应用中重点还是对数值型格式中的数字格式进行设置，以便显示和打印。

任务 2.1 数据格式

Excel 的数据格式是指单元格及其数据的格式。设置单元格格式，重点是设置数字的格式、数据的对齐方式、字体格式、边框类型及填充方式等。

2.1.1 文本型数字和数值型数字

Excel 中如同学的学号、手机号码、身份证号码、银行账号等数字，属于文本型数字。这些数字通常不能进行四则运算，也没有比较的意义。而像年龄、身高、体重、语文成绩、数学成绩等数值型数字，则可以进行四则运算，也有比较的意义，如比较多少、大小、高低等。区分两者的不同，有助于理解单元格格式中数字的设置。

2.1.2 不同类型数据的对齐方式

Excel 中数据类型有四种，即文本型、数值型、逻辑型和错误值。在单元格中输入数据时，文本型数据默认为左对齐，数值型数据默认为右对齐，逻辑型和错误值默认为居中对齐。

任务 2.2 数字格式的设置

在默认情况下，数字以“常规”格式显示，即数字以整数、小数方式显示。此外，Excel 还提供了多种数字显示格式，如数值、货币、会计专用、日期格式以及科学记数等。因数字格式设置的内容较多，所以将其分成若干任务进行。

2.2.1 数值、货币、会计专用的格式设置

【任务描述】

选取 C 列和 D 列部分数字，通过格式设置，比较数值格式、货币格式、会计专用格式的异同。

【任务资料】

参见下载文件“项目 2 Excel2016 的数据格式设置\任务 2.2 数字格式的设置\任

务 2.2　数字格式设置. xlsx”中的工作表“任务 2.2.1　数值、货币、会计专用的格式设置”。

【操作流程】

(1) 双击“任务 2.2　数字格式设置. xlsx”，单击“任务 2.2.1　数值、货币、会计专用的格式设置”工作表标签。

(2) 选择 C2:D5 单元格区域后，按【Ctrl+1】组合键，在“数字”选项卡中单击“数值”。

(3) 如果数值的显示方式要求有千位分隔符，则在“使用千位分隔符”打勾，如图 2-2-1a 所示。

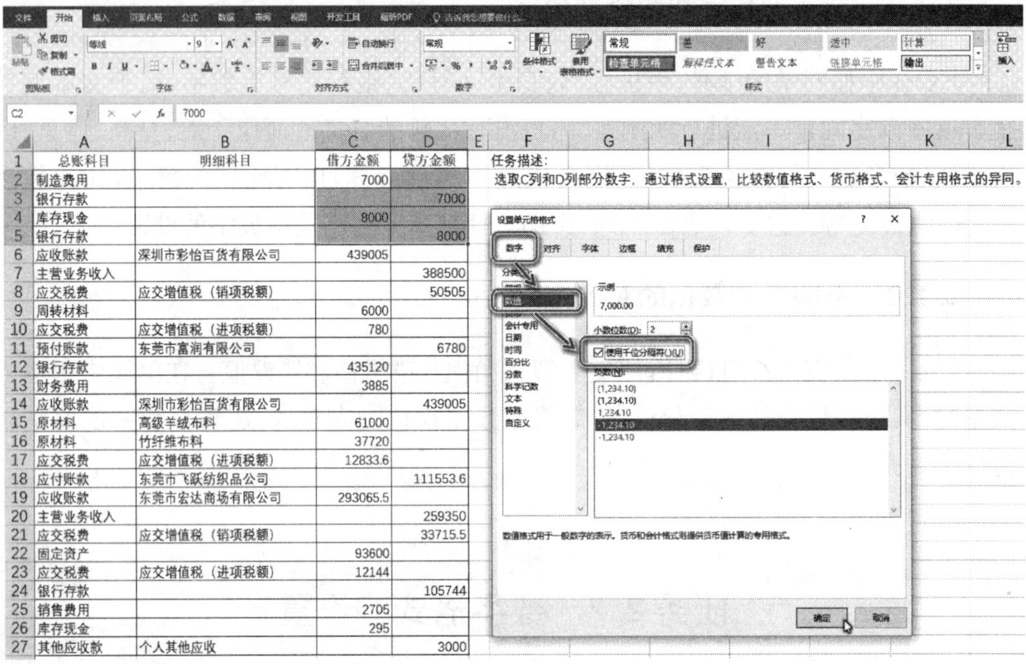

图 2-2-1a　在“数字”选项卡中设置“数值”

(4) 单击“确定”。

(5) 选择 C6:D8 单元格区域后，按上述方法单击“货币”。

(6) 如果使用的不是人民币符号“¥”而是其他货币，则在“货币符号(国家/地区)”右侧选择适用的货币符号即可，如图 2-2-1b 所示。

(7) 单击“确定”。

(8) 选择 C9:D11 单元格区域，按上述方法设置“会计专用”。

(9) 单击“确定”。

数值格式、货币格式、会计专用格式三者的比较如图 2-2-1c 所示。

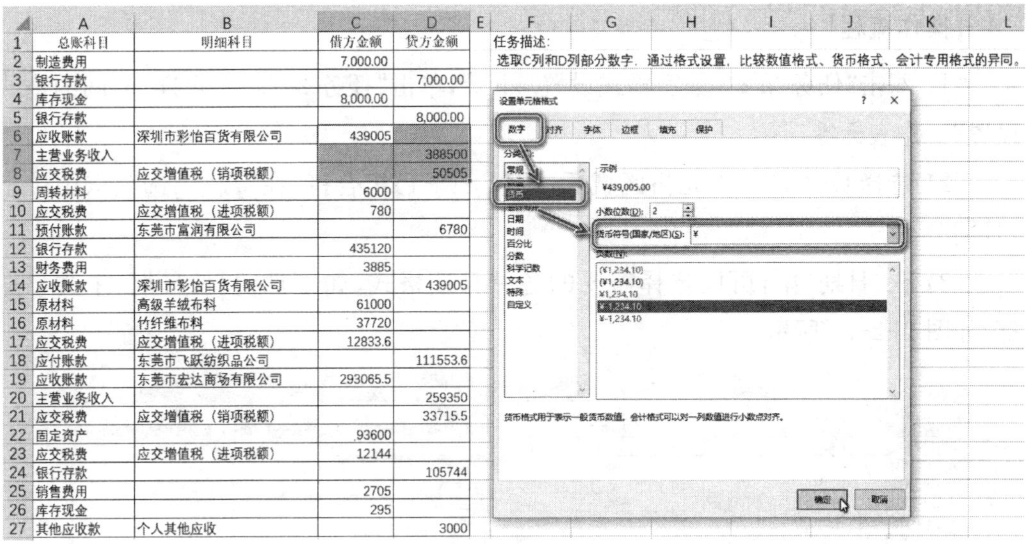

图 2-2-1b　在“数字”选项卡中设置“货币”

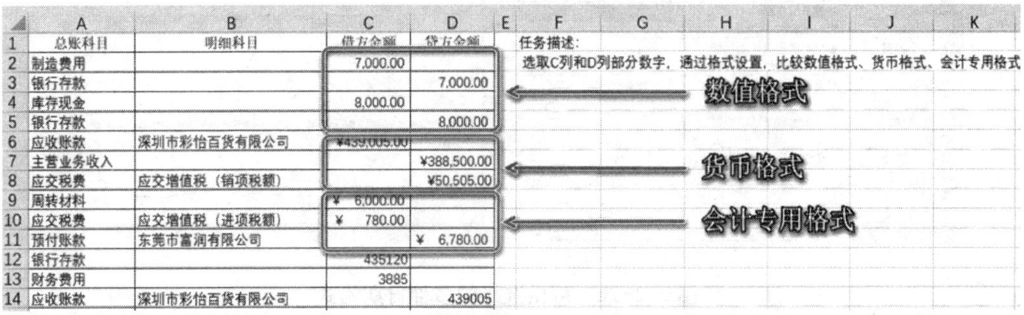

图 2-2-1c　数值格式、货币格式、会计专用格式三者的比较

由图 2-2-1c 可见，三种格式都是在原来的常规数值下通过设置不同的格式变化而来。不同的只是数值格式没有货币符号，货币格式中的货币符号与数值很近，而会计专用格式中的货币符号离数值较远。

2.2.2　日期、时间的格式设置

【任务描述】

选取 C 列和 D 列部分数字，通过格式设置，比较日期格式和时间格式的异同。

【任务资料】

参见下载文件“项目 2　Excel2016 的数据格式设置\任务 2.2　数字格式的设置\任务 2.2　数字格式设置.xlsx”中的工作表“任务 2.2.2　日期、时间的格式设置”。

【操作流程】

(1) 双击“任务 2.2　数字格式设置.xlsx”,单击“任务 2.2.2　日期、时间的格式设置”工作表标签。

(2) 选择 C12:D15 单元格区域后,按【Ctrl+1】组合键,在“数字”选项卡中单击“日期”。

(3) 在“日期”中,可以选择需要的各种日期格式,如短日期、长日期、中文日期等,如图 2-2-2a 所示。

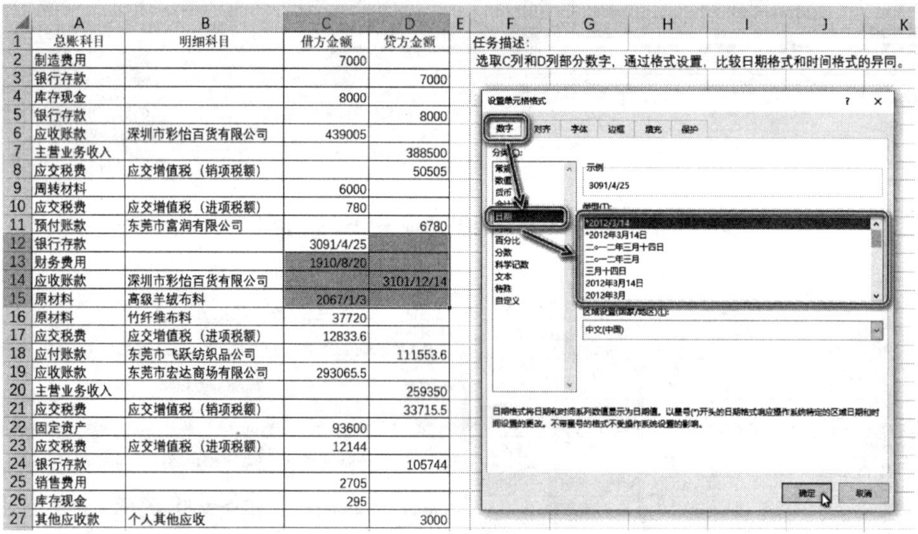

图 2-2-2a　可供选择的多种日期格式

(4) 单击“确定”。

(5) 选择 C16:D20 单元格区域后,按【Ctrl+1】组合键,在“数字”选项卡中单击“时间”。

(6) 在“时间”中,可以选择需要的各种时间格式,如图 2-2-2b 所示。

(7) 单击“确定”。

【成果展示】

操作结果如图 2-2-2c 所示。

从图 2-2-2c 可以发现,在 Excel 中,日期和时间的本质都是数字。

2.2.3　百分比、分数与特殊的格式设置

【任务描述】

通过对单元格区域进行百分比、分数与特殊格式的设置,完成相应位置数字的

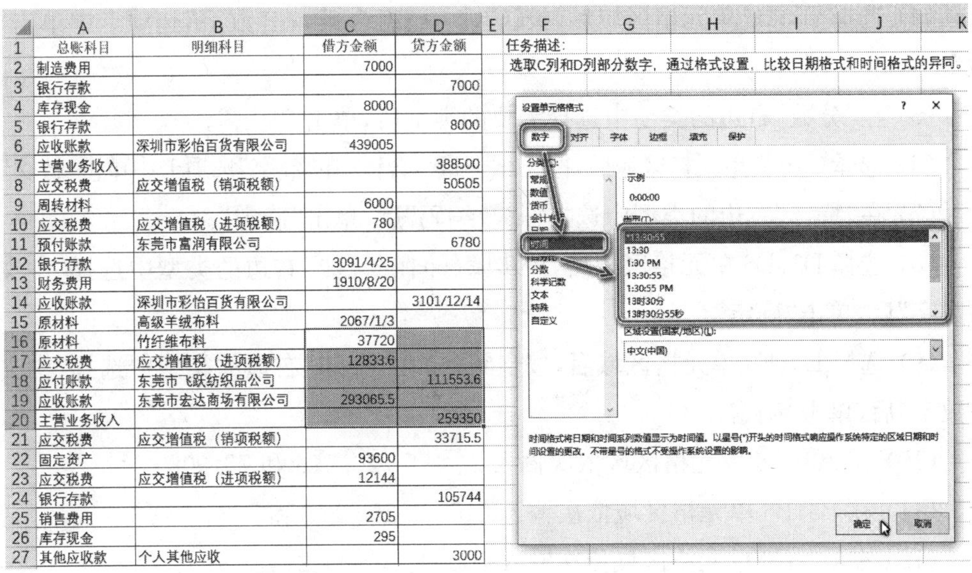

图 2-2-2b　可供选择的多种时间格式

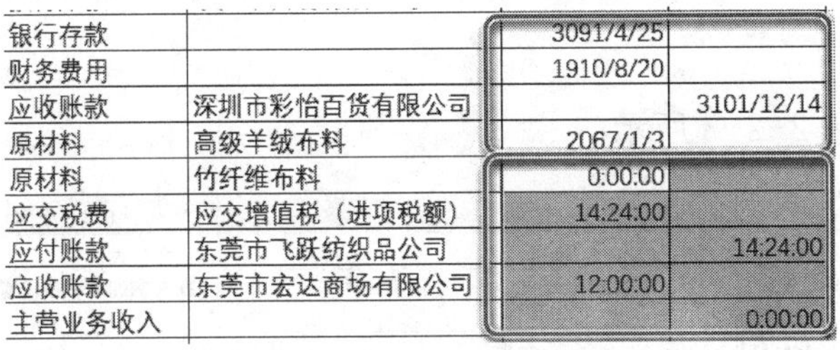

图 2-2-2c　日期格式与时间格式比较

输入。

【任务资料】

参见下载文件“项目 2　Excel2016 的数据格式设置\任务 2.2　数字格式的设置\任务 2.2　数字格式设置.xlsx”中的工作表“任务 2.2.3　百分比、分数与特殊的格式设置”。

【操作流程】

(1) 双击“任务 2.2　数字格式设置.xlsx”，单击“任务 2.2.3　百分比、分数与特殊的格式设置”工作表标签。

(2) 选择 A3:A6 单元格区域后，按【Ctrl+1】组合键，在“数字”选项卡中单击“百分比”。

(3) 在“百分比”中，选择相应的小数位数后，单击“确定”。

(4) 选择 B3:B6 单元格区域后,按【Ctrl+1】组合键,在“数字”选项卡中单击“分数”。

(5) 在“分数”右边的类型中选择需要的类型后,单击“确定”。

(6) 选择 C3:C6 单元格区域后,按【Ctrl+1】组合键,在“数字”选项卡中单击“特殊”。

(7) 在“特殊”右边的类型中选择“邮政编码”后,单击“确定”。

(8) 选择 D3:D6 单元格区域后,按步骤(6)在“特殊”右边的类型中选择“中文小写数字”后,单击“确定”。

(9) 选择 E3:E6 单元格区域后,按步骤(6)在“特殊”右边的类型中选择“中文大写数字”后,单击“确定”。

(10) 在 A3:A6 单元格区域依次输入 1、1.5、20.556 和 78.908。

(11) 在 B3:B6 单元格区域依次输入 0.5、0.25、1/5 和 5/8。

(12) 在 C3:C6 单元格区域依次输入 10000、50000、21400 和 1。

(13) 在 D3:D6 单元格区域依次输入 1、100、123.45 和 100780.08。

(14) 在 E3:E6 单元格区域依次输入 1、100、123.45 和 100780.08。

【成果展示】

操作结果如图 2-2-3 所示。

	A	B	C	D	E	F	G	H	I
1	百分数	分数	特殊				任务描述:		
2			邮政编码	中文小写	中文大写		在左侧的表格中设置相应的数字格式,并录入数字。		
3	1.00%	1/2	010000	一	壹				
4	1.50%	1/4	050000	一百	壹佰				
5	20.56%	1/5	021400	一百二十三.四五	壹佰贰拾叁.肆伍				
6	78.91%	5/8	000001	一十万〇七百八十.〇八	壹拾万零柒佰捌拾.零捌				

图 2-2-3 百分比、分数与特殊格式的设置与录入

【操作技巧】

在实务工作中,通常都是先设置格式,后录入数字。

【特别提示】

在金山 WPS Office 表格中,设置“特殊”格式后,数字“100780.08”会被显示为“壹拾万零柒佰捌拾元零捌分”。

2.2.4 文本格式设置

【任务描述】

通过对单元格区域进行文本格式设置,完成相应位置数字的输入。

【任务资料】

参见下载文件“项目 2　Excel2016 的数据格式设置\任务 2.2　数字格式的设置\任务 2.2　数字格式设置. xlsx”中的工作表“任务 2.2.4　文本格式设置”。

【操作流程】

(1) 双击“任务 2.2　数字格式设置. xlsx”，单击“任务 2.2.4　文本格式设置”工作表标签。

(2) 选择 A2:C5 单元格区域后，按【Ctrl＋1】组合键，在“数字”选项卡中单击“文本”，单击“确定”。

(3) 选择 A2:A5 单元格区域后，输入学号，如 00011、00012、00013、00014 等。

(4) 选择 B2:B5 单元格区域后，输入身份证号，如 210113196109150581、210113196109150582、210113196109150583、210113196109150584 等。

(5) 选择 C2:C5 单元格区域后，输入银行账号，如 6228480568054629775、6228480568054629776、6228480568054629777、6228480568054629778 等。

【成果展示】

操作结果如图 2-2-4 所示。

	A	B	C	D	E	F	G
1	学号	身份证号	银行账号		任务描述:		
2	00011	210113196109150571	6228480568054629775		在左侧的表格中设置文本格式，并录入相应的数字。		
3	00012	210113196109150572	6228480568054629776				
4	00013	210113196109150573	6228480568054629777				
5	00014	210113196109150574	6228480568054629778				

图 2-2-4　文本格式设置与录入

【任务拓展】

请试着在没有设置文本的单元格区域录入上述学号、身份证号及银行账号，观察其区别。

2.2.5　自定义格式设置

在 Excel 中，当使用常规格式无法满足需求时，即可求助自定义格式。自定义格式用 3 个英文分号(;;;)来区隔开正数、负数、零值和文本。常用的自定义格式设置示例，参见“任务 2.2.5　自定义格式设置”工作表。

【任务描述】

对单元格区域进行自定义格式设置。

【任务资料】

参见下载文件“项目 2　Excel2016 的数据格式设置\任务 2.2　数字格式的设置\任务 2.2　数字格式设置.xlsx”中的工作表“任务 2.2.5　自定义格式设置”。

【操作流程】

(1) 双击“任务 2.2　数字格式设置.xlsx”，单击“任务 2.2.5　自定义格式设置”工作表标签。

(2) 选择 D3:D6 单元格区域，按【Ctrl＋1】组合键，在“数字”选项卡中单击“自定义”，选中(俗称抹黑)“类型”下的“G/通用格式”，输入 3 个英文分号“;;;”，单击“确定”，如图 2-2-5a 所示。

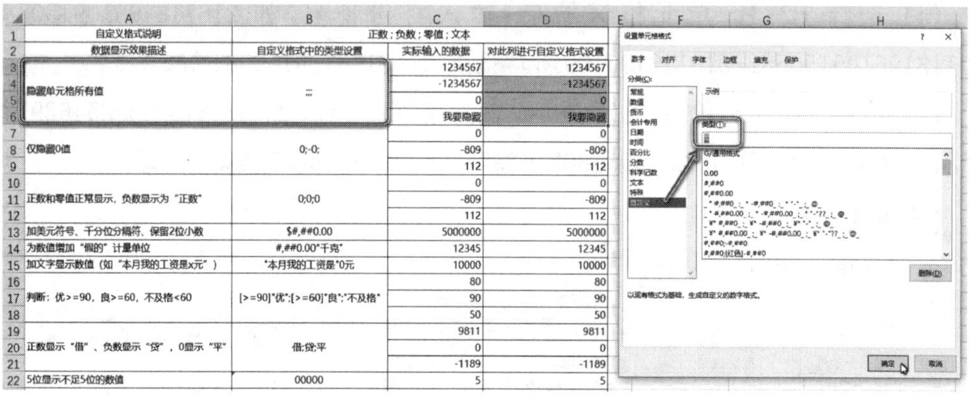

图 2-2-5a　“隐藏”的自定义格式设置

(3) 选择 D7:D9 单元格区域，按步骤(2)，输入“0;－0;”，单击“确定”。

(4) 选择 D10:D12 单元格区域，按步骤(2)，输入“0;0;0”，单击“确定”。

(5) 选择 D13 单元格，按步骤(2)，输入“＄＃,＃＃0.00”，单击“确定”。

(6) 选择 D14 单元格，按步骤(2)，输入“＃,＃＃0.00"千克"”，单击“确定”。

(7) 选择 D15 单元格，按步骤(2)，输入“"本月我的工资是"0 元”，单击“确定”。

(8) 选择 D16:D18 单元格区域，按步骤(2)，输入“[＞＝90]"优";[＞＝60]"良";"不及格"”，单击“确定”。

(9) 选择 D19:D21 单元格区域，按步骤(2)，输入“借;贷;平”，单击“确定”。

(10) 选择 D22 单元格，按步骤(2)，输入“00000”，单击“确定”。

(11) 选择 D23 单元格，按步骤(2)，输入“0!.0,万”，单击“确定”。

(12) 选择 D24 单元格，按步骤(2)，输入“0.0,"千"”，单击“确定”。

(13) 选择 D25 单元格，按步骤(2)，输入“aaa”，单击“确定”。

(14) 选择 D26 单元格，按步骤(2)，输入“aaaa”，单击“确定”。

(15) 选择 D27 单元格,按步骤(2),输入“"周"aaa”,单击“确定”。

【成果展示】

操作结果如图 2-2-5b 所示。

	A	B	C	D
1	自定义格式说明	正数;负数;零值;文本		
2	数据显示效果描述	自定义格式中的类型设置	实际输入的数据	对此列进行自定义格式设置
3	隐藏单元格所有值	;;;	1234567	
4			-1234567	
5			0	
6			我要隐藏	
7	仅隐藏0值	0;-0;	0	
8			-809	-809
9			112	112
10	正数和零值正常显示，负数显示为“正数”	0;0;0	0	0
11			-809	809
12			112	112
13	加美元符号、千分位分隔符、保留2位小数	$#,##0.00	5000000	$5,000,000.00
14	为数值增加“假的”计量单位	#,##0.00"千克"	12345	12,345.00千克
15	加文字显示数值（如“本月我的工资是x元”）	"本月我的工资是"0元	10000	本月我的工资是10000元
16	判断：优>=90，良>=60，不及格<60	[>=90]"优";[>=60]"良";"不及格"	80	良
17			90	优
18			50	不及格
19	正数显示“借”、负数显示“贷”，0显示“平”	借;贷;平	9811	借
20			0	平
21			-1189	贷
22	5位显示不足5位的数值	00000	5	00005
23	转为万	0!.0,万	12000	1.2万
24	转为千	0.0,"千"	1200	1.2千
25	将日期显示为"一～日"	aaa	2019/10/7	一
26	将日期显示为"星期一～日"	aaaa	2019/10/8	星期二
27	将日期显示为"周一～周日"	"周"aaa	2019/10/9	周三

图 2-2-5b　自定义格式设置的效果

【提示】

在设置自定义格式时,不要输入“aaaa”两边的双引号,只要输入 aaaa 即可。

任务 2.3　条件格式及其设置

所谓条件格式,是指当满足给定条件时,Excel 将自动突出显示这些满足给定条件的单元格区域。

2.3.1　突出显示单元格规则之大于、小于

【任务描述】

(1) 用浅红填充色深红色文本突出显示小于 50 000 的产品数值。

（2）用黄色填充色突出显示大于 1 000 000 的产品数值。

【任务资料】

参见下载文件“项目 2　Excel2016 的数据格式设置\任务 2.3　条件格式及其设置\任务 2.3　条件格式及其设置. xlsx”中的工作表“任务 2.3.1　突出显示单元格规则之大于、小于”。

【操作流程】

（1）双击“任务 2.3　条件格式及其设置. xlsx”，单击“任务 2.3.1　突出显示单元格规则之大于、小于”工作表标签。

（2）选择 C2:H17 单元格区域，单击“开始”→“条件格式”→“突出显示单元格规则”→“小于”，如图 2-3-1a 所示。

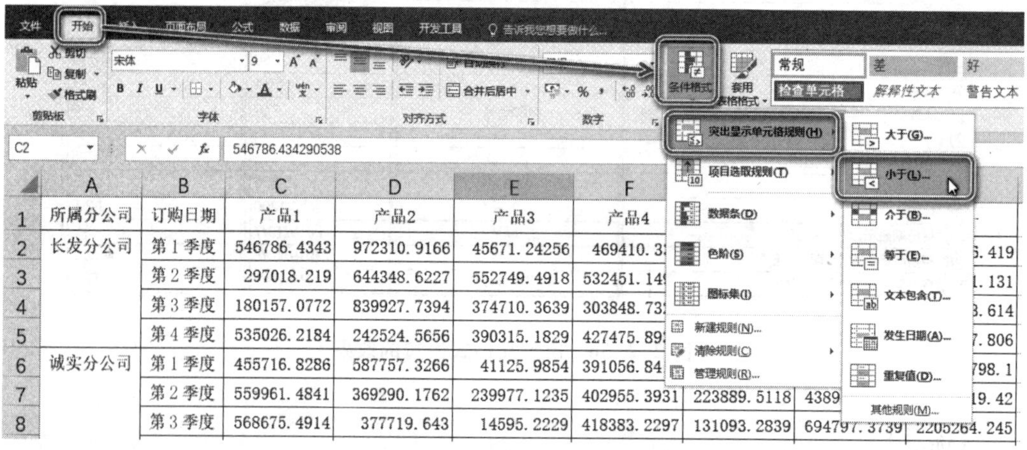

图 2-3-1a　打开“突出显示单元格规则”的设置

（3）在弹出的“小于”对话框中，按题目要求输入“50000”，在“设置为”右侧下拉选择“浅红填充色深红色文本”。如果此处没有现成的设置可供选择，则选择最下边的“自定义格式”，如图 2-3-1b 所示。

（4）接上步，单击“开始”→“条件格式”→“突出显示单元格规则”→“大于”。

（5）在弹出的“大于”对话框中，按题目要求输入“1000000”，在“设置为”右侧下拉选择“自定义格式”→“填充”，选择黄色后单击“确定”。

【成果展示】

操作结果如图 2-3-1c 所示。

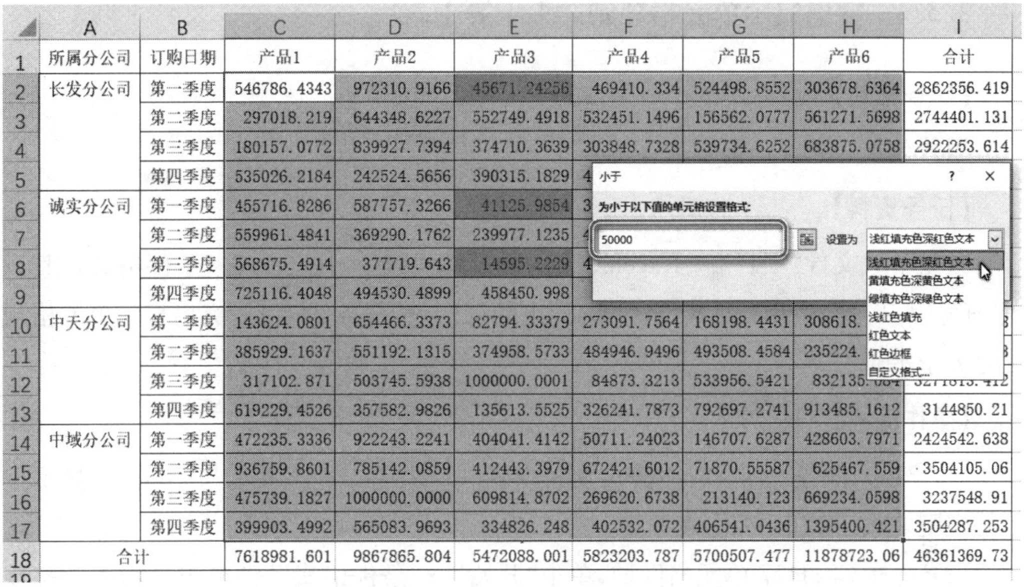

图 2-3-1b “突出显示单元格规则之大于、小于”的设置

	A	B	C	D	E	F	G	H	I
1	所属分公司	订购日期	产品1	产品2	产品3	产品4	产品5	产品6	合计
2	长发分公司	第一季度	546786.4343	972310.9166	45671.24256	469410.334	524498.8552	303678.6364	2862356.419
3		第二季度	297018.219	644348.6227	552749.4918	532451.1496	156562.0777	561271.5698	2744401.131
4		第三季度	180157.0772	839927.7394	374710.3639	303848.7328	539734.6252	683875.0758	2922253.614
5		第四季度	535026.2184	242524.5656	390315.1829	427475.8931	516675.5904	2281030.355	4393047.806
6	诚实分公司	第一季度	455716.8286	587757.3266	41125.9854	391056.8413	370677.1981	152463.9199	1998798.1
7		第二季度	559961.4841	369290.1762	239977.1235	402955.3931	223889.5118	438945.7315	2235019.42
8		第三季度	568675.4914	377719.643	14595.2229	418383.2297	131093.2839	694797.3739	2205264.245
9		第四季度	725116.4048	494530.4899	458450.998	313182.812	410756.2656	1354491.57	3756528.54
10	中天分公司	第一季度	143624.0801	654466.3373	82794.33379	273091.7564	168198.4431	308618.2773	1630793.228
11		第二季度	385929.1637	551192.1315	374958.5733	484946.9496	493508.4584	235224.4662	2525759.743
12		第三季度	317102.871	503745.5938	1000000.0001	84873.3213	533956.5421	832135.084	3271813.412
13		第四季度	619229.4526	357582.9826	135613.5525	326241.7873	792697.2741	913485.1612	3144850.21
14	中域分公司	第一季度	472235.3336	922243.2241	404041.4142	50711.24023	146707.6287	428603.7971	2424542.638
15		第二季度	936759.8601	785142.0859	412443.3979	672421.6012	71870.55587	625467.559	3504105.06
16		第三季度	475739.1827	1000000.0000	609814.8702	269620.6738	213140.123	669234.0598	3237548.91
17		第四季度	399903.4992	565083.9693	334826.248	402532.072	406541.0436	1395400.421	3504287.253
18	合计		7618981.601	9867865.804	5472088.001	5823203.787	5700507.477	11878723.06	46361369.73

图 2-3-1c “突出显示单元格规则之大于、小于”的操作结果

【任务拓展】

试着将 C2:C5 单元格区域中的数值修改为小于 50 000，将 C6:C9 单元格区域中的数值修改为大于 1 000 000，并观察其格式的变化。

2.3.2　突出显示单元格规则之大于等于

【任务描述】

用黄色填充色突出显示大于等于 1 000 000 的产品数值。

【任务资料】

参见下载文件“项目 2　Excel2016 的数据格式设置\任务 2.3　条件格式及其设置\任务 2.3　条件格式及其设置. xlsx”中的工作表“任务 2.3.2　突出显示单元格规则之大于等于”。

【操作流程】

(1) 双击“任务 2.3　条件格式及其设置. xlsx”，单击“任务 2.3.2　突出显示单元格规则之大于等于”工作表标签。

(2) 选择 C2:H17 单元格区域，单击“开始”→“条件格式”→“突出显示单元格规则”→“其他规则”。

(3) 选择“只为包含以下内容的单元格设置格式”，在“编辑规则说明”栏下选择“大于或等于”，输入“1000000”。

(4) 单击“格式”→“填充”，选择黄色，如图 2-3-2a 所示。

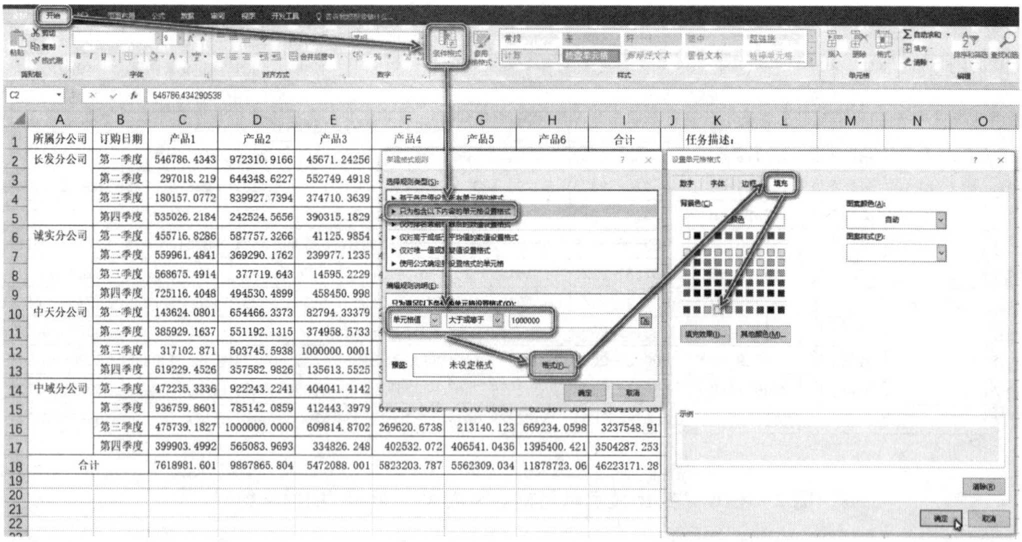

图 2-3-2a　“突出显示单元格规则之大于等于”的设置

(5) 单击“确定”。

【成果展示】

操作结果如图 2-3-2b 所示。

	A	B	C	D	E	F	G	H	I	J	K
1	所属分公司	订购日期	产品1	产品2	产品3	产品4	产品5	产品6	合计		任务描述：
2	长发分公司	第一季度	546786.4343	972310.9166	45671.24256	469410.334	524498.8552	303678.6364	2862356.419		用黄色填充色突出显示大于等于1,000,000的产品数值。
3		第二季度	297018.219	644348.6227	552749.4918	532451.1496	156562.0777	561271.5698	2744401.131		
4		第三季度	180157.0772	839927.7394	374710.3639	303848.7328	539734.6252	683875.0758	2922253.614		
5		第四季度	535026.2184	242524.5656	390315.1829	427475.8931	516675.5904	2281030.355	4393047.806		
6	诚实分公司	第一季度	455716.8286	587757.3266	41125.9854	391056.8413	370677.1981	152463.9199	1998798.1		
7		第二季度	559961.4841	369290.1762	239977.1235	402955.3931	223889.5118	438945.7315	2235019.42		
8		第三季度	568675.4914	377719.643	14595.2229	418383.2297	131093.2839	694797.3739	2205264.245		
9		第四季度	725116.4048	494530.4899	458450.998	313182.812	410756.2656	1354491.57	3756528.54		
10	中天分公司	第一季度	143624.0801	654466.3373	82794.33379	273091.7564	30000.00000	308618.2773	1492594.785		
11		第二季度	385929.1637	551192.1315	374958.5733	484946.9496	493508.4584	235224.4662	2525759.743		
12		第三季度	317102.871	503745.5938	1000000.0001	84873.3213	533956.5421	832135.084	3271813.412		
13		第四季度	619229.4526	357582.9826	135613.5525	326241.7873	792697.2741	913485.1612	3144850.21		
14	中域分公司	第一季度	472235.3336	922243.2241	404041.4142	50711.24023	146707.6287	428603.7971	2424542.638		
15		第二季度	936759.8601	785142.0859	412443.3979	672421.6012	71870.55587	625467.559	3504105.06		
16		第三季度	475739.1827	1000000.0000	609814.8702	269620.6738	213140.123	669234.0598	3237548.91		
17		第四季度	399903.4992	565083.9693	334826.248	402532.072	406541.0436	1395400.421	3504287.253		
18	合计		7618981.601	9867865.804	5472088.001	5823203.787	5562309.034	11878723.06	46223171.28		

图 2-3-2b　“突出显示单元格规则之大于等于”的操作结果

2.3.3　项目选取规则之前 10 项和后 10%

【任务描述】

突出显示列合计前 3 的值和行合计后 40%的值。

【任务资料】

参见下载文件“项目 2　Excel2016 的数据格式设置\任务 2.3　条件格式及其设置\任务 2.3　条件格式及其设置.xlsx”中的工作表“任务 2.3.3　项目选取规则之前 10 项和后 10%”。

【操作流程】

(1) 双击“任务 2.3　条件格式及其设置.xlsx”，单击“任务 2.3.3　项目选取规则之前 10 项和后 10%”工作表标签。

(2) 选择 I2:I17 单元格区域，单击“开始”→“条件格式”→“项目选取规则”→“前 10 项”。

(3) 在弹出的对话框中，将其中的“10”修改为“3”，格式默认，单击“确定”。

(4) 选择 C18:H18 单元格区域，单击“开始”→“条件格式”→“项目选取规则”→“最后 10%”。

(5) 在弹出的对话框中，将其中的“10”修改为“40”，格式默认，单击“确定”。

【成果展示】

操作结果如图 2-3-3 所示。

	A	B	C	D	E	F	G	H	I	J	K	L	M
1	所属分公司	订购日期	产品1	产品2	产品3	产品4	产品5	产品6	合计		任务描述：		
2	长发分公司	第一季度	546786.4343	972310.9166	45671.24256	469410.334	524498.8552	303678.6364	2862356.419		突出显示列合计前3的值和行合计后40%的值。		
3		第二季度	297018.219	644348.6227	552749.4918	532451.1496	156562.0777	561271.5698	2744401.131				
4		第三季度	180157.0772	839927.7394	374710.3639	303848.7328	539734.6252	683875.0758	2922253.614				
5		第四季度	535026.2184	242524.5656	390315.1829	427475.8931	516675.5904	2281030.355	4393047.806				
6	诚实分公司	第一季度	455716.8286	587757.3266	41125.9854	391056.8413	370677.1981	152463.9199	1998798.1				
7		第二季度	559961.4841	369290.1762	239977.1235	402955.3931	223889.5118	438945.7315	2235019.42				
8		第三季度	568675.4914	377719.643	14595.2229	418383.2297	131093.2839	694797.3739	2205264.245				
9		第四季度	725116.4048	494530.4899	458450.998	313182.812	410756.2656	1354491.57	3756528.54				
10	中天分公司	第一季度	143624.0801	654466.3373	82794.33379	273091.7564	168198.4431	308618.2773	1630793.228				
11		第二季度	385929.1637	551192.1315	374958.5733	484946.9496	493508.4584	235224.4662	2525759.743				
12		第三季度	317102.871	503745.5938	1000000.0001	84873.3213	533956.5421	832135.084	3271813.412				
13		第四季度	619229.4526	357582.9826	135613.5525	326241.7873	792697.2741	913485.1612	3144850.21				
14	中城分公司	第一季度	472235.3336	922243.2241	404041.4142	50711.24023	146707.6287	428603.7971	2424542.638				
15		第二季度	936759.8601	785142.0859	412443.3979	672421.6012	71870.55587	625467.559	3504105.06				
16		第三季度	475739.1827	1000000.0000	609814.8702	269620.6738	213140.123	669234.0598	3237548.91				
17		第四季度	399903.4992	565083.9693	334826.248	402532.072	406541.0436	1395400.421	3504287.253				
18	合计		7618981.601	9867865.804	5472088.001	5823203.787	5700507.477	11878723.06	46361369.73				

图 2-3-3 突出显示列合计前 3 的值和行合计后 40%的值

2.3.4 使用公式确定要设置格式的单元格

【任务描述】

用橙色突出显示产品 5 中数值大于 500 000 的季度。

【任务资料】

参见下载文件“项目 2 Excel2016 的数据格式设置\任务 2.3 条件格式及其设置\任务 2.3 条件格式及其设置.xlsx”中的工作表“任务 2.3.4 使用公式确定要设置格式的单元格”。

【操作流程】

(1) 双击“任务 2.3 条件格式及其设置.xlsx”，单击“任务 2.3.4 使用公式确定要设置格式的单元格”工作表标签。

(2) 选择 B2:B17 单元格区域，单击“开始”→“条件格式”→“新建规则”→“使用公式确定要设置格式的单元格”。

(3) 在“为符合此公式的值设置格式”下边的文本框中输入公式“=G2>500000”。

(4) 单击“格式”→“字体”，在“颜色”中选择橙色，单击“确定”→“确定”。

【成果展示】

操作结果如图 2-3-4 所示。

	A	B	C	D	E	F	G	H	I	J	K
1	所属分公司	订购日期	产品1	产品2	产品3	产品4	产品5	产品6	合计		任务描述：
2	长发分公司	第一季度	546786. 4343	972310. 9166	45671. 24256	469410. 334	524498. 8552	303678. 6364	2862356. 419		用橙色突出显示产品5中数值大于500, 000的季度。
3		第二季度	297018. 219	644348. 6227	552749. 4918	532451. 1496	156562. 0777	561271. 5698	2744401. 131		
4		第三季度	180157. 0772	839927. 7394	374710. 3639	303848. 7328	539734. 6252	683875. 0758	2922253. 614		
5		第四季度	535026. 2184	242524. 5656	390315. 1829	427475. 8931	516675. 5904	2281030. 355	4393047. 806		
6	诚实分公司	第一季度	455716. 8286	587757. 3266	41125. 9854	391056. 8413	370677. 1981	152463. 9199	1998798. 1		
7		第二季度	559961. 4841	369290. 1762	239977. 1235	402955. 3931	223889. 5118	438945. 7315	2235019. 42		
8		第三季度	568675. 4914	377719. 643	14595. 2229	418383. 2297	131093. 2839	694797. 3739	2205264. 245		
9		第四季度	725116. 4048	494530. 4899	458450. 998	313182. 812	410756. 2656	1354491. 57	3756528. 54		
10	中天分公司	第一季度	143624. 0801	654466. 3373	82794. 33379	273091. 7564	168198. 4431	308618. 2773	1630793. 228		
11		第二季度	385929. 1637	551192. 1315	374958. 5733	484946. 9496	493508. 4584	235224. 4662	2525759. 743		
12		第三季度	317102. 871	503745. 5938	1000000. 0001	84873. 3213	533956. 5421	832135. 084	3271813. 412		
13		第四季度	619229. 4526	357582. 9826	135613. 5525	326241. 7873	792697. 2741	913485. 1612	3144850. 21		
14	中域分公司	第一季度	472235. 3336	922243. 2241	404041. 4142	50711. 24023	146707. 6287	428603. 7971	2424542. 638		
15		第二季度	936759. 8601	785142. 0859	412443. 3979	672421. 6012	71870. 55587	625467. 559	3504105. 06		
16		第三季度	475739. 1827	1000000. 0000	609814. 8702	269620. 6738	213140. 123	669234. 0598	3237548. 91		
17		第四季度	399903. 4992	565083. 9693	334826. 248	402532. 072	406541. 0436	1395400. 421	3504287. 253		
18	合计		7618981. 601	9867865. 804	5472088. 001	5823203. 787	5700507. 477	11878723. 06	46361369. 73		

图 2-3-4　用橙色突出显示产品 5 中数值大于 500 000 的季度

【任务拓展】

(1) 试着完成“任务 2.2.5　自定义格式设置”中的任务拓展。

(2) 在设置条件格式时，把符合条件的单元格所在的整行都突出显示出来。

项 目 3

Excel2016 的公式与引用

任务 3.1　公式的概念及其构成
任务 3.2　单元格引用
任务 3.3　三种引用的应用

在 Excel2016 中，仅仅使用其本身具有的选项功能，就可以完成日常的大多数数据处理工作，但如果能够引入公式，则可以大大提高工作效率。

任务 3.1 公式的概念及其构成

公式是 Excel 工作表中进行数值计算的等式。

公式以英文等号(＝)开始，等号是公式的标志。简单的公式仅执行加、减、乘、除等计算。复杂的公式可能包含函数、引用、运算符和常量等，通常用于执行更为复杂的运算。

3.1.1 运算符

运算符的作用是对公式中的各元素进行运算操作。Excel 中运算符有 4 类，分别是算术运算符、比较运算符、文本运算符、引用运算符。

1. 算术运算符

算术运算符是指用来完成基本的加、减、乘、除等数学运算的符号。常用的算术运算符有以下 6 个：

＋(加)、－(减)、*(乘)、/(除)、%(百分比)、^(乘方)。

注意：除号(/)的方向与百分号(%)中间的斜杠方向一致。

2. 比较运算符

比较运算符是指用来对两个数值进行比较的符号。比较后产生的结果为逻辑值 True(真)或 False(假)。常用的比较运算符有以下 5 个：

＝(等于)、>(大于)、>＝(大于等于)、<＝(小于等于)、<>(不等于)。

注意：比较运算符中的等于(＝)与公式引导符中的等号(＝)二者的含义和作用都是不同的。

3. 文本运算符

文本运算符(&)也称文本连接符，是指用来将一个或多个文本连接成为一个组合文本，从而便于其他函数公式调用的符号。

4. 引用运算符

引用运算符是指用来将单元格区域合并运算的符号。常用的引用运算符有冒号、逗号和空格，分别代表区域运算符、联合运算符和交叉运算符。

冒号(:)，区域运算符。例如，“B1:D5”表示从 B1 单元格开始到 D5 单元格结束的整个矩形区域。

逗号(,),联合运算符,即数学上的并集。例如,“B1,C2,D5”表示将 B1、C2 和 D5 三个单元格联合起来。

空格( ),交叉运算符,即数学上的交集。例如,“B1:D5 D3:E8”表示取 B1:D5 单元格区域与 D3:E8 单元格区域之间的交集 D3:D5。

3.1.2 运算顺序

如果公式中同时用到多个运算符,Excel 将按下面的顺序进行运算:

冒号、逗号、空格、负号、百分号、乘幂、乘和除、加和减、文本连接符、比较运算符。

如果公式中包含了相同优先级的运算符,例如,公式中同时包含了乘和除,则 Excel 将从左到右进行计算。

【提示】

引用运算符优先于算术运算符,算术运算符优先于比较运算符,比较运算符优先于文本运算符。

如果要改变运算顺序,则应把公式中需要首先计算的部分括在圆括号内。

任务 3.2 单元格引用

在编写 Excel 公式时,通常会涉及单元格的引用。有时要求被引用的单元格随公式所在单元格的移动而发生相对位置的变化,这种情况被称为相对引用;有时要求被引用的单元格不随公式所在单元格的移动而变化,即固定被引用的单元格,这种情况被称为绝对引用;有时则要求被引用的单元格随公式所在单元格发生行变化时列不变,或列变化时行不变,这种情况则被称为混合引用。

3.2.1 相对引用

在进行单元格相对引用时,无论当前单元格是哪个,都总是引用与其相对位置不变的单元格,如图 3-2-1 所示。

由图 3-2-1 可以看出,从 F2 单元格开始,F 列任何一个单元格的公式都是等于“左边的左边+左边”。其中,“左边的左边”指的是 D 列,“左边”指的是 E 列。如 F2 单元格的值等于 D2 单元格与 E2 单元格两个值的和,F3 单元格的值等于 D3 单元格

	A	B	C	D	E	F	G	H
1	工号	姓名	部门	基本工资	浮动工资	合计		任务描述：
2	CZGS001	宋江	行政部	8000	1866	=D2+E2		求左表"基本工资"和"浮动工资"的合计。
3	CZGS002	卢俊义	行政部	8000	1219	=D3+E3		
4	CZGS003	吴用	行政部	8000	1507	=D4+E4		
5	CZGS004	公孙胜	总经办	8000	1387	=D5+E5		
6	CZGS005	关胜	总经办	8000	1481	=D6+E6		
7	CZGS006	林冲	总经办	8000	1801	=D7+E7		
8	CZGS007	秦明	总经办	8000	1139	=D8+E8		
9	CZGS008	呼延灼	财务部	8000	1812	=D9+E9		
10	CZGS009	花荣	财务部	8000	1083	=D10+E10		
11	CZGS010	柴进	财务部	8000	1339	=D11+E11		
12	CZGS011	李应	财务部	8000	1884	=D12+E12		
13	CZGS012	朱仝	财务部	8000	1584	=D13+E13		
14	CZGS013	鲁智深	信息中心	8000	1021	=D14+E14		
15	CZGS014	武松	信息中心	8000	1281	=D15+E15		
16	CZGS015	董平	信息中心	8000	1404	=D16+E16		
17	CZGS016	张清	信息中心	8000	1272	=D17+E17		
18	CZGS017	杨志	生产1部	8000	1610	=D18+E18		
19	CZGS018	徐宁	生产1部	8000	1538	=D19+E19		
20	CZGS019	索超	生产1部	8000	1890	=D20+E20		
21	CZGS020	戴宗	生产1部	8000	1159	=D21+E21		

图 3-2-1　相对引用

与 E3 单元格两个值的和，以此类推。

3.2.2　绝对引用

在进行单元格绝对引用时，无论当前单元格是哪个，都总是引用特定位置不变的单元格，如图 3-2-2 所示。

	A	B	C	D	E	F	G	H	I	J
1	工号	姓名	部门	基本工资	浮动工资	合计	新合计	增加工资		任务描述:
2	CZGS001	宋江	行政部	8000	1866	=D2+E2	=F2+$H$2	500		在G列中为每位员工增加H2单元格中的值。
3	CZGS002	卢俊义	行政部	8000	1219	=D3+E3	=F3+$H$2			
4	CZGS003	吴用	行政部	8000	1507	=D4+E4	=F4+$H$2			
5	CZGS004	公孙胜	总经办	8000	1387	=D5+E5	=F5+$H$2			
6	CZGS005	关胜	总经办	8000	1481	=D6+E6	=F6+$H$2			
7	CZGS006	林冲	总经办	8000	1801	=D7+E7	=F7+$H$2			
8	CZGS007	秦明	总经办	8000	1139	=D8+E8	=F8+$H$2			
9	CZGS008	呼延灼	财务部	8000	1812	=D9+E9	=F9+$H$2			
10	CZGS009	花荣	财务部	8000	1083	=D10+E10	=F10+$H$2			
11	CZGS010	柴进	财务部	8000	1339	=D11+E11	=F11+$H$2			
12	CZGS011	李应	财务部	8000	1884	=D12+E12	=F12+$H$2			
13	CZGS012	朱仝	财务部	8000	1584	=D13+E13	=F13+$H$2			
14	CZGS013	鲁智深	信息中心	8000	1021	=D14+E14	=F14+$H$2			
15	CZGS014	武松	信息中心	8000	1281	=D15+E15	=F15+$H$2			
16	CZGS015	董平	信息中心	8000	1404	=D16+E16	=F16+$H$2			
17	CZGS016	张清	信息中心	8000	1272	=D17+E17	=F17+$H$2			
18	CZGS017	杨志	生产1部	8000	1610	=D18+E18	=F18+$H$2			
19	CZGS018	徐宁	生产1部	8000	1538	=D19+E19	=F19+$H$2			
20	CZGS019	索超	生产1部	8000	1890	=D20+E20	=F20+$H$2			
21	CZGS020	戴宗	生产1部	8000	1159	=D21+E21	=F21+$H$2			

图 3-2-2　绝对引用

由图 3-2-2 可以看出，从 G2 单元格开始，G 列中任何一个单元格的值都等于该单元格的“左边＋H2”。其中，H2 单元格被两把“锁”锁定了位置，变成“＄H＄2”（行、列都处于被锁定的状态）。

3.2.3 混合引用

单元格的混合引用，是指行变列不变，或列变行不变，如图 3-2-3 所示。

	A	B	C	D	E	F	G	H	I	J
1						简易九九乘法表				
2		1	2	3	4	5	6	7	8	9
3	1	=B$2*$A3	=C$2*$A3	=D$2*$A3	=E$2*$A3	=F$2*$A3	=G$2*$A3	=H$2*$A3	=I$2*$A3	=J$2*$A3
4	2	=B$2*$A4	=C$2*$A4	=D$2*$A4	=E$2*$A4	=F$2*$A4	=G$2*$A4	=H$2*$A4	=I$2*$A4	=J$2*$A4
5	3	=B$2*$A5	=C$2*$A5	=D$2*$A5	=E$2*$A5	=F$2*$A5	=G$2*$A5	=H$2*$A5	=I$2*$A5	=J$2*$A5
6	4	=B$2*$A6	=C$2*$A6	=D$2*$A6	=E$2*$A6	=F$2*$A6	=G$2*$A6	=H$2*$A6	=I$2*$A6	=J$2*$A6
7	5	=B$2*$A7	=C$2*$A7	=D$2*$A7	=E$2*$A7	=F$2*$A7	=G$2*$A7	=H$2*$A7	=I$2*$A7	=J$2*$A7
8	6	=B$2*$A8	=C$2*$A8	=D$2*$A8	=E$2*$A8	=F$2*$A8	=G$2*$A8	=H$2*$A8	=I$2*$A8	=J$2*$A8
9	7	=B$2*$A9	=C$2*$A9	=D$2*$A9	=E$2*$A9	=F$2*$A9	=G$2*$A9	=H$2*$A9	=I$2*$A9	=J$2*$A9
10	8	=B$2*$A10	=C$2*$A10	=D$2*$A10	=E$2*$A10	=F$2*$A10	=G$2*$A10	=H$2*$A10	=I$2*$A10	=J$2*$A10
11	9	=B$2*$A11	=C$2*$A11	=D$2*$A11	=E$2*$A11	=F$2*$A11	=G$2*$A11	=H$2*$A11	=I$2*$A11	=J$2*$A11

图 3-2-3　混合引用

由图 3-2-3 可以看出，B 列中，从 B3 单元格向下，总是引用 B2 单元格的值，即第 2 行被锁定（B＄2）；在第 3 行中，B3 单元格向右，总是引用 A3 单元格的值，即 A 列被锁定（＄A3）。其他行列的变化也是如此。

任务 3.3　三种引用的应用

利用 Excel 进行数据处理时，经常要用到相对引用、绝对引用及混合引用。

3.3.1 相对引用的应用

【任务描述】

计算每位员工的“应发小计”。

【任务资料】

参见下载文件“项目 3　Excel2016 的公式与引用\任务 3.3　三种引用的应用\任务 3.3　三种引用的应用. xlsx”中的工作表“任务 3.3.1　相对引用的应用”。

【操作流程】

(1) 双击“任务 3.3　三种引用的应用. xlsx”，单击“任务 3.3.1　相对引用的应用”工作表标签。

（2）选择J2单元格，输入公式“＝D2＋E2＋F2＋G2＋H2－I2”（如无特指，本书中输入公式均不包括公式外面的双引号），如图3-3-1a所示。

	A	B	C	D	E	F	G	H	I	J	K	L	M	N
1	工号	姓名	部门	基本工资	岗位工资	绩效工资	加班工资	全勤奖	罚款及扣款	应发小计		任务描述:		
2	CZGS001	宋江	行政部	15,000.00	1,500.00	1,746.00	500.00	300.00	-	=D2+E2+F2+G2+H2-I2		根据左表，计算每位员工的"应发小计"。		
3	CZGS002	卢俊义	行政部	12,000.00	1,300.00	904.00	-	300.00	-					
4	CZGS003	吴用	行政部	8,000.00	1,300.00	1,125.00	-	300.00	-					
5	CZGS004	公孙胜	总经办	8,000.00	1,200.00	1,363.00	-	300.00	-					
6	CZGS005	关胜	总经办	7,000.00	1,200.00	1,306.00	300.00	300.00	-					
7	CZGS006	林冲	总经办	7,000.00	800.00	1,576.00	-	300.00	100.00					
8	CZGS007	秦明	总经办	6,000.00	800.00	742.00	-	300.00	-					
9	CZGS008	呼延灼	财务部	6,000.00	700.00	793.00	-	300.00	-					
10	CZGS009	花荣	财务部	3,000.00	700.00	1,323.00	-	-	-					
11	CZGS010	柴进	财务部	3,000.00	600.00	1,782.00	-	300.00	-					
12	CZGS012	朱仝	财务部	3,000.00	600.00	1,030.00	-	300.00	-					
13	CZGS013	鲁智深	信息中心	8,000.00	300.00	799.00	50.00	300.00	-					
14	CZGS014	武松	信息中心	5,000.00	300.00	1,441.00	-	300.00	-					
15	CZGS015	董平	信息中心	5,000.00	300.00	1,873.00	150.00	300.00	-					
16	CZGS016	张清	信息中心	5,000.00	300.00	1,691.00	-	300.00	200.00					
17	CZGS017	杨志	生产1部	12,000.00	800.00	532.00	-	200.00	-					
18	CZGS018	徐宁	生产1部	8,000.00	500.00	1,335.00	-	200.00	-					
19	CZGS020	戴宗	生产1部	3,000.00	500.00	608.00	-	200.00	-					
20	CZGS021	刘唐	生产1部	3,000.00	500.00	1,182.00	-	200.00	-					
21	CZGS022	李逵	生产1部	3,000.00	1,200.00	1,011.00	-	200.00	-					
22	CZGS023	史进	生产1部	3,000.00	800.00	1,906.00	-	-	150.00					

图3-3-1a　相对引用的公式设置

（3）双击（或按住鼠标左键拖动）J2单元格右下角，则系统为J3及以下单元格自动复制公式，如J3单元格的公式为“＝D3＋E3＋F3＋G3＋H3－I3”，J4单元格的公式为“＝D4＋E4＋F4＋G4＋H4－I4”，以此类推。

【成果展示】

操作结果如图3-3-1b所示。

	A	B	C	D	E	F	G	H	I	J	K	L	M	N
1	工号	姓名	部门	基本工资	岗位工资	绩效工资	加班工资	全勤奖	罚款及扣款	应发小计		任务描述:		
2	CZGS001	宋江	行政部	15,000.00	1,500.00	1,746.00	500.00	300.00	-	19,046.00		根据左表，计算每位员工的"应发小计"。		
3	CZGS002	卢俊义	行政部	12,000.00	1,300.00	904.00	-	300.00	-	14,504.00				
4	CZGS003	吴用	行政部	8,000.00	1,300.00	1,125.00	-	300.00	-	10,725.00				
5	CZGS004	公孙胜	总经办	8,000.00	1,200.00	1,363.00	-	300.00	-	10,863.00				
6	CZGS005	关胜	总经办	7,000.00	1,200.00	1,306.00	300.00	300.00	-	10,106.00				
7	CZGS006	林冲	总经办	7,000.00	800.00	1,576.00	-	300.00	100.00	9,576.00				
8	CZGS007	秦明	总经办	6,000.00	800.00	742.00	-	300.00	-	7,842.00				
9	CZGS008	呼延灼	财务部	6,000.00	700.00	793.00	-	300.00	-	7,793.00				
10	CZGS009	花荣	财务部	3,000.00	700.00	1,323.00	-	-	-	5,023.00				
11	CZGS010	柴进	财务部	3,000.00	600.00	1,782.00	-	300.00	-	5,682.00				
12	CZGS012	朱仝	财务部	3,000.00	600.00	1,030.00	-	300.00	-	4,930.00				
13	CZGS013	鲁智深	信息中心	8,000.00	300.00	799.00	50.00	300.00	-	9,449.00				
14	CZGS014	武松	信息中心	5,000.00	300.00	1,441.00	-	300.00	-	7,041.00				
15	CZGS015	董平	信息中心	5,000.00	300.00	1,873.00	150.00	300.00	-	7,623.00				
16	CZGS016	张清	信息中心	5,000.00	300.00	1,691.00	-	300.00	200.00	7,091.00				
17	CZGS017	杨志	生产1部	12,000.00	800.00	532.00	-	200.00	-	13,532.00				
18	CZGS018	徐宁	生产1部	8,000.00	500.00	1,335.00	-	200.00	-	10,035.00				
19	CZGS020	戴宗	生产1部	3,000.00	500.00	608.00	-	200.00	-	4,308.00				
20	CZGS021	刘唐	生产1部	3,000.00	500.00	1,182.00	-	200.00	-	4,882.00				

图3-3-1b　双击（或按住鼠标左键拖动）公式产生的相对引用结果（部分）

【提示】

如果输入的公式较长，则选中 J2 单元格后，在编辑栏中输入公式会更方便。

3.3.2　绝对引用的应用

【任务描述】

在 G 列中为每位员工增加 H2 单元格中的值。

【任务资料】

参见下载文件“项目 3　Excel2016 的公式与引用\任务 3.3　三种引用的应用\任务 3.3　三种引用的应用.xlsx”中的工作表“任务 3.3.2　绝对引用的应用”。

【操作流程】

(1) 双击“任务 3.3　三种引用的应用.xlsx”，单击“任务 3.3.2　绝对引用的应用”工作表标签。

(2) 选择 G2 单元格，输入公式“＝F2＋＄H＄2”，如图 3-3-2a 所示。

	A	B	C	D	E	F	G	H	I	J	K	L
1	工号	姓名	部门	基本工资	浮动工资	合计	新合计	增加工资		任务描述:		
2	CZGS001	宋江	行政部	8,000.0000	1,866.0000	9,866.00	=F2+$H$2	500.00		在G列中为每位员工增加H2单元格中的值。		
3	CZGS002	卢俊义	行政部	8,000.0000	1,219.0000	9,219.00						
4	CZGS003	吴用	行政部	8,000.0000	1,507.0000	9,507.00						
5	CZGS004	公孙胜	总经办	8,000.0000	1,387.0000	9,387.00						
6	CZGS005	关胜	总经办	8,000.0000	1,481.0000	9,481.00						
7	CZGS006	林冲	总经办	8,000.0000	1,801.0000	9,801.00						
8	CZGS007	秦明	总经办	8,000.0000	1,139.0000	9,139.00						
9	CZGS008	呼延灼	财务部	8,000.0000	1,812.0000	9,812.00						
10	CZGS009	花荣	财务部	8,000.0000	1,083.0000	9,083.00						
11	CZGS010	柴进	财务部	8,000.0000	1,339.0000	9,339.00						
12	CZGS011	李应	财务部	8,000.0000	1,884.0000	9,884.00						
13	CZGS012	朱仝	财务部	8,000.0000	1,584.0000	9,584.00						
14	CZGS013	鲁智深	信息中心	8,000.0000	1,021.0000	9,021.00						
15	CZGS014	武松	信息中心	8,000.0000	1,281.0000	9,281.00						
16	CZGS015	董平	信息中心	8,000.0000	1,404.0000	9,404.00						
17	CZGS016	张清	信息中心	8,000.0000	1,272.0000	9,272.00						
18	CZGS017	杨志	生产1部	8,000.0000	1,610.0000	9,610.00						
19	CZGS018	徐宁	生产1部	8,000.0000	1,538.0000	9,538.00						
20	CZGS019	索超	生产1部	8,000.0000	1,890.0000	9,890.00						
21	CZGS020	戴宗	生产1部	8,000.0000	1,159.0000	9,159.00						

图 3-3-2a　绝对引用 H2 单元格的公式设置

(3) 双击(或按住鼠标左键拖动)G2 单元格右下角，则系统为 G3 及以下单元格自动复制公式，如 G3 单元格的公式为“＝F3＋＄H＄2”，G4 单元格的公式为“＝F4＋＄H＄2”，以此类推。

【成果展示】

操作结果如图 3-3-2b 所示。

	A	B	C	D	E	F	G	H	I	J	K
1	工号	姓名	部门	基本工资	浮动工资	合计	新合计	增加工资		任务描述:	
2	CZGS001	宋江	行政部	8,000.0000	1,866.0000	9,866.00	10,366.0000	500.00		在G列中为每位员工增加H2单元格中的值。	
3	CZGS002	卢俊义	行政部	8,000.0000	1,219.0000	9,219.00	9,719.0000				
4	CZGS003	吴用	行政部	8,000.0000	1,507.0000	9,507.00	10,007.0000				
5	CZGS004	公孙胜	总经办	8,000.0000	1,387.0000	9,387.00	9,887.0000				
6	CZGS005	关胜	总经办	8,000.0000	1,481.0000	9,481.00	9,981.0000				
7	CZGS006	林冲	总经办	8,000.0000	1,801.0000	9,801.00	10,301.0000				
8	CZGS007	秦明	总经办	8,000.0000	1,139.0000	9,139.00	9,639.0000				
9	CZGS008	呼延灼	财务部	8,000.0000	1,812.0000	9,812.00	10,312.0000				
10	CZGS009	花荣	财务部	8,000.0000	1,083.0000	9,083.00	9,583.0000				
11	CZGS010	柴进	财务部	8,000.0000	1,339.0000	9,339.00	9,839.0000				
12	CZGS011	李应	财务部	8,000.0000	1,884.0000	9,884.00	10,384.0000				
13	CZGS012	朱仝	财务部	8,000.0000	1,584.0000	9,584.00	10,084.0000				
14	CZGS013	鲁智深	信息中心	8,000.0000	1,021.0000	9,021.00	9,521.0000				
15	CZGS014	武松	信息中心	8,000.0000	1,281.0000	9,281.00	9,781.0000				
16	CZGS015	董平	信息中心	8,000.0000	1,404.0000	9,404.00	9,904.0000				
17	CZGS016	张清	信息中心	8,000.0000	1,272.0000	9,272.00	9,772.0000				
18	CZGS017	杨志	生产1部	8,000.0000	1,610.0000	9,610.00	10,110.0000				
19	CZGS018	徐宁	生产1部	8,000.0000	1,538.0000	9,538.00	10,038.0000				
20	CZGS019	索超	生产1部	8,000.0000	1,890.0000	9,890.00	10,390.0000				
21	CZGS020	戴宗	生产1部	8,000.0000	1,159.0000	9,159.00	9,659.0000				
22											

图 3-3-2b 双击(或按住鼠标左键拖动)公式产生的绝对引用结果

【提示】

在输入“$H$2”时，一般是在公式中先选择 H2 单元格，然后通过反复按【F4】键来获得该单元格的各种引用。如果按一次【F4】键，H2 单元格为绝对引用($H$2)；按两次，H2 单元格则变成混合引用(H$2)；按三次，H3 单元格仍是混合引用($H2)，再按一次则恢复为相对引用(H2)。

3.3.3 混合引用的应用

【任务描述】

在 B3:J11 单元格区域中，构造简易九九乘法表。

【任务资料】

参见下载文件“项目 3　Excel2016 的公式与引用\任务 3.3　三种引用的应用\任务 3.3　三种引用的应用.xlsx”中的工作表“任务 3.3.3　混合引用的应用”。

【操作流程】

(1) 双击“任务 3.3　三种引用的应用.xlsx”，单击“任务 3.3.3　混合引用的应用”工作表标签。

(2) 选择 B3 单元格，输入公式“=B$2 * $A3”，如图 3-3-3a 所示。

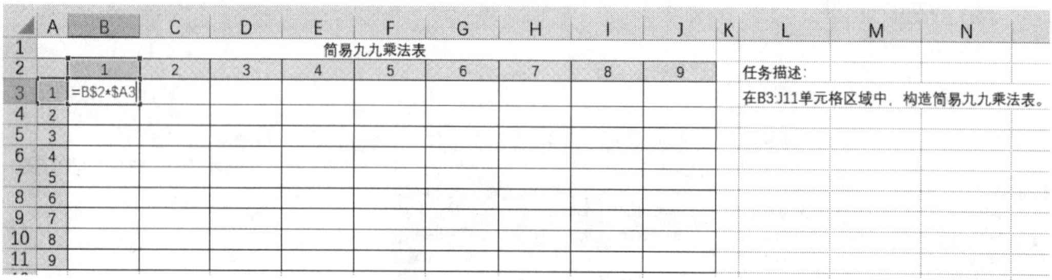

图 3-3-3a　混合引用 B3 单元格的公式设置

(3) 双击(或按住鼠标左键拖动)B3 单元格右下角，则系统为 B4 及以下单元格自动复制公式，如 B4 单元格的公式为“=B$2 * $A4”，B5 单元格的公式为“=B$2 * $A5”，以此类推。

(4) 继续向右拖动。

【成果展示】

操作结果如图 3-3-3b 所示。

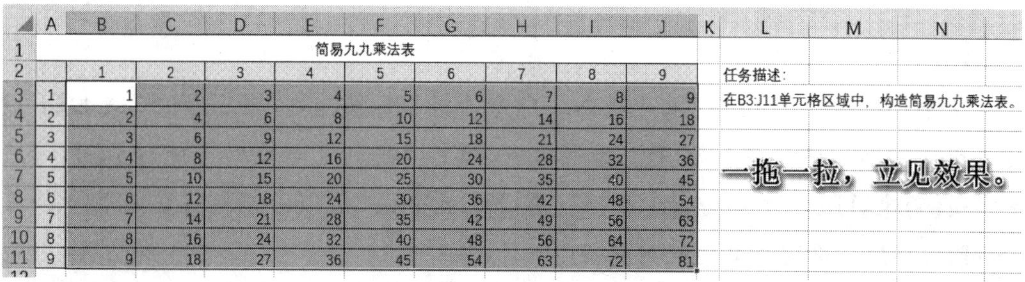

图 3-3-3b　双击(或按住鼠标左键拖动)公式产生的混合引用结果

【任务拓展】

试着完成“任务 3.3.4　相对引用、绝对引用及混合引用综合应用”中的任务。任务资料参见下载文件“项目 3　Excel2016 的公式与引用\任务 3.3　三种引用的应用\任务 3.3　三种引用的应用.xlsx”中的工作表“任务 3.3.4　相对引用、绝对引用及混合引用综合应用”。

项 目 4

Excel2016 的数据整理

任务 4.1　删除工作表中多余的标题及对表头进行整理
任务 4.2　删除空单元格和单元格中无意义的内容
任务 4.3　使用“分列”整理数据
任务 4.4　分散数据源表的合并

本项目主要介绍 Excel2016 的数据整理，包括使用“分列”整理表格数据，使用“替换”清理单元格中无用空字符，取消合并单元格以及对分散的数据源表进行合并等。

任务 4.1　删除工作表中多余的标题及对表头进行整理

实务工作中，为了数据处理的方便，在制表时，至少应该遵循以下规范：

(1) 单行表头。

(2) 无表格标题。

(3) 同列单元格格式一致。

(4) 数字不带单位。

(5) 不合并单元格。

(6) 不留空白单元格和单元格文本中无空格。

(7) 不用小计、合计行。

(8) 相同性质内容的数据放入一张表格(这也符合工作的需要，如总公司下发表格给分公司填写，然后收回来)。

如果是从其他系统中导入或接受他人的表格，也应整理成具有以上规范的表格。

4.1.1　删除工作表中多余的标题

【任务描述】

删除工作表中多余的标题。

【任务资料】

参见下载文件“项目 4　Excel2016 的数据整理\项目 4　Excel2016 的数据整理. xlsx”。

【操作流程】

(1) 双击“项目 4　Excel2016 的数据整理. xlsx”。

(2) 鼠标移至第一行的最左侧，单击右键，在弹出的菜单中单击“删除”，如图 4-1-1a所示。

(3) 双击工作表标签“Sheet1”，输入“2019 年 9 月 30 日销售台账”。

【提示】

在实际操作规范中，除了打印需要，表中第一行不应该有标题如“2019 年 9 月 30

日销售台账”。如果一定要有标题，也应该将标题放在工作表标签上，如图 4-1-1b 所示。

图 4-1-1a　删除多余的表格标题

图 4-1-1b　标题的正确位置

4.1.2　对表头进行整理

【任务描述】

对表头进行整理。

【任务资料】

参见下载文件“项目 4　Excel2016 的数据整理\项目 4　Excel2016 的数据整理.xlsx”。

【操作流程】

(1) 双击“项目 4　Excel2016 的数据整理.xlsx”。

(2) 鼠标移至第一行的最左侧,单击选中。

(3) 单击“开始”→“合并后居中”,如图 4-1-2a 所示。

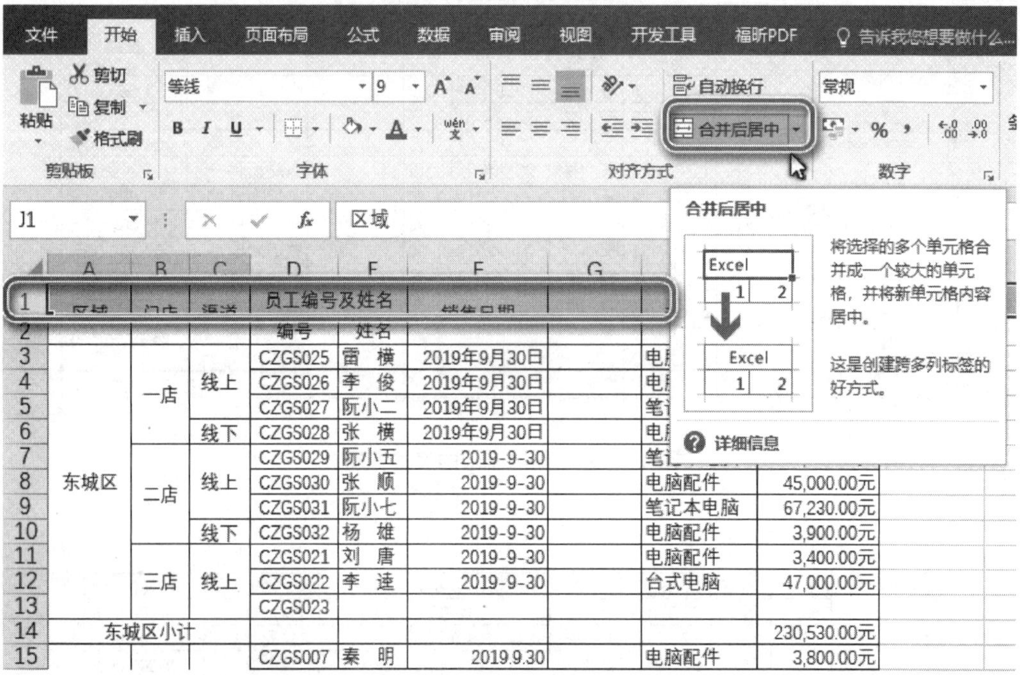

图 4-1-2a　取消合并的第 1 行

(4) 将 D2:E2 单元格区域的内容复制到 D1:E1。

(5) 删除第 2 行。

【成果展示】

操作结果如图 4-1-2b 所示。

【提示】

从规范数据处理的角度看,表头(表中数据的字段名)应该是单行的,这样才便于数据的筛选以及数据透视表的应用等。

	A	B	C	D	E	F	G	H	I
1	区域	门店	渠道	编号	姓名	销售日期		产品类型	金额
2	东城区	一店	线上	CZGS025	雷　横	2019年9月30日		电脑配件	7,000.00元
3				CZGS026	李　俊	2019年9月30日		电脑配件	5,800.00元
4				CZGS027	阮小二	2019年9月30日		笔记本电脑	28,900.00元
5			线下	CZGS028	张　横	2019年9月30日		电脑配件	2,300.00元
6		二店	线上	CZGS029	阮小五	2019-9-30		笔记本电脑	20,000.00元
7				CZGS030	张　顺	2019-9-30		电脑配件	45,000.00元
8				CZGS031	阮小七	2019-9-30		笔记本电脑	67,230.00元
9			线下	CZGS032	杨　雄	2019-9-30		电脑配件	3,900.00元
10		三店	线上	CZGS021	刘　唐	2019-9-30		电脑配件	3,400.00元
11				CZGS022	李　逵	2019-9-30		台式电脑	47,000.00元
12				CZGS023					
13	东城区小计								230,530.00元

图 4-1-2b　整理后的表头

任务 4.2　删除空单元格和单元格中无意义的内容

按照数据处理的规范，数据清单中应无空白单元格，并且单元格中也不应该有无意义的空格及字符等。

4.2.1　删除工作表中的空单元格

【任务描述】

删除工作表中的空单元格。

【任务资料】

参见下载文件"项目 4　Excel2016 的数据整理\项目 4　Excel2016 的数据整理.xlsx"。

【操作流程】

(1) 双击"项目 4　Excel2016 的数据整理.xlsx"。

(2) 选中 G 列，单击右键，在弹出的菜单中单击"删除"。

(3) 按"任务 1.1.2　多个非连续单元格区域输入相同数据"中介绍的方法定位到空值。

(4) 鼠标移至已定位的空单元格处，单击右键，在弹出的菜单中单击"删除"。

(5) 在弹出的菜单中选择"整行"，单击"确定"，如图 4-2-1a 所示。

	A	B	C	D	E	F	G	H
1	区域	门店	渠道	编号	姓名	销售日期	产品类型	金额
2				CZGS025	雷 横	2019年9月30日	电脑配件	7,000.00元
3		一店	线上	CZGS026	李 俊	2019年9月30日	电脑配件	5,800.00元
4				CZGS027	阮小二	2019年9月30日	笔记本电脑	28,900.00元
5			线下	CZGS028	张 横	2019年9月30日	电脑配件	2,300.00元
6	东城区			CZGS029	阮小五	2019-9-30	笔记本电脑	20,000.00元
7		二店	线上	CZGS030	张 顺	2019-9-30	电脑配件	45,000.00元
8				CZGS031	阮小七	2019-9-30	笔记本电脑	67,230.00元
9			线下	CZGS032	杨 雄	2019-9-30	电脑配件	3,900.00元
10		三店	线上	CZGS021	刘 唐	2019-9-30	电脑配件	3,400.00元
11				CZGS022	李 逵	2019-9-30	台式电脑	47,000.00元
12				CZGS007	秦 明	2019.9.30	电脑配件	3,800.00元
13			线上	CZGS008	呼延灼	2019.9.30	电脑配件	2,800.00元
14		一店		CZGS009	花 荣	2019.9.30	电脑配件	6,000.00元

图 4-2-1a　删除多余的空单元格(部分)

(6) 按“任务 1.1.2　多个非连续单元格区域输入相同数据”介绍的方法在 A 列、B 列、C 列填入数据。

【成果展示】

操作结果如图 4-2-1b 所示。

	A	B	C	D	E	F	G	H
1	区域	门店	渠道	编号	姓名	销售日期	产品类型	金额
2	东城区	一店	线上	CZGS025	雷 横	2019年9月30日	电脑配件	7,000.00元
3	东城区	一店	线上	CZGS026	李 俊	2019年9月30日	电脑配件	5,800.00元
4	东城区	一店	线上	CZGS027	阮小二	2019年9月30日	笔记本电脑	28,900.00元
5	东城区	一店	线下	CZGS028	张 横	2019年9月30日	电脑配件	2,300.00元
6	东城区	二店	线上	CZGS029	阮小五	2019-9-30	笔记本电脑	20,000.00元
7	东城区	二店	线上	CZGS030	张 顺	2019-9-30	电脑配件	45,000.00元
8	东城区	二店	线上	CZGS031	阮小七	2019-9-30	笔记本电脑	67,230.00元
9	东城区	二店	线下	CZGS032	杨 雄	2019-9-30	电脑配件	3,900.00元
10	东城区	三店	线上	CZGS021	刘 唐	2019-9-30	电脑配件	3,400.00元
11	东城区	三店	线上	CZGS022	李 逵	2019-9-30	台式电脑	47,000.00元
12	南城区	一店	线上	CZGS007	秦 明	2019.9.30	电脑配件	3,800.00元
13	南城区	一店	线上	CZGS008	呼延灼	2019.9.30	电脑配件	2,800.00元
14	南城区	一店	线上	CZGS009	花 荣	2019.9.30	电脑配件	6,000.00元
15	南城区	一店	线上	CZGS010	柴 进	2019.9.30	电脑配件	3,400.00元
16	南城区	一店	线下	CZGS006	林 冲	2019.9.30	笔记本电脑	49,000.00元
17	南城区	二店	线上	CZGS011	李 应	2019.9.30	电脑配件	6,000.00元
18	南城区	二店	线下	CZGS012	朱 仝	2019.9.30	电脑配件	3,400.00元
19	南城区	二店	线下	CZGS013	鲁智深	2019.9.30	台式电脑	25,000.00元
20	南城区	三店	线上	CZGS014	武 松	2019.9.30	电脑配件	5,000.00元
21	南城区	三店	线下	CZGS015	董 平	2019.9.30	笔记本电脑	56,347.00元

图 4-2-1b　删除工作表中的空单元格(部分)

4.2.2　删除单元格文本中的空格

【任务描述】

删除单元格文本中的空格。

【任务资料】

参见下载文件“项目 4　Excel2016 的数据整理\项目 4　Excel2016 的数据整理.xlsx”。

【操作流程】

(1) 双击“项目 4　Excel2016 的数据整理.xlsx”。

(2) 全选表格。

(3) 按【Ctrl+H】组合键，或单击“开始”→“查找与选择”→“替换”。

(4) 在“查找内容”中输入一个空格(按一下空格键)，单击“全部替换”，按“确定”键，如图 4-2-2 所示。

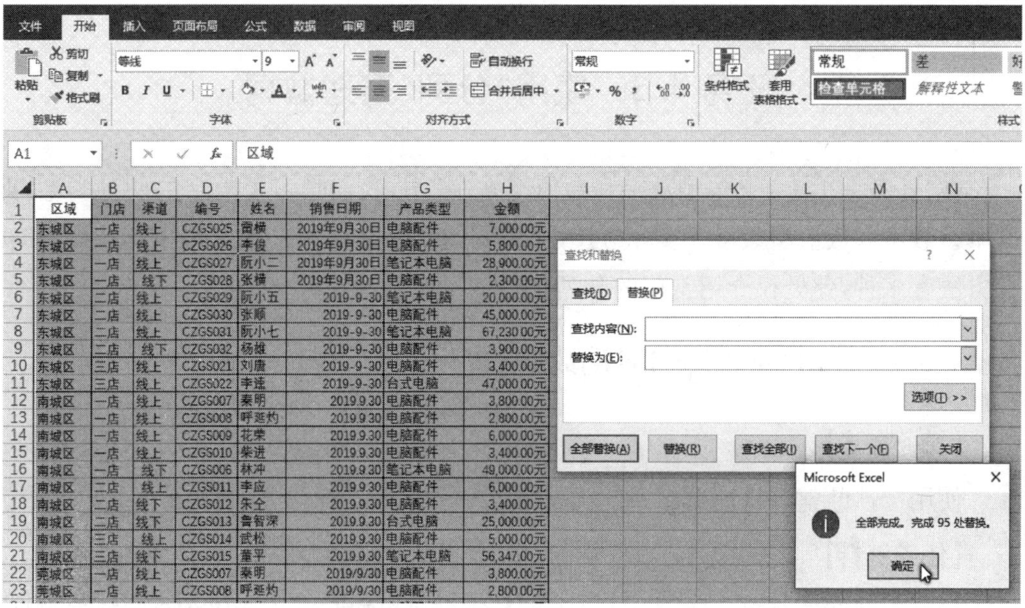

图 4-2-2　删除单元格文本中的空格

4.2.3　删除单元格中无意义的字符

【任务描述】

删除单元格中无意义的字符。

【任务资料】

参见下载文件“项目 4　Excel2016 的数据整理\项目 4　Excel2016 的数据整理.xlsx”。

【操作流程】

(1) 双击"项目 4　Excel2016 的数据整理. xlsx"。

(2) 全选表格。

(3) 按"任务 4.2.2　删除单元格文本中的空格"介绍的替换方法,删除表中 H 列中的"元"和 F 列中的"'"(半角单引号)。

【提示】

"元"是金额单位,如果必须有,也应该放在字段名(金额)后。另外,"'"是在录入文本数值时通常采用的方法之一。如果要将文本数值当作数值进行处理,则必须删除这些半角单引号。

任务 4.3　使用"分列"整理数据

在"任务 2.1.1　文本型数字和数值型数字"中,我们学习了数字的两种类型,即文本型数字和数值型数字。实际应用中,根据需要经常要在二者之间相互转换,其转换方法有多种,此处仅介绍常用的分列法。

4.3.1　使用"分列"整理日期数据

【任务描述】

使用"分列"整理日期数据。

【任务资料】

参见下载文件"项目 4　Excel2016 的数据整理\项目 4　Excel2016 的数据整理. xlsx"。

【操作流程】

(1) 双击"项目 4　Excel2016 的数据整理. xlsx"。

(2) 选中 F 列("销售日期"所在列),单击"数据"→"分列"→"下一步"→"下一步"。

(3) 选择"日期",单击"完成",如图 4-3-1a 所示。

(4) 将 F 列的格式统一设置为"长日期"格式,验证"分列"成功。

【成果展示】

操作结果如图 4-3-1b 所示。

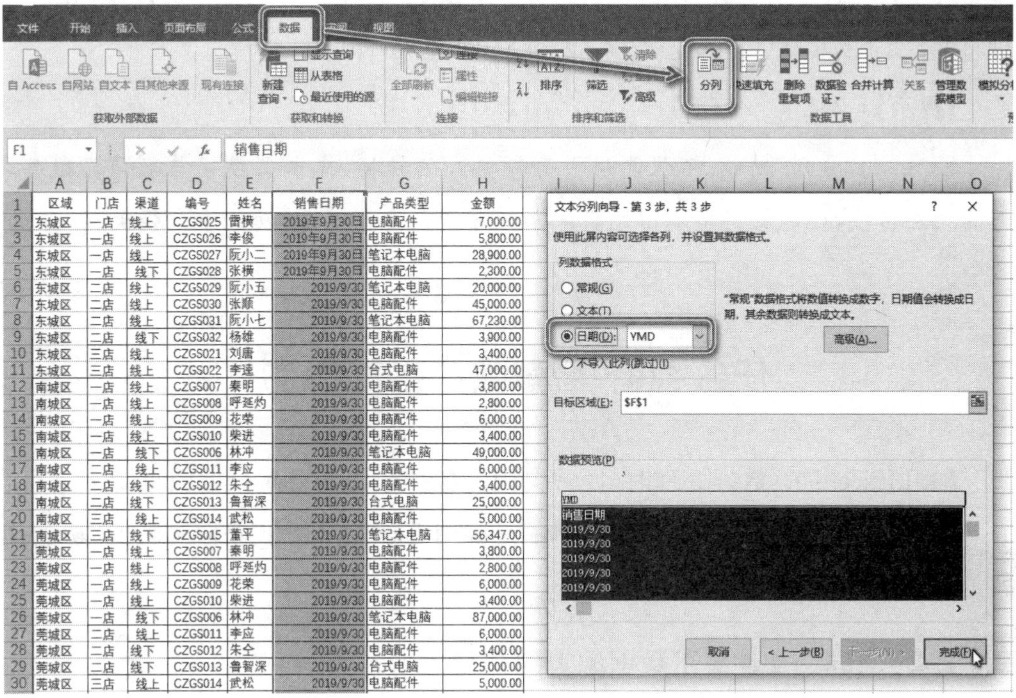

图 4-3-1a　将"日期"用"分列"转换为同一日期格式(部分)

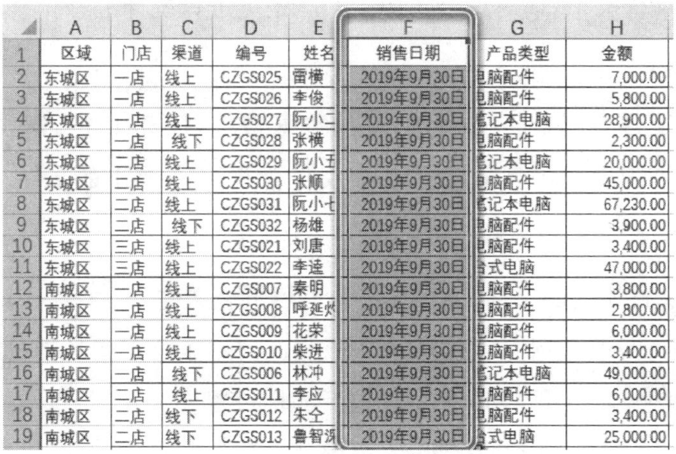

图 4-3-1b　将 F 列统一设置为"长日期"后(部分)

4.3.2　使用"分列"整理文本型数字

在"项目 4　Excel2016 的数据整理. xlsx"文件中，如果 I 列中不包含"元"但有文本型数字，也可以用“分列”功能进行转换。方法如下：在“任务 4.3.1　使用‘分列’整理日期数据”的步骤(3)中，选择“常规”并单击“完成”即可。

【提示】

Excel 的“分列”功能，不仅能用于日期格式的转换、文本型数字与数值型数字之间的相互转换，还能够将文本中的数字与文字进行分离等，其功能十分强大。

任务 4.4　分散数据源表的合并

利用 Excel 进行数据处理时，经常会因为各种原因需要对分散数据源表进行合并。合并的方法虽然有多种，但最简单的是利用 Excel2016 的“获取和转换”功能，也就是 Power Query 功能。

4.4.1　同一文件夹下数据源表的合并

【任务描述】

已知某公司 2015 年至 2018 年北京、上海、广州及深圳 4 个城市的产品销量数据表存放在同一文件夹下，请对该公司历年产品销量进行统计汇总。

【任务资料】

参见下载文件“项目 4　Excel2016 的数据整理\任务 4.4　分散数据源表的合并\任务 4.4.1　某公司产品销量统计-多文件合并”文件夹下的文件。

【操作流程】

(1) 打开文件所在的文件夹后，单击地址栏下载文件“项目 4　Excel2016 的数据整理\任务 4.4　分散数据源表的合并\任务 4.4.1　某公司产品销量统计-多文件合并”右侧的空白处，如图 4-4-1a 所示的鼠标光标位置。

(2) 按【Ctrl+C】组合键，复制该文件路径备用。

(3) 双击“任务 4.4.1　某公司历年产品销量统计汇总-多文件合并. xlsx”。

(4) 单击“数据”→“新建查询”→“从文件”→“从文件夹”，如图 4-4-1b 所示。

(5) 在“文件夹路径”中粘贴刚刚复制的文件路径，单击“确定”。

(6) 单击“编辑”。

(7) 在 Power Query 编辑器中，单击“Name”右侧的下三角，在弹出的对话框中

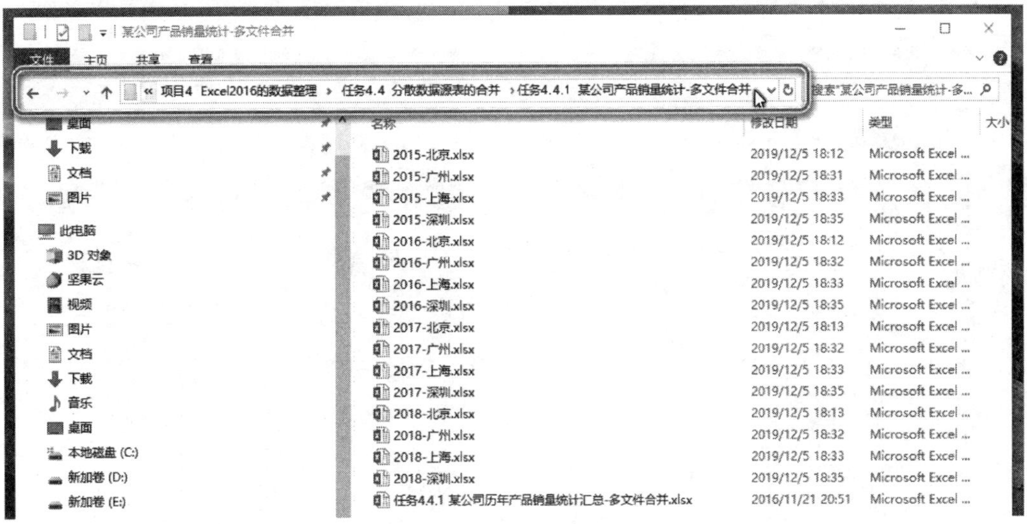

图 4-4-1a　复制文件路径

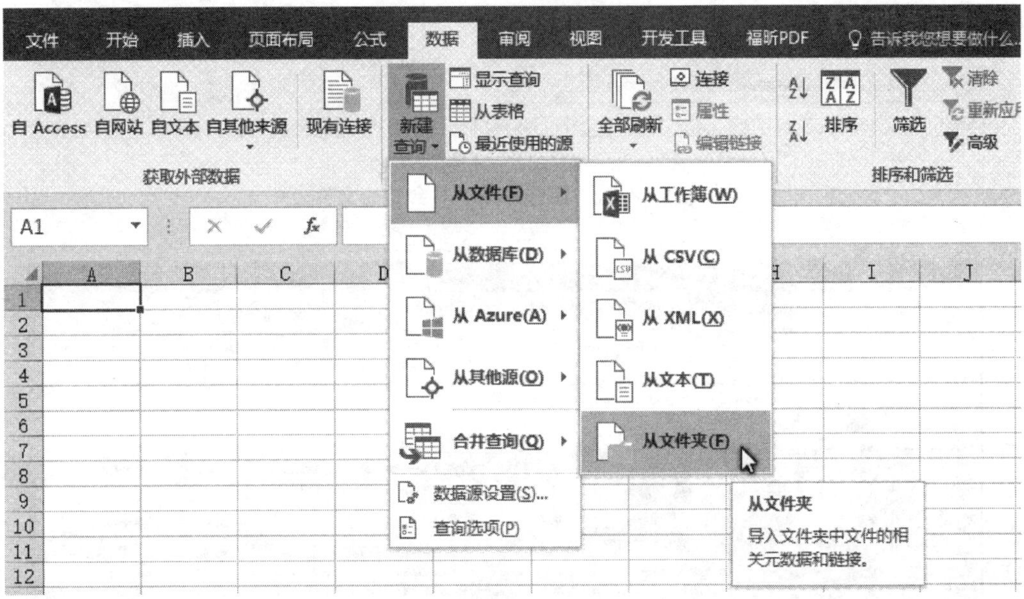

图 4-4-1b　新建查询——从文件夹

向下拖动滚动条，取消最后 2 行内容前的勾号，如图 4-4-1c 所示。

(8) 单击“确定”。

(9) 选中“Content”列，单击“开始”→“删除列”→“删除其他列”，如图 4-4-1d 所示。

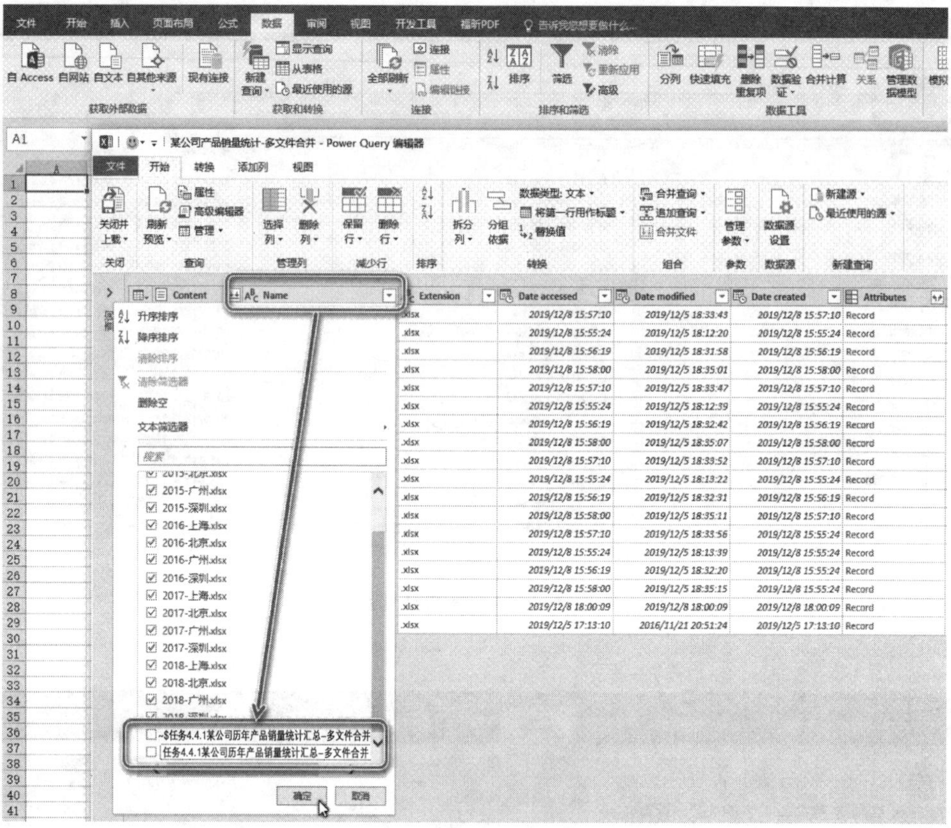

图 4-4-1c　筛选掉不参与合并的文件

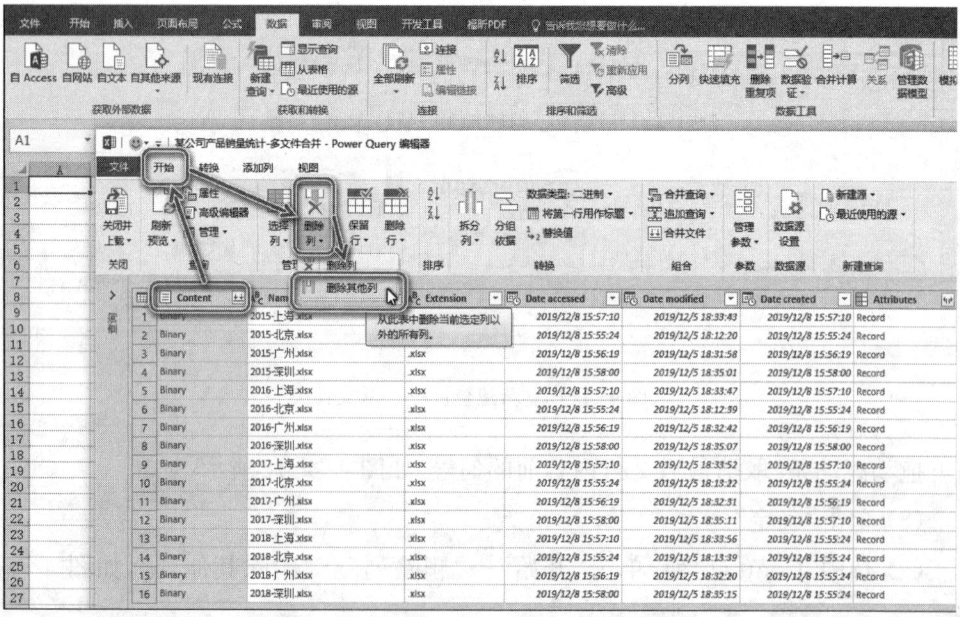

图 4-4-1d　删除“Content”列以外的其他列

（10）单击“Content”右侧“合并文件”图标，在弹出的“合并文件”对话框中选择“示例文件参数”后，单击“确定”，如图 4-4-1e 所示。

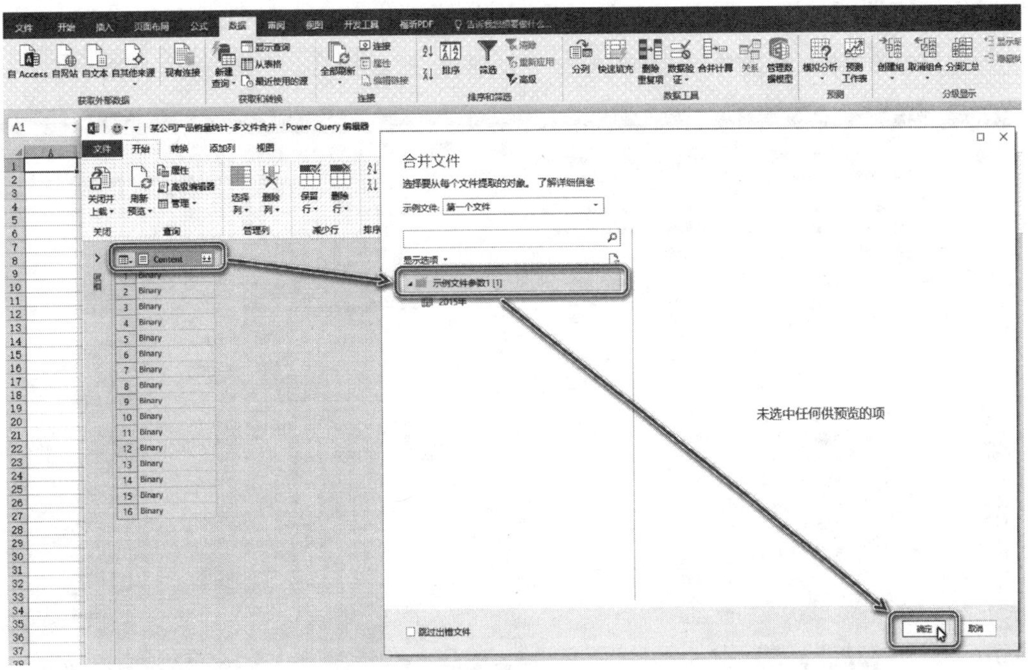

图 4-4-1e　合并“Content”中的文件

（11）在弹出的 Power Query 编辑器中，单击右侧“应用的步骤”中的“更改的类型”左边的红叉，删除“更改的类型”，如图 4-4-1f 所示。

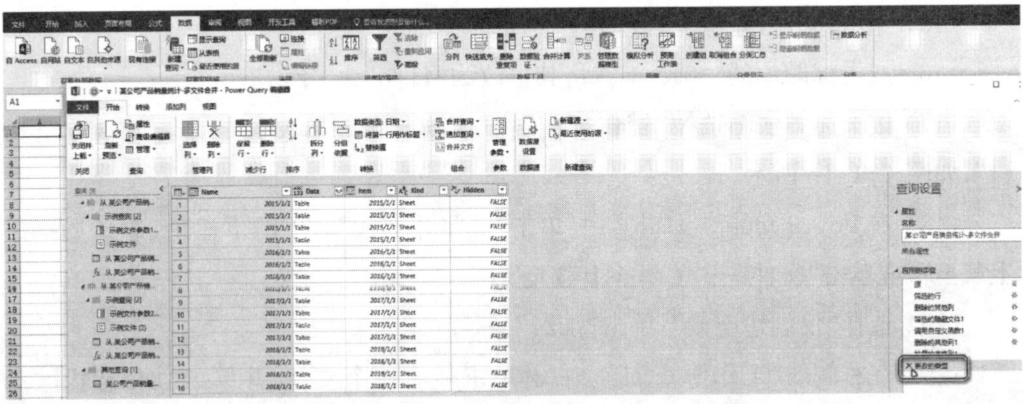

图 4-4-1f　删除“更改的类型”

（12）按【Ctrl】键单击选中“Name”列和“Data”列，删除其他列（或选中“Item”列到“Hidden”列，单击“删除列”）。

（13）单击“Data”右侧的展开图标，在弹出的对话框中单击“加载更多”，并取消“使用原始列名作为前缀”前面的勾号，单击“确定”，如图 4-4-1g 所示。

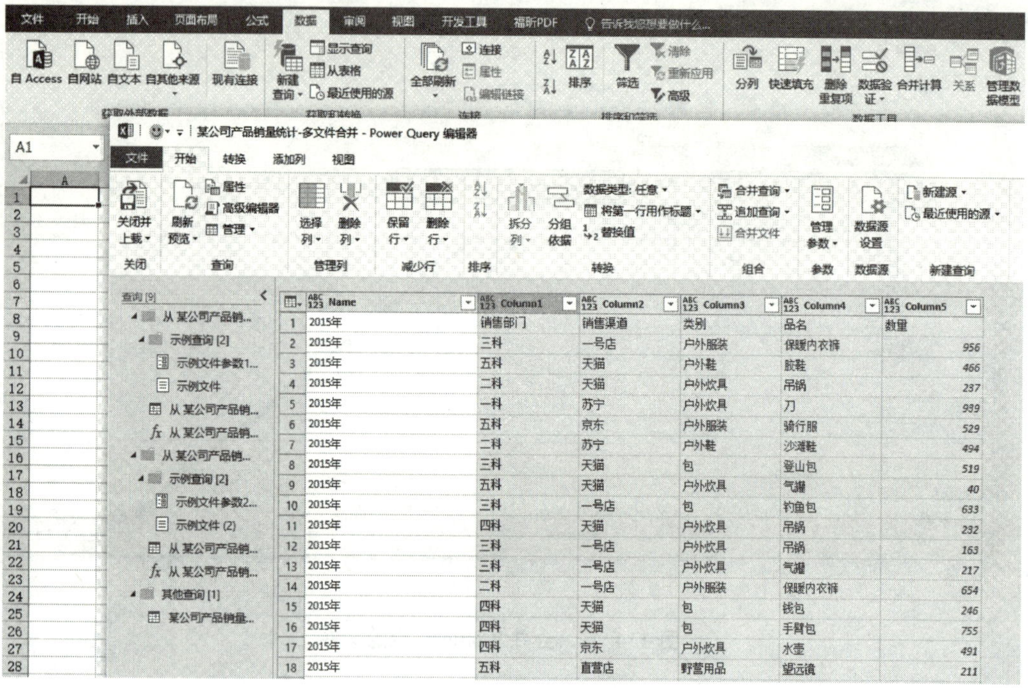

图 4-4-1g 展开“Data”中的数据（部分）

（14）单击“将第一行用作标题”。

（15）用上述方法删除“更改的类型”。

（16）双击标题中的“2015 年”，将其更改为“日期”或“年份”。

（17）按上述方法筛选掉“销售部门”中的“销售部门”，使其只保留“一科”至“五科”，如图 4-4-1h 所示。

（18）在 Power Query 编辑器中，单击“关闭并上载”右侧的下三角，选择“关闭并上载至”，或单击“文件”→“关闭并上载至”。

（19）选择“仅创建连接”，单击“加载”。

（20）在右侧的“工作簿查询”中右键单击最后一个文件，并单击“加载到”，如图 4-4-1i所示（部分）。

（21）在“加载到”对话框中，单击“表”→“现有工作表”→“加载”，如图 4-4-1j

所示。

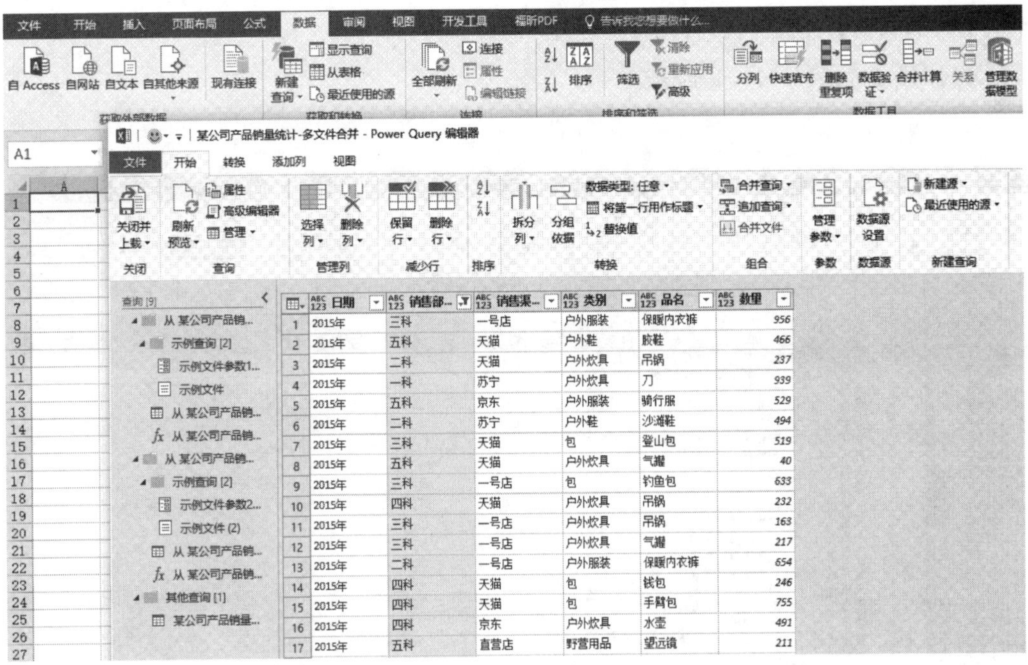

图 4-4-1h　筛选后的数据(部分)

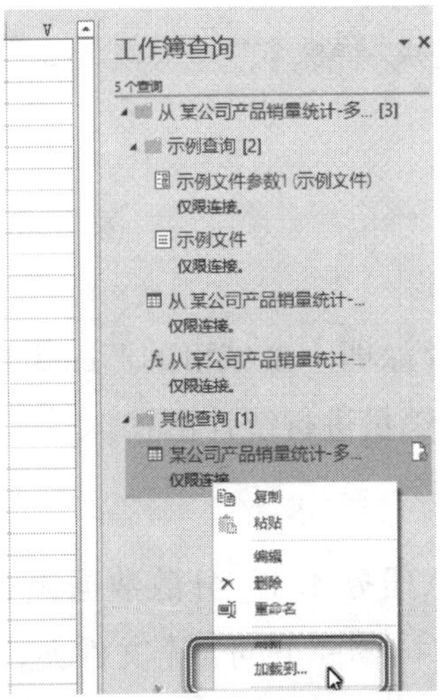

图 4-4-1i　加载合并后的数据

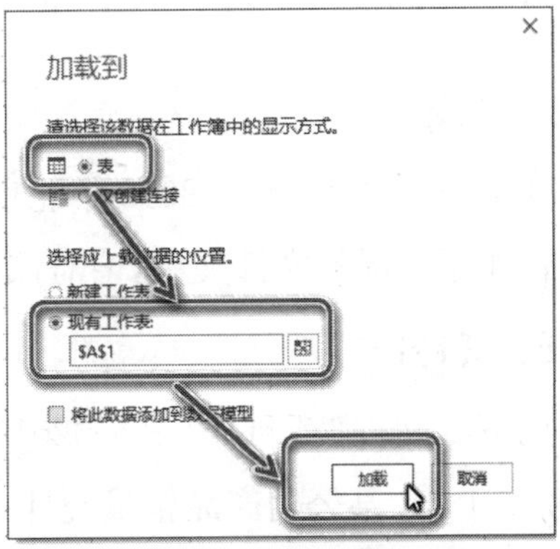

图 4-4-1j　加载到现有工作表

已合并的数据被加载到“任务 4.4.1　某公司历年产品销量统计汇总-多文件合并. xlsx”。

【成果展示】

操作结果如图 4-4-1k 所示。

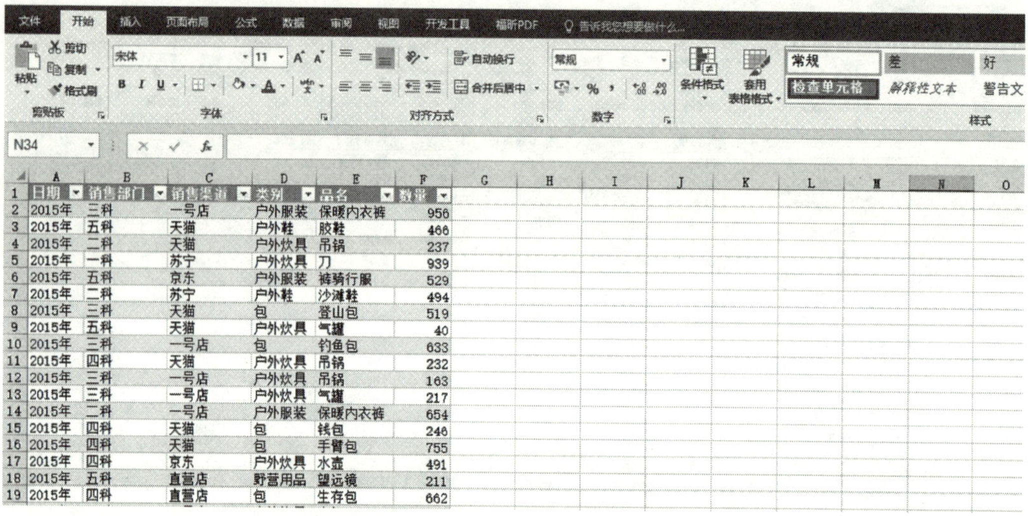

日期	销售部门	销售渠道	类别	品名	数量
2015年	三科	一号店	户外服装	保暖内衣裤	956
2015年	五科	天猫	户外鞋	胶鞋	466
2015年	二科	天猫	户外炊具	吊锅	237
2015年	一科	苏宁	户外炊具	刀	939
2015年	五科	京东	户外服装	裤骑行服	529
2015年	二科	苏宁	户外鞋	沙滩鞋	494
2015年	三科	天猫	包	登山包	519
2015年	五科	天猫	户外炊具	气罐	40
2015年	三科	一号店	包	钓鱼包	633
2015年	四科	天猫	户外炊具	吊锅	232
2015年	三科	一号店	户外炊具	吊锅	163
2015年	三科	一号店	户外炊具	气罐	217
2015年	二科	一号店	户外服装	保暖内衣裤	654
2015年	四科	天猫	包	钱包	246
2015年	四科	天猫	包	手臂包	755
2015年	四科	京东	户外炊具	水壶	491
2015年	五科	直营店	野营用品	望远镜	211
2015年	四科	直营店	包	生存包	662

图 4-4-1k　合并后的数据表(部分)

【提示】

由 Power Query 合并的数据表，将被系统自动变成“特殊表”。

4.4.2　不同文件夹下数据源表的合并

【任务描述】

已知某公司 2015 年至 2018 年北京、上海、广州及深圳 4 个城市的产品销量数据表存放在 4 个不同的文件夹中，请对该公司历年产品销量进行统计汇总。

【任务资料】

参见下载文件“项目 4　Excel2016 的数据整理\任务 4.4　分散数据源表的合并\任务 4.4.2　某公司产品销量统计 - 多文件夹文件合并”下的 4 个文件夹。

【操作流程】

(1) 打开文件所在的文件夹后，单击地址栏右侧的空白处。

(2) 按【Ctrl+C】组合键，复制该文件路径备用。

(3) 双击“任务 4.4.2 某公司历年产品销量统计汇总-多文件夹文件合并.xlsx”。

(4) 单击“数据”→“新建查询”→“从文件”→“从文件夹”。

(5) 在“文件夹路径”中粘贴刚刚复制的文件路径,单击“确定”。

(6) 单击“编辑”。

(7) 在 Power Query 编辑器中,单击“Name”右侧的下三角,在弹出的对话框中,取消最后 3 行内容前的勾号,如图 4-4-2a 所示。

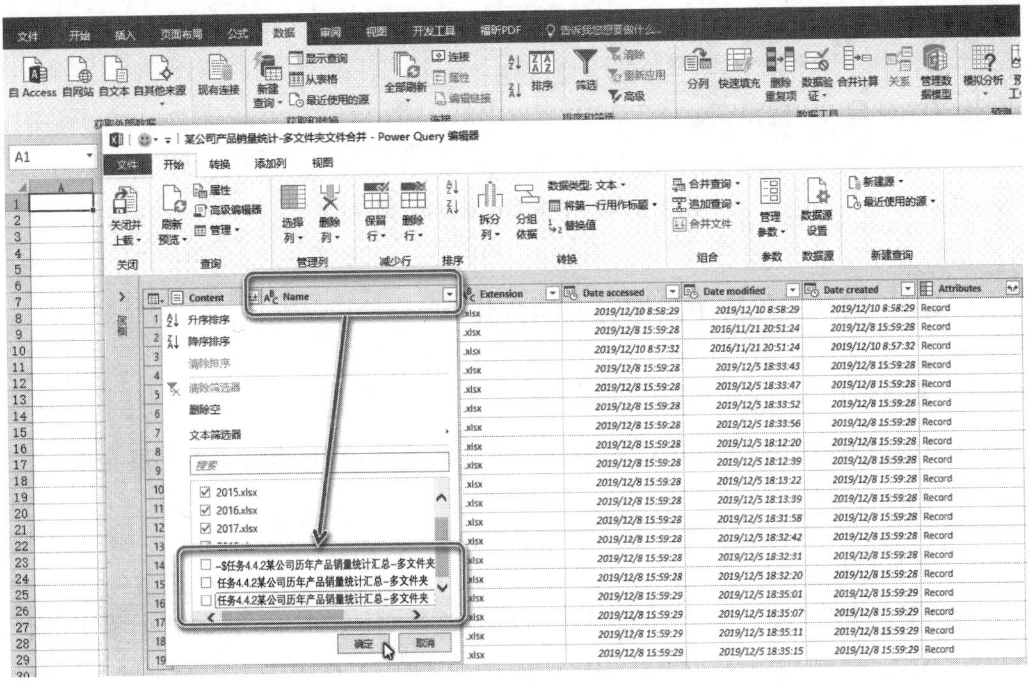

图 4-4-2a 筛选掉不参与合并的文件

(8) 单击“确定”。

(9) 其余步骤参见“任务 4.4.1 同一文件夹下数据源表的合并”的操作。

【成果展示】

操作结果如图 4-4-2b 所示。

【提示】

教学示例是把数据文件放在同一文件夹下平行的 4 个子文件夹中,事实上,利用 Power Query 功能进行数据合并时,也可以将数据文件放在不同的文件夹中。

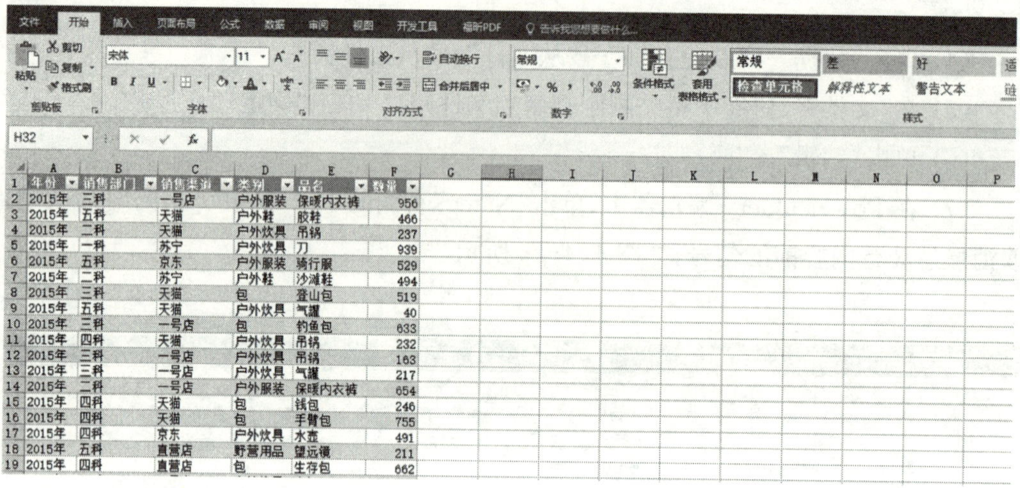

年份	销售部门	销售渠道	类别	品名	数量
2015年	三科	一号店	户外服装	保暖内衣裤	956
2015年	五科	天猫	户外鞋	胶鞋	466
2015年	二科	天猫	户外炊具	吊锅	237
2015年	一科	苏宁	户外炊具	刀	939
2015年	五科	京东	户外服装	骑行服	529
2015年	二科	苏宁	户外鞋	沙滩鞋	494
2015年	三科	天猫	包	登山包	519
2015年	五科	天猫	户外炊具	气罐	40
2015年	三科	一号店	包	钓鱼包	633
2015年	四科	天猫	户外炊具	吊锅	232
2015年	三科	一号店	户外炊具	吊锅	163
2015年	三科	一号店	户外炊具	气罐	217
2015年	二科	一号店	户外服装	保暖内衣裤	654
2015年	四科	天猫	包	钱包	246
2015年	四科	天猫	包	手臂包	755
2015年	四科	京东	户外炊具	水壶	491
2015年	五科	直营店	野营用品	望远镜	211
2015年	四科	直营店	包	生存包	662

图 4-4-2b　合并后的数据表(部分)

4.4.3　同一工作簿中数据源表的合并

【任务描述】

已知创造公司 2019 年 1～11 月份的记账凭证数据，请对该公司本年度全部记账凭证数据进行汇总。

【任务资料】

参见下载文件“项目 4　Excel2016 的数据整理\任务 4.4　分散数据源表的合并\任务 4.4.3　创造公司 2019 年记账凭证汇总-同一工作簿中数据源表的合并\任务 4.4.3　创造公司记账凭证(模拟数据).xlsx”。

【操作流程】

(1) 打开文件所在的文件夹后，单击地址栏右侧的空白处。

(2) 按【Ctrl+C】组合键，复制该文件路径备用。

(3) 双击“任务 4.4.3　创造公司 2019 年记账凭证汇总-同一工作簿中数据源表的合并.xlsx”。

(4) 单击“数据”→“新建查询”→“从文件”→“从工作簿”，如图 4-4-3a 所示。

(5) 在“文件名”中粘贴刚刚复制的文件路径，单击“打开”。

(6) 在“导入数据”对话框中，双击“任务 4.4.3　创造公司记账凭证(模拟数据).xlsx”，或单击“创造公司记账凭证(模拟数据).xlsx”后，选择“导入”。

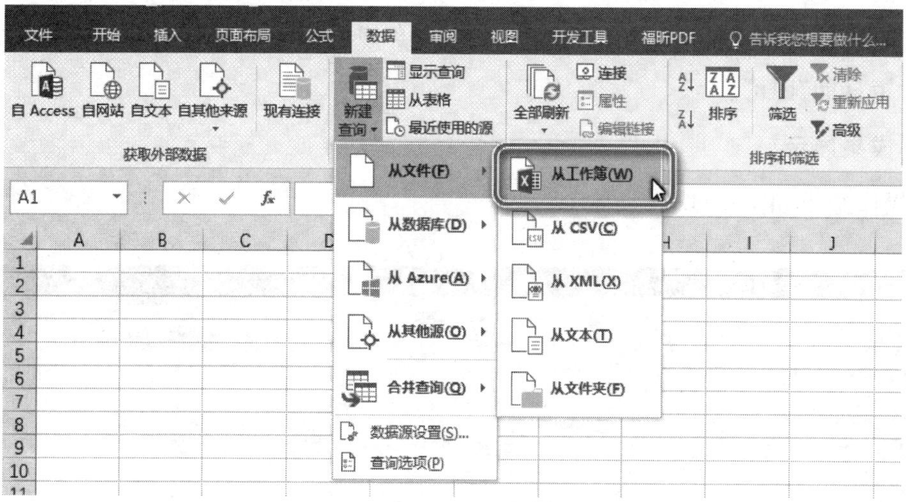

图 4-4-3a　新建查询——从工作簿

（7）选中“导航器”中的“创造公司记账凭证(模拟数据).xlsx”，单击“加载”。

（8）在 Power Query 编辑器中，选中“Data”列。

（9）单击“开始”→“管理列”→“删除列”→“删除其他列”，如图 4-4-3b 所示。

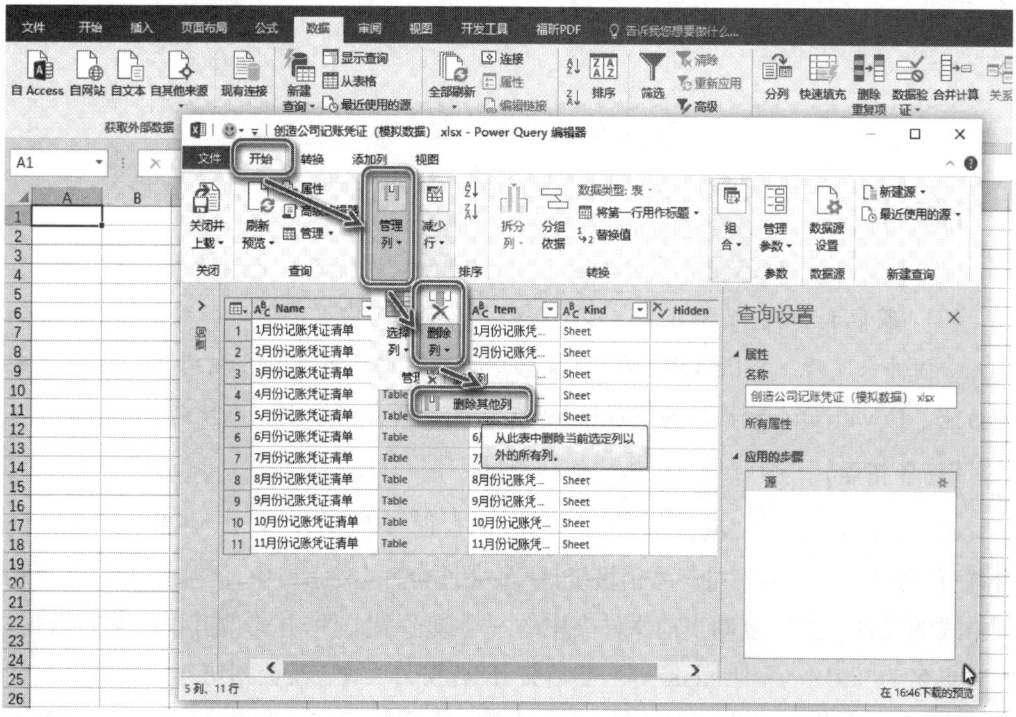

图 4-4-3b　删除“Data”列以外的其他列

(10) 其余步骤参见“任务 4.4.1　同一文件夹下数据源表的合并”的操作。

注意:加载后,“日期”列的格式自动变成“常规”。请选中“日期”列,将其格式更改为“短日期”即可。

【成果展示】

操作结果如图 4-4-3c 所示。

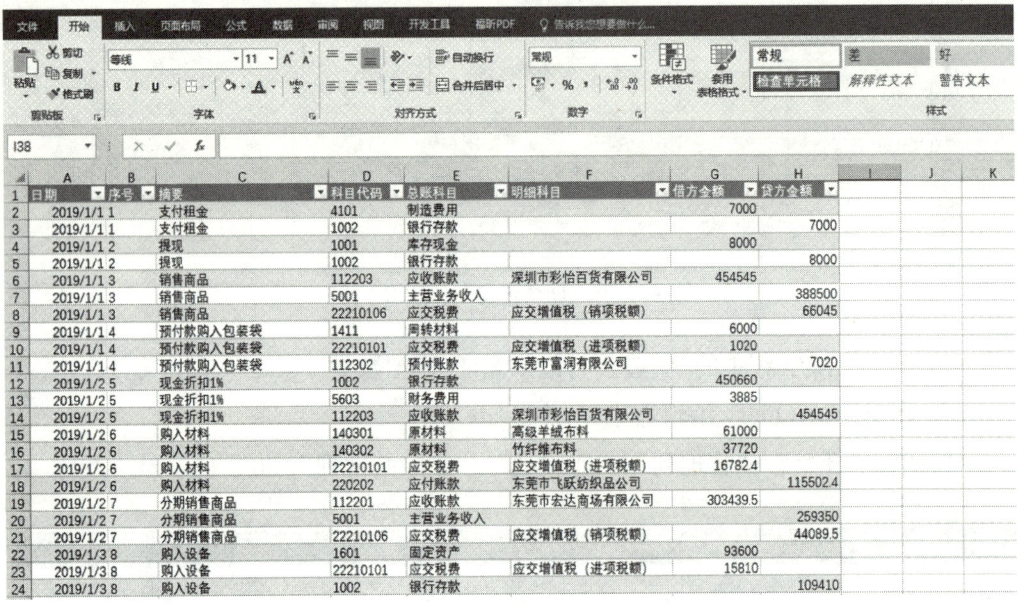

日期	序号	摘要	科目代码	总账科目	明细科目	借方金额	贷方金额
2019/1/1	1	支付租金	4101	制造费用		7000	
2019/1/1	1	支付租金	1002	银行存款			7000
2019/1/1	2	提现	1001	库存现金		8000	
2019/1/1	2	提现	1002	银行存款			8000
2019/1/1	3	销售商品	112203	应收账款	深圳市彩怡百货有限公司	454545	
2019/1/1	3	销售商品	5001	主营业务收入			388500
2019/1/1	3	销售商品	22210106	应交税费	应交增值税(销项税额)		66045
2019/1/1	4	预付款购入包装袋	1411	周转材料		6000	
2019/1/1	4	预付款购入包装袋	22210101	应交税费	应交增值税(进项税额)	1020	
2019/1/1	4	预付款购入包装袋	112302	预付账款	东莞市富润有限公司		7020
2019/1/2	5	现金折扣1%	1002	银行存款		450660	
2019/1/2	5	现金折扣1%	5603	财务费用		3885	
2019/1/2	5	现金折扣1%	112203	应收账款	深圳市彩怡百货有限公司		454545
2019/1/2	6	购入材料	140301	原材料	高级羊绒布料	61000	
2019/1/2	6	购入材料	140302	原材料	竹纤维布料	37720	
2019/1/2	6	购入材料	22210101	应交税费	应交增值税(进项税额)	16782.4	
2019/1/2	6	购入材料	220202	应付账款	东莞市飞跃纺织品公司		115502.4
2019/1/2	7	分期销售商品	112201	应收账款	东莞市宏达商场有限公司	303439.5	
2019/1/2	7	分期销售商品	5001	主营业务收入			259350
2019/1/2	7	分期销售商品	22210106	应交税费	应交增值税(销项税额)		44089.5
2019/1/3	8	购入设备	1601	固定资产		93600	
2019/1/3	8	购入设备	22210101	应交税费	应交增值税(进项税额)	15810	
2019/1/3	8	购入设备	1002	银行存款			109410

图 4-4-3c　合并后的数据表(部分)

【提示】

(1) 复制文件路径,是为了方便在 Power Query 编辑器中查询数据。

(2)“获取和转换”功能在 Excel2010 和 Excel2013 中需要通过安装适用的 Power Query 插件来实现。WPS Office2019 表格中自带了与 Excel2016 相同的数据源表合并功能。Power Query 插件的下载地址,在百度等搜索引擎中可以搜到。

【任务拓展】

(1) 请在下载文件“项目 4　Excel2016 的数据整理\任务 4.4　分散数据源表的合并\任务 4.4.1　某公司产品销量统计-多文件合并”文件夹中,添加一个或多个相同格式的文件(比如,复制当前文件夹中的一个或多个文件,并修改其中的部分数据,同时更名为“2019 -深圳. xlsx”等),然后打开“任务 4.4.1　某公司历年产品销量统计汇总-多文件合并. xlsx”,鼠标右击表中任意一个有数据的单元格,在弹出的菜单中选择“刷新”,认真观察数据的变化。

(2) 请在下载文件"项目 4 Excel2016 的数据整理\任务 4.4 分散数据源表的合并\任务 4.4.2 某公司产品销量统计-多文件夹文件合并"文件夹中，添加一个或多个相同格式的文件夹[比如，复制当前某个文件夹(包含数据文件)，并修改其中的部分数据，或者将复制的文件夹放在"北京"文件夹下]，然后打开"任务 4.4.2 某公司历年产品销量统计汇总-多文件夹文件合并. xlsx"，鼠标右击表中任意一个有数据的单元格，在弹出的菜单中选择"刷新"，认真观察数据的变化。

(3) 复制下载文件"项目 4 Excel2016 的数据整理\任务 4.4 分散数据源表的合并"文件夹中的"任务拓展创造公司记账凭证(模拟数据). xlsx"(包含了 12 月份记账凭证的数据文件)，将其覆盖下载文件"项目 4 Excel2016 的数据整理\任务 4.4 分散数据源表的合并\任务 4.4.3 创造公司 2019 年记账凭证汇总-同一工作簿中数据源表的合并"文件夹中的"任务 4.4.3 创造公司记账凭证(模拟数据). xlsx"，然后打开已完成的"任务 4.4.3 创造公司 2019 年记账凭证汇总-同一工作簿中数据源表的合并. xlsx"，鼠标右击任意一个有数据的单元格，在弹出的菜单中选择"刷新"，认真观察数据的变化。

项目 5

Excel2016 的常用函数

Excel2016 拥有强大的函数阵容，熟练使用这些函数将会给我们的工作带来极大的便利，提高工作效率。本项目从其强大的函数阵容中精选出常用且好用的部分函数，进行分类整理介绍给大家。

任务 5.1　常用逻辑函数

Excel 常用逻辑函数如下。

1. IF 函数

用逻辑函数 IF 函数时，如果条件为真，该函数将返回一个值；如果条件为假，该函数将返回另一个值。IF 函数各参数表示如下：

Logical_test：要测试的条件，即条件是什么。此参数不能省略。

Value_if_true：当 logical_test 的结果为 TRUE（条件满足）时，您希望返回的值。此参数不能省略。

Value_if_false：当 logical_test 的结果为 FALSE（条件不满足）时，您希望返回的值。此参数为可选。

2. AND 函数

当所有条件参数均为 TRUE（全部条件同时满足）时，则 AND 函数返回 TRUE；只要当其中一个参数或者多个参数为 FALSE（只要有一个或一个以上不满足条件）时，AND 函数就返回 FALSE。AND 函数通常与 IF 函数等配合使用。

3. OR 函数

当任意一个条件参数为 TRUE（其中一个满足即可）时，则 OR 函数返回 TRUE；只有当所有参数值均为 FALSE（都不满足条件）时，OR 函数才返回 FALSE。OR 函数通常与 IF 函数等配合使用。

4. IFERROR 函数

IFERROR 函数可用于捕获和处理公式中的错误。如果公式的计算结果为错误值，则 IFERROR 返回您指定的值；否则，它将返回公式的结果。IFERROR 函数一般与 VLOOKUP 函数等配合使用。IFERROR 函数各参数表示如下：

Value：用于检查是否存在错误的参数。一般为一段公式或者带公式的单元格。此参数不能省略。

Value_if_error：公式计算错误时返回的值。此参数不能省略。

5.5.1 用 IF 函数计算分级奖金

【任务描述】

根据奖金评定标准，计算各个业务员的应发奖金。

【任务资料】

参见下载文件“项目 5　Excel2016 的常用函数\任务 5.1　常用逻辑函数. xlsx”中的工作表“任务 5.1.1　用 IF 函数计算分级奖金”。

【操作流程】

(1) 双击“任务 5.1　常用逻辑函数. xlsx”文件，单击“任务 5.1.1　用 IF 函数计算分级奖金”工作表标签。

(2) 在 F3 单元格输入公式“=IF(E3=$A$3, $B$3, IF(E3=$A$4, $B$4, IF(E3=$A$5, $B$5, IF(E3=$A$6, $B$6, IF(E3=$A$7, $B$7, $B$8)))))”。

(3) 双击 F3 单元格右下角的实心十字，完成公式复制，如图 5-1-1a 所示。

F3　=IF(E3=$A$3,$B$3,IF(E3=$A$4,$B$4,IF(E3=$A$5,$B$5,IF(E3=$A$6,$B$6,IF(E3=$A$7,$B$7,$B$8)))))

	A	B	C	D	E	F	G	H	I	J	K	L
1	奖金评定标准			奖金计算				任务描述:				
2	业务员等级	奖金		姓名	业务员等级	应发奖金		根据左表的标准用IF函数计算右表的“应发奖金”。				
3	A级	10,000.00		张三	B级	8,000.00						
4	B级	8,000.00		李四	C级							
5	C级	6,000.00		王五	F级							
6	D级	4,000.00		赵六	D级							
7	E级	2,000.00		刘七	A级							
8	F级	-										

图 5-1-1a　自动填充公式

【成果展示】

操作结果如图 5-1-1b 所示。

F3　=IF(E3=$A$3,$B$3,IF(E3=$A$4,$B$4,IF(E3=$A$5,$B$5,IF(E3=$A$6,$B$6,IF(E3=$A$7,$B$7,$B$8)))))

	A	B	C	D	E	F	G	H	I	J	K	L
1	奖金评定标准			奖金计算				任务描述:				
2	业务员等级	奖金		姓名	业务员等级	应发奖金		根据左表的标准用IF函数计算右表的“应发奖金”。				
3	A级	10,000.00		张三	B级	8,000.00						
4	B级	8,000.00		李四	C级	6,000.00						
5	C级	6,000.00		王五	F级	-						
6	D级	4,000.00		赵六	D级	4,000.00						
7	E级	2,000.00		刘七	A级	10,000.00						
8	F级	-										

图 5-1-1(b)　IF 函数计算分级奖金

【提示】

上述公式也可以写成“=IF(E3="A 级",10000,IF(E3="B 级",8000,IF(E3="C 级",6000,IF(E3="D 级",4000,IF(E3="E 级",2000,0)))))”。

5.1.2　用 IF、AND 和 OR 函数计算指定条件的补贴

【任务描述】

根据指定条件,计算各个员工的补贴。

【任务资料】

参见下载文件“项目 5　Excel2016 的常用函数\任务 5.1　常用逻辑函数.xlsx”中的工作表“任务 5.1.2　用 IF、AND 和 OR 函数计算指定条件的补贴”。

【操作流程】

(1) 双击“任务 5.1　常用逻辑函数.xlsx”,单击“任务 5.1.2　用 IF、AND 和 OR 函数计算指定条件的补贴”工作表标签。

(2) 在 E2 单元格中输入公式“=IF(AND(OR(C2="本科",C2="研究生"),D2>=2),1000,500)”。

(3) 双击 E2 单元格右下角的实心十字,完成公式复制。

【成果展示】

操作结果如图 5-1-2 所示。

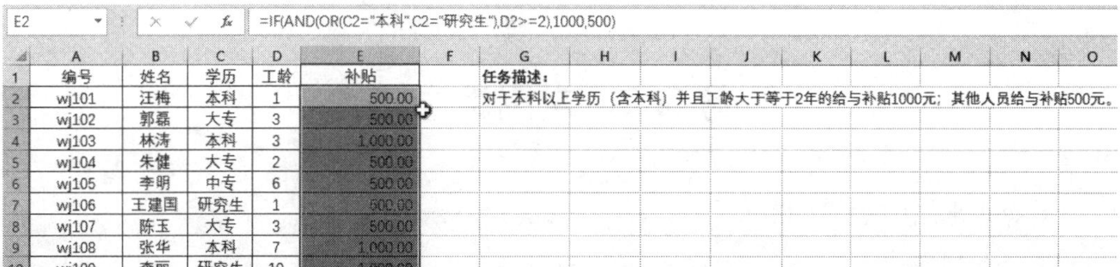

E2　=IF(AND(OR(C2="本科",C2="研究生"),D2>=2),1000,500)

	A	B	C	D	E	F	G
1	编号	姓名	学历	工龄	补贴		任务描述：
2	wj101	汪梅	本科	1	500.00		对于本科以上学历（含本科）并且工龄大于等于2年的给与补贴1000元；其他人员给与补贴500元。
3	wj102	郭磊	大专	3	500.00		
4	wj103	林涛	本科	3	1,000.00		
5	wj104	朱健	大专	2	500.00		
6	wj105	李明	中专	6	500.00		
7	wj106	王建国	研究生	1	500.00		
8	wj107	陈玉	大专	3	500.00		
9	wj108	张华	本科	7	1,000.00		
10	wj109	李丽	研究生	10	1,000.00		
11	wj110	汪成	大专	1	500.00		
12							

图 5-1-2　IF、AND 和 OR 函数计算指定条件的补贴

5.1.3　用 IFERROR 函数回避错误值

【任务描述】

用 IFERROR 函数对计算结果进行判断。如果计算正确,则显示得到的值,否则

显示“错误”。

【任务资料】

参见下载文件“项目 5　Excel2016 的常用函数\任务 5.1　常用逻辑函数. xlsx”中的工作表“任务 5.1.3　用 IFERROR 函数回避错误值”。

【操作流程】

(1) 双击“任务 5.1　常用逻辑函数. xlsx”文件，单击“任务 5.1.3　用 IFERROR 函数回避错误值”工作表标签。

(2) 在 D2 单元格输入函数公式“＝IFERROR(B2/C2,"错误")”。

(3) 双击 D2 单元格右下角的实心十字，完成公式复制。

【成果展示】

操作结果如图 5-1-3 所示。

	A	B	C	D	E	F	G	H	I	J	K	L	M
1	编号	被除数	除数	结论		任务描述：							
2	wj101	99	3	33.00		用IFERROR函数对计算结果进行判断。如果计算正确，则显示得到的值，否则显示“错误”。							
3	wj102	51	5	10.20									
4	wj103	93	0	错误									
5	wj104	50	3	16.67									
6	wj105	95	4	23.75									
7	wj106	73	0	错误									
8	wj107	87	1	87.00									
9	wj108	58	0	错误									
10	wj109	93	3	31.00									
11	wj110	58	4	14.50									

图 5-1-3　用 IFERROR 函数回避错误值

任务 5.2　常用数学函数

Excel 常用的数学函数如下。

1. SUM 函数

SUM 函数为求和函数，可以将单个值、单元格引用或区域相加，或者将三者的组合相加。SUM 函数在计算时忽略文本。

2. ROUND 函数

ROUND 函数可将数字四舍五入到指定的位数，常用于保留两位小数和分配率保留四位小数。

3. SUMIF 函数

SUMIF 函数可对指定范围中符合指定条件的值求和，因此也称条件求和函数。

SUMIF 函数各参数表示如下：

Range：用于条件判断的单元格区域，即“条件在哪里”。

Criteria：用于确定单元格将被求和的条件，其形式可以为数字、表达式或文本，即“条件是什么”。

Sum_range：用于需要求和的实际单元格区域，即“求和的区域在哪里”。

在实务工作中，经常需要在杂乱的大批量数据清单中，对拥有某一共同特征的一类数据进行求和。如在一个月的销售记录清单中，查找某一种商品一个月的销售数量合计等。这时，就可以使用 SUMIF 函数来实现。

4. SUMIFS 函数

SUMIFS 函数可用于计算满足多个条件的全部参数的总和，因此也称多条件求和函数。SUMIFS 函数各参数表示如下：

Sum_range：要求和的单元格区域，即“求和的区域在哪里”。此参数不能省略。

Criteria_range1：第一个条件所在的区域在哪里。此参数不能省略。

Criteria1：第一个条件是什么，其形式可以为数字、表达式或文本。此参数不能省略。

其他参数为可选，最多可以输入 127 个区域和相应的条件。

5. SUMPRODUCT 函数

SUMPRODUCT 函数返回对应的区域或数组的乘积之和。

参数 Array1，[Array2]，[Array3]，…为各个数组。每个数组范围大小必须相同。非数字数组视为零。

5.2.1 自动批量设置 SUM 求和公式

【任务描述】

快速同时计算相应区域的横向合计和纵向合计。

【任务资料】

参见下载文件“项目 5 Excel2016 的常用函数\任务 5.2 常用数学函数. xlsx”中的工作表“任务 5.2.1 自动批量设置 SUM 求和公式”。

【操作流程】

(1) 双击“任务 5.2 常用数学函数. xlsx”，单击“任务 5.2.1 自动批量设置 SUM 求和公式”工作表标签。

(2) 选中 C3:F8 数据区域，按【F5】键或按【Ctrl＋G】组合键定位到“空值”，再同时按【Alt】键和【＝】键，即按【Alt＋＝】组合键。

【成果展示】

操作结果如图 5-2-1 所示。

	A	B	C	D	E	F	G	H
1	产品成本计算表							任务描述：
2	产品名称	阶段	直接材料金额	直接人工金额	制造费用金额	合计总成本		快速同时计算绿色区域的横向合计和纵向合计。
3	台式电脑A	期初在产	389,456.00	12,345.00	1,819.00	403,620.00		
4		本期投入	896,925.49	85,887.00	17,994.70	1,000,807.19		
5		合计	1,286,381.49	98,232.00	19,813.70	1,404,427.19		
6	台式电脑B	期初在产	387,004.00	9,893.00	633.00	397,530.00		
7		本期投入	699,953.49	67,979.00	27,684.19	795,616.68		
8		合计	1,086,957.49	77,872.00	28,317.19	1,193,146.68		

图 5-2-1　自动批量设置 SUM 求和公式

5.2.2　使用 ROUND 函数进行四舍五入

【任务描述】

计算累计应纳税额，保留 2 位小数。

【任务资料】

参见下载文件“项目 5　Excel2016 的常用函数\任务 5.2　常用数学函数. xlsx”中的工作表“任务 5.2.2　使用 ROUND 函数进行四舍五入”。

【操作流程】

(1) 双击“任务 5.2　常用数学函数. xlsx”文件，单击“任务 5.2.2　使用 ROUND 函数四舍五入”工作表标签。

(2) 在 G3 单元格输入函数公式“=ROUND(D3 * E3－F3,2)”。

(3) 双击 G3 单元格右下角的实心十字，完成公式复制。

【成果展示】

操作结果如图 5-2-2 所示。

【操作技巧】

在输入公式时，可以点击“公式”选项卡，在功能区中点击选择需要的函数进行插入，也可以点击【f_x】按钮，插入函数。如果熟悉该函数，则最快的方法是直接输入函数。参数之间用英文半角的逗号分隔即可。

5.2.3　用 SUMIF 函数汇总计算“直接人工”项目

【任务描述】

汇总计算“产成品计算表”中的“直接人工”项目。

	A	B	C	D	E	F	G	H	I	J	K
1	2019年1月创造公司个人所得税计算表								任务描述：		
2	工号	姓名	部门	累计应纳税所得额	税率/预扣率	速算扣除数	累计应纳税额		计算累计应纳税额，保留两位小数。		
3	CZGS001	宋江	行政部	144,000.00	10%	2,520.00	11,880.00				
4	CZGS002	卢俊义	行政部	5,914.40	3%	-	177.43				
5	CZGS003	吴用	行政部	5,435.40	3%	-	163.06				
6	CZGS004	公孙胜	总经办	36,000.00	3%	-	1,080.00				
7	CZGS005	关胜	总经办	4,386.00	3%	-	131.58				
8	CZGS006	林冲	总经办	3,766.00	3%	-	112.98				
9	CZGS007	秦明	总经办	3,428.00	3%	-	102.84				
10	CZGS008	呼延灼	财务部	1,477.00	3%	-	44.31				
11	CZGS009	花荣	财务部	1,905.00	3%	-	57.15				
12	CZGS010	柴进	财务部	1,566.00	3%	-	46.98				
13	CZGS011	李应	财务部	1,516.00	3%	-	45.48				
14	CZGS012	朱仝	财务部	-4,217.00	0%	-	-				
15	CZGS013	鲁智深	信息中心	7,511.00	3%	-	225.33				

图 5-2-2　使用 ROUND 函数四舍五入(部分)

【任务资料】

参见下载文件“项目 5　Excel2016 的常用函数\任务 5.2　常用数学函数. xlsx”中的工作表“任务 5.2.3　用 SUMIF 函数汇总计算‘直接人工’项目”。

【操作流程】

(1) 双击“任务 5.2　常用数学函数. xlsx”文件，单击“任务 5.2.3　用 SUMIF 函数汇总计算‘直接人工’项目”工作表标签。

(2) 在 H7 单元格输入函数公式“=SUMIF($C: $C, $C$6, $D: $D)”。

(3) 将 H7 单元格中的公式复制到 H10 单元格，并修改为“=SUMIF($C: $C, $C$18, $D: $D)”。

(4) 选中 H8 和 H11 单元格，按【Alt+=】组合键，完成求和。

【成果展示】

操作结果如图 5-2-3 所示。

【操作技巧】

使用 SUMIF 函数选择条件区域和求和区域时，若对应列区域的上下方都没有会影响计算结果的其他数据，则可以直接选择整列。

5.2.4　用 SUMIFS 函数汇总门店销售台账

【任务描述】

分类汇总计算各门店销售台账。

	A	B	C	D	E	F	G	H	I
1	生产1部人员工资统计表					任务描述:			
2			统计日期:	2019年9月		根据左表完成“产成品计算表”中的直接人工项目的取数。			
3	工号	姓名	职务类别	应发工资					
4	CZGS017	杨志	车间主任	7,135.00		产成品计算表			
5	CZGS018	徐宁	车间副主任	6,558.00		产品名称	阶段	直接人工	
6	CZGS019	索超	台式电脑A生产线工人	6,782.00		台式电脑A	期初在产	12,345.00	
7	CZGS020	戴宗	台式电脑A生产线工人	14,411.00			本期投入	85,887.00	
8	CZGS021	刘唐	台式电脑A生产线工人	10,906.00			合计	98,232.00	
9	CZGS022	李逵	台式电脑A生产线工人	4,683.00		台式电脑B	期初在产	-	
10	CZGS023	史进	台式电脑A生产线工人	4,637.00			本期投入	67,979.00	
11	CZGS024	穆弘	台式电脑A生产线工人	4,704.00			合计	67,979.00	
12	CZGS025	雷横	台式电脑A生产线工人	4,057.00					
13	CZGS026	李俊	台式电脑A生产线工人	5,181.00					
14	CZGS027	阮小二	台式电脑A生产线工人	4,983.00					
15	CZGS028	张横	台式电脑A生产线工人	3,336.00					
16	CZGS029	阮小五	台式电脑A生产线工人	4,395.00					
17	CZGS030	张顺	台式电脑A生产线工人	17,812.00					
18	CZGS031	阮小七	台式电脑B生产线工人	8,787.00					

图 5-2-3　SUMIF 函数汇总计算“直接人工”项目(部分)

【任务资料】

参见下载文件“项目 5　Excel2016 的常用函数\任务 5.2　常用数学函数. xlsx”中的工作表“任务 5.2.4　用 SUMIFS 函数汇总门店销售台账”。

【操作流程】

(1) 双击“任务 5.2　常用数学函数. xlsx”文件,单击“任务 5.2.4　用 SUMIFS 汇总门店销售台账”工作表标签。

(2) 为“2019 年 9 月 27 日和 30 日销售台账”表中的 A 至 H 列批量定义名称。方法如下:

① 选取 A2:H66 单元格区域。

② 单击“公式”→“根据所选内容创建”→“首行”。

③ 取消“最左列”前面的勾选,如图 5-2-4a 所示。

④ 单击“确认”。

(3) 在 M5 单元格输入函数公式“=SUMIFS(金额,区域,J5,门店,K5,渠道,L5)”。

(4) 双击 M5 单元格右下角的实心十字,完成公式复制。

【成果展示】

操作结果如图 5-2-4b 所示。

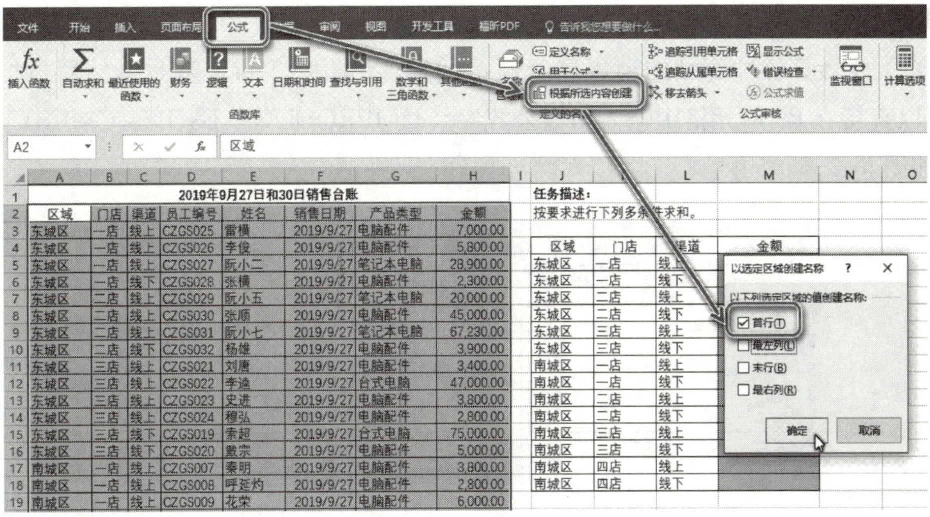

图 5-2-4a　创建名称

图 5-2-4b　用 SUMIFS 汇总门店销售台账(部分)

5.2.5　用 SUMPRODUCT 函数进行销售分析

【任务描述】

用 SUMPRODUCT 函数进行销售分析。

【任务资料】

参见下载文件“项目 5　Excel2016 的常用函数\任务 5.2　常用数学函数. xlsx”中的工作表“任务 5.2.5　用 SUMPRODUCT 函数进行销售分析”。

【操作流程】

(1) 双击“任务 5.2　常用数学函数. xlsx”,单击“任务 5.2.5　用 SUMPROD-

UCT 进行销售分析”工作表标签。

(2) 要计算各种商品的销售总金额，我们可以先用“单价 * 数量”，然后再加总，也可以直接在 B9 单元格中输入函数公式“=SUMPRODUCT(B3:B8 * C3:C8)”来计算，如图 5-2-5a 所示。

	A	B	C	D
1	(一) SUMPRODUCT函数的简单运用。			
2	品名	单价	数量	金额
3	橘子	5.5	25	137.5
4	苹果	4.8	15	72
5	香蕉	3.6	22	79.2
6	西瓜	2.5	45	112.5
7	柚子	9.9	15	148.5
8	菠萝	3.5	36	126
9	金额合计	=SUMPRODUCT(B3:B8*C3:C8)		675.7

图 5-2-5a SUMPRODUCT 函数和简单运用

(3) 采用工作表“任务 5.2.4 用 SUMIFS 函数汇总门店销售台账”中的资料，计算线下销售额大于 5 000 元的总金额，其方法如下：

在 B12 单元格中输入函数公式“=SUMPRODUCT((销售日期='任务 5.2.4 用 SUMIFS 汇总门店销售台账'! F35) * (渠道="线下") * (金额>5 000) * 金额)”。

【提示】

公式中的“'任务 5.2.4 用 SUMIFS 汇总门店销售台账'! F35”是用鼠标选中内容为“2019/9/30”的任一单元格自动生成的。

【成果展示】

操作结果如图 5-2-5b 所示。

B12 =SUMPRODUCT((销售日期='任务5.2.4 用SUMIFS汇总门店销售台账'!F35)*(渠道="线下")*(金额>5000)*金额)

	A	B	C	D	E
1	(一) SUMPRODUCT函数的简单运用。				
2	品名	单价	数量	金额	
3	橘子	5.5	25	137.5	
4	苹果	4.8	15	72	
5	香蕉	3.6	22	79.2	
6	西瓜	2.5	45	112.5	
7	柚子	9.9	15	148.5	
8	菠萝	3.5	36	126	
9	金额合计	675.7		675.7	
10					
11	(二) 2019年9月30日销售额统计				
12	线下销售额大于5000元的总金额	243,347.00			
13	注：资料见“任务5.2.4 用SUMIFS汇总门店销售台账”工作表。				

图 5-2-5b 用 SUMPRODUCT 函数进行销售统计

【提示】

在“任务5.2.4 用SUMIFS函数汇总门店销售台账”工作表中，已经定义了名称，如渠道、金额等，此处借用即可。

任务5.3 常用统计函数

Excel常用的统计函数如下。

1. AVERAGE函数

AVERAGE函数用于返回参数的算术平均值，其参数如下：

Number1：要计算平均值的第一个数字、单元格引用或单元格区域。此参数不能省略。

其他参数为可选，最多可包含255个。

2. AVERAGEIF函数

AVERAGEIF函数用于返回某个区域内满足给定条件的所有单元格的平均值。AVERAGEIF函数各参数表示如下：

Range：计算条件所在区域。

Criteria：计算条件是什么。条件形式可为数字、表达式、单元格引用或文本的条件。

Average_range：需计算平均值的区域。如果省略，则使用range。

3. COUNTIF函数

COUNTIF函数用于统计满足某个条件的单元格的数量。COUNTIF函数各参数表示如下：

Range：要计数的区域。

Criteria：要满足的条件。条件形式可为数字、表达式、单元格引用或文本的条件。

4. COUNTIFS函数

COUNTIFS函数用于计算满足多个条件的全部参数的计数，即多条件计数函数。COUNTIFS函数各参数表示如下：

Criteria_range1：指明第一个条件所在的区域在哪里。此参数不能省略。

Criteria1：第一个条件是什么。其形式可以为数字、表达式或文本。此参数不能省略。

其余条件为可选，最多可以输入127个区域和相应的条件。

每一个附加的区域都必须与参数Criteria_range1具有相同的行数和列数。这些区域无需彼此相邻。

如果条件参数是对空单元格的引用，则 COUNTIFS 函数会将该单元格的值视为 0。

该函数可以在条件中使用通配符，即问号(?)和星号(*)。问号匹配任意单个字符，星号匹配任意字符串。如果要查找的是问号或星号本身，则需在字符前键入波形符(～)。

5. MAX 函数

MAX 函数用于返回一组值中的最大值，其参数如下：

Number1, Number2, …：Number1 是必需的参数，后续数字是可选的参数。

6. MIN 函数

MIN 函数用于返回一组值中的最小值，其参数如下：

Number1, Number2, …：Number1 是必需的参数，后续数字是可选的参数。

5.3.1 用 AVERAGE 函数计算平均销售额

【任务描述】

计算销售门店的线上线下平均销售额。

【任务资料】

参见下载文件“项目 5　Excel2016 的常用函数\任务 5.3　常用统计函数. xlsx”中的工作表“任务 5.3.1　常用统计函数”。

【操作流程】

(1) 双击“任务 5.3　常用统计函数. xlsx”，单击“任务 5.3.1　常用统计函数”工作表标签。

(2) 对 A2:H34 单元格区域以首行批量定义名称。

(3) 在 K4 单元格输入公式“=AVERAGE(金额)”。

【成果展示】

操作结果如图 5-3-1 所示。

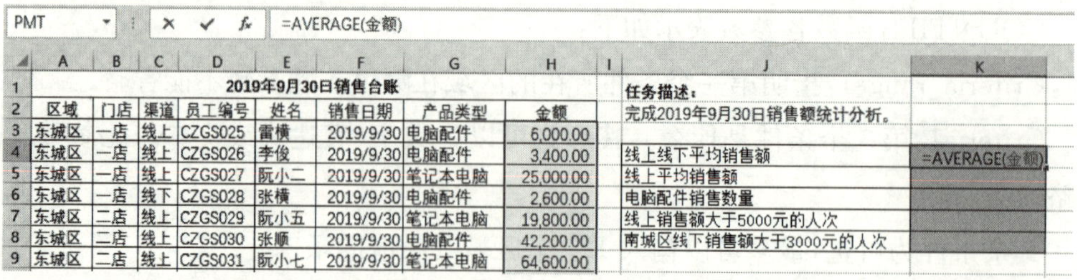

图 5-3-1　用 AVERAGE 函数计算平均销售额(部分)

5.3.2　用 AVERAGEIF 函数计算带条件的平均值

【任务描述】

计算销售门店线下平均销售额。

【任务资料】

参见下载文件“项目 5　Excel2016 的常用函数\任务 5.3　常用统计函数. xlsx”中的工作表“任务 5.3.1　常用统计函数”。

【操作流程】

(1) 双击“任务 5.3　常用统计函数. xlsx”,单击“任务 5.3.1　常用统计函数”工作表标签。

(2) 接“任务 5.3.1　用 AVERAGE 函数计算平均销售额”。

(3) 在 K5 单元格输入公式“=AVERAGEIF(渠道,C3,金额)”。

【成果展示】

操作结果如图 5-3-2 所示。

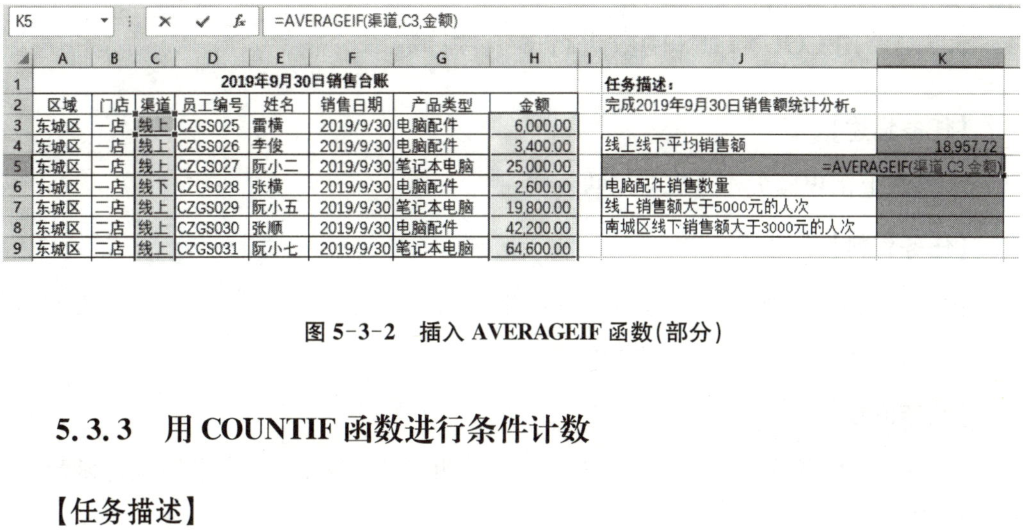

K5　=AVERAGEIF(渠道,C3,金额)

	A	B	C	D	E	F	G	H	I	J	K
1	2019年9月30日销售台账									任务描述:	
2	区域	门店	渠道	员工编号	姓名	销售日期	产品类型	金额		完成2019年9月30日销售额统计分析。	
3	东城区	一店	线上	CZGS025	雷横	2019/9/30	电脑配件	6,000.00			
4	东城区	一店	线上	CZGS026	李俊	2019/9/30	电脑配件	3,400.00		线上线下平均销售额	18,957.72
5	东城区	一店	线上	CZGS027	阮小二	2019/9/30	笔记本电脑	25,000.00			=AVERAGEIF(渠道,C3,金额)
6	东城区	一店	线下	CZGS028	张横	2019/9/30	电脑配件	2,600.00		电脑配件销售数量	
7	东城区	二店	线上	CZGS029	阮小五	2019/9/30	笔记本电脑	19,800.00		线上销售额大于5000元的人次	
8	东城区	二店	线上	CZGS030	张顺	2019/9/30	电脑配件	42,200.00		南城区线下销售额大于3000元的人次	
9	东城区	二店	线上	CZGS031	阮小七	2019/9/30	笔记本电脑	64,600.00			

图 5-3-2　插入 AVERAGEIF 函数(部分)

5.3.3　用 COUNTIF 函数进行条件计数

【任务描述】

计算电脑配件销售数量。

【任务资料】

参见下载文件“项目 5　Excel2016 的常用函数\任务 5.3　常用统计函数. xlsx”中的工作表“任务 5.3.1　常用统计函数”。

【操作流程】

(1) 双击“任务 5.3　常用统计函数. xlsx”,单击“任务 5.3.1　常用统计函数”工作表标签。

(2) 接“任务 5.3.1　用 AVERAGE 函数计算平均销售额”。

(3) 在 K6 单元格输入公式“=COUNTIF(产品类型,G3)”。

【成果展示】

操作结果如图 5-3-3 所示。

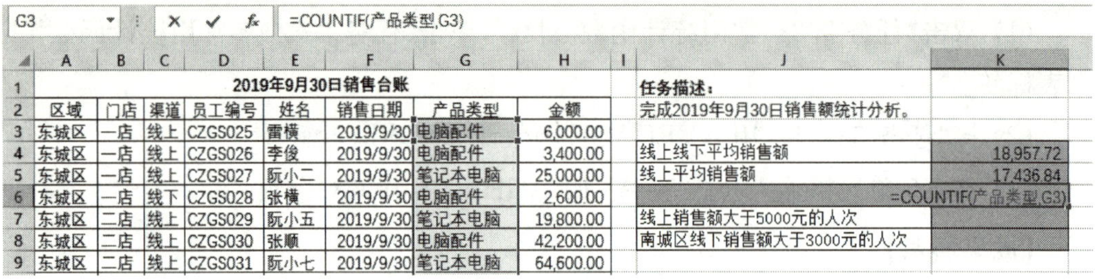

G3 =COUNTIF(产品类型,G3)

	A	B	C	D	E	F	G	H	I	J	K
1	2019年9月30日销售合账									任务描述:	
2	区域	门店	渠道	员工编号	姓名	销售日期	产品类型	金额		完成2019年9月30日销售额统计分析。	
3	东城区	一店	线上	CZGS025	雷横	2019/9/30	电脑配件	6,000.00			
4	东城区	一店	线上	CZGS026	李俊	2019/9/30	电脑配件	3,400.00		线上线下平均销售额	18,957.72
5	东城区	一店	线上	CZGS027	阮小二	2019/9/30	笔记本电脑	25,000.00		线上平均销售额	17,436.84
6	东城区	一店	线下	CZGS028	张横	2019/9/30	电脑配件	2,600.00			=COUNTIF(产品类型,G3)
7	东城区	二店	线上	CZGS029	阮小五	2019/9/30	笔记本电脑	19,800.00		线上销售额大于5000元的人次	
8	东城区	二店	线上	CZGS030	张顺	2019/9/30	电脑配件	42,200.00		南城区线下销售额大于3000元的人次	
9	东城区	二店	线上	CZGS031	阮小七	2019/9/30	笔记本电脑	64,600.00			

图 5-3-3　用 COUNTIF 函数进行条件计数(部分)

5.3.4　用 COUNTIFS 函数进行多条件计数

【任务描述】

计算线上销售额大于 5 000 元的人次。

【任务资料】

参见下载文件“项目 5　Excel2016 的常用函数\任务 5.3　常用统计函数. xlsx”中的工作表“任务 5.3.1　常用统计函数”。

【操作流程】

(1) 双击“任务 5.3　常用统计函数. xlsx”,单击“任务 5.3.1　常用统计函数”工作表标签。

(2) 接“任务 5.3.1　用 AVERAGE 函数计算平均销售额”。

(3) 在 K7 单元格输入公式“=COUNTIFS(渠道,C3,金额,">5000")”。

【成果展示】

操作结果如图 5-3-4 所示。

PMT　=COUNTIFS(渠道,C3,金额,">5000")

	A	B	C	D	E	F	G	H	I	J	K
1	2019年9月30日销售台账									任务描述：	
2	区域	门店	渠道	员工编号	姓名	销售日期	产品类型	金额		完成2019年9月30日销售额统计分析。	
3	东城区	一店	线上	CZGS025	雷横	2019/9/30	电脑配件	6,000.00			
4	东城区	一店	线上	CZGS026	李俊	2019/9/30	电脑配件	3,400.00		线上线下平均销售额	18,957.72
5	东城区	一店	线上	CZGS027	阮小二	2019/9/30	笔记本电脑	25,000.00		线上平均销售额	17,436.84
6	东城区	一店	线下	CZGS028	张横	2019/9/30	电脑配件	2,600.00		电脑配件销售数量	23
7	东城区	二店	线上	CZGS029	阮小五	2019/9/30	笔记本电脑	19,800.00		=COUNTIFS(渠道,C3,金额,">5000")	
8	东城区	二店	线上	CZGS030	张顺	2019/9/30	电脑配件	42,200.00		南城区线下销售额大于3000元的人次	
9	东城区	二店	线上	CZGS031	阮小七	2019/9/30	笔记本电脑	64,600.00			

图 5-3-4　用 COUNTIFS 函数进行多条件计数(部分)

5.3.5　使用 MAX 函数回避负数

【任务描述】

计算本月应补交个税，最小为零值。

【任务资料】

参见下载文件“项目 5　Excel2016 的常用函数\任务 5.3　常用统计函数. xlsx”中的工作表“任务 5.3.5　使用 MAX 函数回避负数”。

【操作流程】

(1) 双击“任务 5.3　常用统计函数. xlsx”，单击“任务 5.3.5　使用 MAX 函数回避负数”工作表标签。

(2) 在 F2 单元格输入公式“=MAX(D2−E2,0)”。

【成果展示】

操作结果如图 5-3-5 所示。

F2　=MAX(D2-E2,0)

	A	B	C	D	E	F	G	H	I	J
1	工号	姓名	部门	累计应纳税额	上月累计已扣缴税额	本月应补交个税		任务描述：		
2	CZGS001	宋江	行政部	510.96	255.48	255.48		计算本月应补交个税，最小为零值。		
3	CZGS002	卢俊义	行政部	270.86	177.43	93.43				
4	CZGS003	吴用	行政部	218.12	163.06	55.06				
5	CZGS004	公孙胜	总经办	307.08	191.79	115.29				
6	CZGS005	关胜	总经办	194.16	131.58	62.58				
7	CZGS006	林冲	总经办	204.96	112.98	91.98				
8	CZGS007	秦明	总经办	130.68	102.84	27.84				
9	CZGS008	呼延灼	财务部	19.62	44.31	-				
10	CZGS009	花荣	财务部	0	57.15	-				
11	CZGS010	柴进	财务部	0	46.98	-				
12	CZGS012	朱仝	财务部	0	0	-				
13	CZGS013	鲁智深	信息中心	267.9	225.33	42.57				

图 5-3-5　使用 MAX 函数回避负数(部分)

任务 5.4　常用查找与引用函数

Excel 常用的查找与引用函数如下。

1. VLOOKUP 函数

如果需要在表格的首列或数值数组中搜索值，然后返回表格或数组中指定列所在的值，则可以使用 VLOOKUP 函数。VLOOKUP 函数各参数表示如下：

＝VLOOKUP(lookup_value, table_array, col_index_num, [range_lookup])

＝VLOOKUP(要查找的值，包含查找值的区域，包含返回值的区域中的列号，近似匹配 1/TRUE 或完全匹配 0/FALSE)。

【提示】

(1) 要查找的值应该始终位于所在区域的第一列，这样 VLOOKUP 函数才能正常工作。

(2) 如果需要返回值的近似匹配，则可以指定 1 或者 TRUE。如果需要返回值的精确匹配，则可以指定 0 或者 FALSE。如果没有指定任何内容，默认值将始终为 TRUE 或近似匹配。

(3) 如果查找值中有相同的值，则只能显示并找到第一个。

2. COLUMN 函数

COLUMN 函数用于返回给定单元格引用的列号。例如，公式“＝COLUMN(B3)”返回 2，因为 B3 单元格是第 2 列。该函数一般结合查找引用函数使用。

3. ROW 函数

ROW 函数用于返回给定单元格引用的行号。例如，公式“＝ROW(B3)”返回 3，因为 B3 单元格是第 3 行。该函数一般结合查找引用函数使用。

4. MATCH 函数

MATCH 函数一般用于查找某个值在指定区域(行或列)的位置，返回对应区域的位置值。MATCH 函数各参数表示如下：

＝MATCH(lookup_value, lookup_array, [match_type])

＝MATCH(要查找的值，要搜索的单元格区域，－1 或者 0 或者 1)

其中，[match_type]的值有以下几种情形：

(1) 1 或省略：MATCH 查找小于或等于 Lookup_value 的最大值。Lookup_array 参数中的值必须以升序排序。

(2) 0:MATCH 查找完全等于 Lookup_value 的第一个值。Lookup_array 参数中的值可按任何顺序排列。

(3) −1:MATCH 查找大于或等于 Lookup_value 的最小值。Lookup_array 参数中的值必须按降序排列。

5. INDEX 函数

INDEX 函数用于返回表格或区域中的值或值的引用。它有两种形式:数组形式和引用形式。我们一般使用数组形式,具体参数如下:

=INDEX(array, row_num, [column_num])

= INDEX(要检索的区域或者数组,选择数组中的某行,选择数组中的某列)

Row_num 和 Column_num 必须指向数组中的一个单元格;否则,INDEX 函数将返回#REF! 错误。

当数组中只包含一行或者一列时,可以不使用相应的 row_num 或 column_num。

6. INDIRECT 函数

INDIRECT 函数用于返回由文本字符串指定的引用。一般结合定义的名称使用。INDIRECT 函数各参数表示如下:

=INDIRECT(ref_text, [a1])

=INDIRECT(对包含 A1 样式的引用、R1C1 样式的引用、定义为引用的名称或对单元格的引用作为文本字符串的单元格的引用,TRUE/省略或者 FALSE)

INDIRECT 函数相当于快递员,只要用户给出地址,他就可以通过这个地址完成用户所要求的取件或收款等任务。

5.4.1 使用 VLOOKUP 函数进行精确信息检索

【任务描述】

使用 VLOOKUP 函数进行精确员工信息检索。

【任务资料】

参见下载文件"项目 5 Excel2016 的常用函数\任务 5.4 常用查找与引用函数.xlsx"中的工作表"任务 5.4.1 使用 VLOOKUP 函数进行精确信息检索"。

【操作流程】

(1) 双击"任务 5.4 常用查找与引用函数.xlsx",单击"任务 5.4.1 使用 VLOOKUP 函数进行精确信息检索"工作表标签。

(2) 在 H3 单元格输入公式"=VLOOKUP($G$3,$A:$E,2,0)"。

(3) 拖动 H3 单元格右下角的实心十字,复制公式到 K3 单元格,将公式中的列号分别修改成 3、4、5。

【成果展示】

操作结果如图 5-4-1 所示。

	A	B	C	D	E	F	G	H	I	J	K
1	工号	姓名	所属部门	性别	文化程度				精确查找		
2	经贸01	张三	人力资源部	男	本科		工号	姓名	所属部门	性别	文化程度
3	经贸02	李四	后勤部	男	小学		经贸02	李四	后勤部	男	小学
4	经贸03	王五	人力资源部	男	本科						
5	经贸04	赵六	人力资源部	女	大专		如果有相同的，只能找到第一个！				
6	经贸05	刘七	财务部	女	大专		拓展：				
7	经贸06	周八	财务部	女	中专		结合VLOOKUP函数和COLUMN函数进行精确查找				
8	经贸07	姜九	生产部	男	大专		工号	姓名	所属部门	性别	文化程度
9	经贸08	陈十	财务部	女	本科		经贸02	李四	后勤部	男	小学
10	经贸08	聂某	销售部	男	初中						
11	经贸09	李四	销售部	男	初中						
12											

图 5-4-1　使用 VLOOKUP 函数进行精确信息检索(部分)

【提示】

在上例中，如果不想手动修改列号，用 COLUMN 函数生成列号也是一个很好的选择，即在 H9 单元格输入公式“=VLOOKUP($G$3，$A:$E，COLUMN(B1)，0)”，然后选中 H9 单元格，拖动公式复制至 K9 单元格。

5.4.2　使用 VLOOKUP 与 IFERROR 函数进行模糊信息检索

【任务描述】

使用 VLOOKUP 与 IFERROR 函数进行模糊信息检索。

【任务资料】

参见下载文件“项目 5　Excel2016 的常用函数\任务 5.4　常用查找与引用函数.xlsx”中的工作表“任务 5.4.2　使用 VLOOKUP 与 IFERROR 函数进行模糊信息检索”。

【操作流程】

(1) 双击“任务 5.4　常用查找与引用函数.xlsx”，单击“任务 5.4.2　使用 VLOOKUP 与 IFERROR 函数进行模糊信息检索”工作表标签。

(2) 在如图 5-4-2a 右表所示的 2019 年个人所得税税率表中可以看到，在不同的区间，个人所得税有不同的税率和速算扣除数。按 VLOOKUP 函数的近似匹配原理和实务需要，构建新的个人所得税税率表，如图 5-4-2a 左表所示。

构造的个人所得税税率表

累计预扣预缴应纳税所得额	预扣率（%）	速算扣除数
-	3%	-
36,000.001	10%	2,520.00
144,000.001	20%	16,920.00
300,000.001	25%	31,920.00
420,000.001	30%	52,920.00
660,000.001	35%	85,920.00
960,000.001	45%	181,920.00

2019年个人所得税税率表

累计预扣预缴应纳税所得额	预扣率（%）	速算扣除数
不超过36000元的部分	3%	-
超过36000元至144000元的部分	10%	2,520.00
超过144000元至300000元的部分	20%	16,920.00
超过300000元至420000元的部分	25%	31,920.00
超过420000元至660000元的部分	30%	52,920.00
超过660000元至960000元的部分	35%	85,920.00
超过960000元的部分	45%	181,920.00

图 5-4-2a　构造的个人所得税税率表

(3) 将“构造的个人所得税税率表”定义名称为“税率”。

(4) 在 E3 单元格中输入公式“=IFERROR(VLOOKUP($D3,税率,2,1),0)”。

(5) 拖动 E3 公式至 F3，完成公式复制。

(6) 修改 F3 公式为“=IFERROR(VLOOKUP($D3,税率,3,1),0)”。

(7) 在 G3 单元格中输入公式“=D3 * E3－F3”。

(8) 选中 E3:G3 单元格区域，鼠标移至实心十字，双击或向下拖动。

【成果展示】

操作结果如图 5-4-2b 所示。

2019年1月创造公司个人所得税计算表

	A	B	C	D	E	F	G
2	工号	姓名	部门	累计应纳税所得额	税率/预扣率	速算扣除数	累计应纳税额
3	CZGS001	宋江	行政部	158,516.00	20%	16,920.00	14,783.20
4	CZGS002	卢俊义	行政部	5,914.40	3%		177.43
5	CZGS003	吴用	行政部	5,435.40	3%	-	163.06
6	CZGS004	公孙胜	总经办	37,393.00	10%	2,520.00	1,219.30
7	CZGS005	关胜	总经办	4,386.00	3%	-	131.58
8	CZGS006	林冲	总经办	3,766.00	3%	-	112.98
9	CZGS007	秦明	总经办	3,428.00	3%	-	102.84
10	CZGS008	呼延灼	财务部	1,477.00	3%	-	44.31
11	CZGS009	花荣	财务部	1,905.00	3%	-	57.15
12	CZGS010	柴进	财务部	1,566.00	3%	-	46.98
13	CZGS011	李应	财务部	1,516.00	3%	-	45.48
14	CZGS012	朱仝	财务部	-4,217.00	0%	-	-
15	CZGS013	鲁智深	信息中心	7,511.00	3%	-	225.33

构造的个人所得税税率表

累计预扣预缴应纳税所得额	预扣率（%）	速算扣除数
-	3%	-
36,000.001	10%	2,520.00
144,000.001	20%	16,920.00
300,000.001	25%	31,920.00
420,000.001	30%	52,920.00
660,000.001	35%	85,920.00
960,000.001	45%	181,920.00

2019年个人所得税税率表

累计预扣预缴应纳税所得额	预扣率（%）	速算扣除数
不超过36000元的部分	3%	-
超过36000元至144000元的部分	10%	2,520.00
超过144000元至300000元的部分	20%	16,920.00
超过300000元至420000元的部分	25%	31,920.00
超过420000元至660000元的部分	30%	52,920.00
超过660000元至960000元的部分	35%	85,920.00
超过960000元的部分	45%	181,920.00

任务描述：

根据构造的个人所得税税率计算表，利用"累计应纳税所得额"，查找对应的"税率"和"速算扣除数"，并计算"累计应纳税额"。注意要回避错误信息。

图 5-4-2b　使用 VLOOKUP 与 IFERROR 函数进行模糊信息检索(部分)

5.4.3　使用 MATCH 和 INDEX 函数查询信息

【任务描述】

根据月份和费用项目，查找对应的金额。

【任务资料】

参见下载文件“项目 5　Excel2016 的常用函数\任务 5.4　常用查找与引用函

数. xlsx”中的工作表“任务 5. 4. 3　使用 MATCH 和 INDEX 函数查询信息”。

【操作流程】

(1) 双击“任务 5. 4　常用查找与引用函数. xlsx”,单击“任务 5. 4. 3　使用 MATCH 和 INDEX 函数查询信息”工作表标签。

(2) 在 G14 单元格中输入公式“=INDEX(B2:M11,MATCH(F14,A2:A11,0),MATCH(E14,B1:M1,0))”。

【成果展示】

操作结果如图 5-4-3 所示。

	A	B	C	D	E	F	G	H	I	J	K	L	M
1	费用项目	1月	2月	3月	4月	5月	6月	7月	8月	9月	10月	11月	12月
2	绿化费	6,092.00	2,819.00	4,243.00	1,053.00	9,369.00	5,525.00	8,204.00	2,754.00	6,066.00	4,491.00	6,470.00	1,180.00
3	办公费	1,430.00	7,829.00	7,188.00	3,210.00	8,804.00	1,197.00	9,860.00	8,449.00	4,446.00	6,692.00	3,899.00	2,901.00
4	宣传费	6,844.00	2,462.00	4,764.00	9,457.00	8,189.00	6,446.00	8,953.00	8,056.00	2,462.00	1,934.00	6,380.00	8,281.00
5	工资	9,651.00	2,231.00	1,477.00	7,148.00	7,448.00	9,855.00	4,490.00	2,009.00	5,256.00	7,016.00	3,190.00	7,594.00
6	福利费	6,842.00	2,593.00	1,982.00	7,708.00	4,251.00	7,443.00	6,218.00	5,000.00	3,907.00	8,105.00	2,797.00	4,235.00
7	业务招待费	2,973.00	2,685.00	5,341.00	6,485.00	3,471.00	6,636.00	9,227.00	8,556.00	2,117.00	9,447.00	8,368.00	1,170.00
8	差旅费	7,872.00	5,602.00	3,358.00	8,210.00	8,134.00	1,253.00	7,126.00	4,105.00	7,695.00	3,239.00	8,225.00	7,742.00
9	董事会费	7,079.00	8,097.00	8,501.00	6,931.00	4,205.00	4,546.00	9,413.00	1,953.00	9,022.00	6,559.00	8,976.00	2,706.00
10	水电费	5,885.00	2,951.00	8,969.00	1,955.00	9,430.00	6,546.00	2,732.00	6,603.00	7,240.00	1,132.00	8,924.00	1,587.00
11	通信费	2,589.00	9,875.00	8,030.00	7,629.00	3,948.00	3,055.00	9,739.00	9,514.00	9,677.00	1,886.00	4,250.00	4,831.00
12													
13	任务描述:				月份	费用项目	费用额						
14	根据月份和费用项目，查找对应的金额。				8月	业务招待费	=INDEX(B2:M11,MATCH(F14,A2:A11,0),MATCH(E14,B1:M1,0))						
15													

图 5-4-3　用 MATCH 和 INDEX 函数查询信息

5. 4. 4　利用 INDIRECT 函数设置二级下拉菜单

【任务描述】

对商品名称和商品型号设置联动一、二级下拉菜单,并输入数据。

【任务资料】

参见下载文件“项目 1　Excel2016 的基本操作\任务 1. 1　数据输入\任务 1. 1　数据输入. xlsx”中的工作表“任务 1. 1. 5　选择输入的设置与输入”。

【操作流程】

请参见“任务 1. 1. 5　选择输入的设置与输入”。

说明:在设置二级下拉菜单时,INDIRECT 函数的作用就是根据事先定义的名称来返回名称中的具体内容,即相当于“根据文本地址取回邮件或货款”。

5.4.5　借助 INDIRECT 函数进行跨表引用

【任务描述】

根据所选城市，查询某集团公司在北京、上海、广州和深圳地区各电商平台的收入数据。

【任务资料】

参见下载文件“项目 5　Excel2016 的常用函数\任务 5.4　常用查找与引用函数.xlsx”中的工作表“任务 5.4.5　借助 INDIRECT 函数进行跨表引用”。

【操作流程】

(1) 双击“任务 5.4　常用查找与引用函数.xlsx”，单击“任务 5.4.5　借助 INDIRECT 函数进行跨表引用”工作表标签。

(2) 在 B4 单元格中输入公式“=VLOOKUP(A4,INDIRECT(B$1&"!A:B"),2,0)”。

(3) 鼠标移至 B4 单元格右下角，出现实心十字时向下拖动。

【成果展示】

操作结果如 5-4-4 所示。

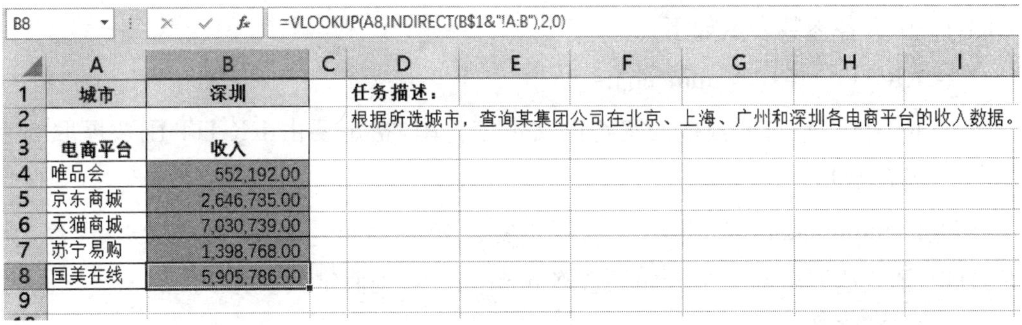

	A	B
1	城市	深圳
2		
3	电商平台	收入
4	唯品会	552,192.00
5	京东商城	2,646,735.00
6	天猫商城	7,030,739.00
7	苏宁易购	1,398,768.00
8	国美在线	5,905,786.00

图 5-4-4　借助 INDIRECT 函数进行跨表引用

【提示】

在设置 INDIRECT 函数时，需要重点掌握构造单元格的引用。方法如下：

(1) 将不变的部分用双引号引起来。如公式中的“"!A:B"”，即引用每一个“北京”“上海”“广州”和“深圳”工作表中的 A、B 两列。因为公式中的感叹号也是不变的，所以将其一并放置在英文格式的双引号内。

(2) 变动的部分通过单元格引用实现。此例中,变动的部分是 B1 单元格。

(3) 变动和不变动的几个部分按逻辑顺序用连接符(&)连接起来。

(4) 将连接后的整体用 INDIRECT 函数包起来,从而实现跨工作表的引用。

任务 5.5 常用文本函数

Excel 常用逻辑函数如下。

1. LEFT 函数

LEFT 函数用于从文本字符串的第一个字符开始返回指定个数的字符。LEFT 函数各参数表示如下:

=LEFT(text, [num_chars])

=LEFT(包含要提取的字符的文本字符串,指定要由 LEFT 函数提取的字符的数量)

其中,num_chars 必须大于或等于零。如果 num_chars 大于文本长度,则 LEFT 函数返回全部文本。如果省略 num_chars,则假定其值为 1。

2. RIGHT 函数

RIGHT 函数用于从文本字符串的最后一个字符开始返回指定个数的字符。RIGHT 函数各参数表示如下:

= RIGHT (text, [num_chars])

= RIGHT(包含要提取的字符的文本字符串,指定要由 RIGHT 函数提取的字符的数量)

其中,num_chars 必须大于或等于零。如果 num_chars 大于文本长度,则 RIGHT 函数返回全部文本。如果省略 num_chars,则假定其值为 1。

3. LEN 函数

LEN 函数用于返回文本字符串中文本的个数。LEN 函数各参数表示如下:

=LEN(text)

=LEN(要计算长度的文本字符串)

注意:字符包括空格。

4. MID 函数

MID 函数用于返回文本字符串中从指定位置开始的特定数目的字符,该数目由用户指定。MID 函数各参数表示如下:

=MID(text，start_num，num_chars)

=MID(包含要提取字符的文本字符串，文本中要提取的第一个字符的位置，指定希望 MID 函数从文本中返回字符的个数)

如果 start_num 大于文本长度，则 MID 返回空文本("")。

如果 start_num 小于文本长度，但 start_num 加上 num_chars 超过了文本的长度，则 MID 只返回至多直到文本末尾的字符。

5. TEXT 函数

TEXT 函数可通过格式代码改变数字的显示方式。TEXT 函数会将数字转换为文本。TEXT 函数各参数表示如下：

=TEXT(value，format_text)

= TEXT(需要变更格式的数值，想要变更成的格式代码)

注意：格式代码应包含在英文格式的双引号内(即格式为"格式代码")，否则 Excel2016 将显示一条错误消息。

【提示】

格式代码可以从自定义格式代码中复制得到。

5.5.1　从身份证号中提取出生日期

【任务描述】

从身份证号中，提取出生年月日。

【任务资料】

参见下载文件“项目5　Excel2016 的常用函数\任务 5.5　常用文本函数. xlsx”中的工作表“任务 5.5.1　从身份证号中提取出生日期”。

【操作流程】

(1) 双击“任务 5.5　常用文本函数. xlsx”，单击“任务 5.5.1　从身份证号中提取出生日期”工作表标签。

(2) 在 E2 单元格中输入公式“=TEXT(MID(C2,7,8),"0000-00-00")”。

(3) 双击 E2 单元格右下角的实心十字。

【成果展示】

操作结果如图 5-5-1 所示。

【提示】

如果想让 E 列中的文本日期变成数字格式日期，则需要将上述公式修改为“=

	A	B	C	D	E	F	G
1	工号	姓名	身份证号	入职日期	出生年月日		任务描述：
2	XSGS001	王先生	441900195909224015	2017/01/25	1959-09-22		用文本函数从身份证号中提取出生日期。
3	ZWGS002	刘小姐	440883199201111927	2008/01/07	1992-01-11		
4	CZGS003	王炫皓	350305199606171436	2012/06/13	1996-06-17		
5	CZGS004	方先生	441322199406292715	2010/06/25	1994-06-29		
6	JSGS005	黄小姐	441900199107181088	2007/07/14	1991-07-18		
7	CZGS006	黄雅玲	445281199102217049	2007/02/17	1991-02-21		
8	GLGS007	陈先生	445221199802081010	2018/02/04	1998-02-08		
9	CZGS008	陆先生	441900197907290378	2015/11/07	1979-07-29		
10	CZGS009	谢丽秋	44162119970723306X	2018/04/19	1997-07-23		
11	CZGS010	林小姐	44190019960605652X	2012/06/01	1996-06-05		
12	CGGS011	黎先生	441424199908263518	2018/08/22	1999-08-26		
13	CZGS012	元小姐	441900199101127009	2007/01/08	1991-01-12		
14	CZGS013	谢小	430481195909279034	2007/03/23	1959-09-27		
15	ZYGS014	武松	511304195910233013	2015/11/19	1959-10-23		
16	CZGS015	王小姐	44142419821005230X	2012/06/30	1982-10-05		
17							
18	【提示信息】身份证号中数字的含义：第7至第14位数字表示：出生年月日。						

图 5-5-1　利用文本函数从身份证号中提取出生日期

TEXT(MID(C2,7,8),"0000－00－00") * 1”,然后将 E 列设置成日期格式(如短日期)。

5.5.2　从工号中提取需要的信息

【任务描述】

根据工号,提取工号中的数字编码和字母编码。

【任务资料】

参见下载文件“项目 5　Excel2016 的常用函数\任务 5.5　常用文本函数.xlsx”中的工作表“任务 5.5.2　从工号中提取需要的信息”。

【操作流程】

(1) 双击“任务 5.5　常用文本函数.xlsx”,单击“任务 5.5.2　从工号中提取需要的信息”工作表标签。

(2) 在 C2 单元格中输入公式“＝RIGHT(A2,3)”。

(3) 在 D2 单元格中输入公式“＝LEFT(A2,4)”。

(4) 选中 C2:D2 单元格区域,双击 E2 单元格右下角的实心十字。

【成果展示】

操作结果如图 5-5-2 所示。

5.5.3　计算文本长度

【任务描述】

计算文本长度。

	A	B	C	D	E	F
1	工号	姓名	工号末尾数字	工号前端编码		任务描述：
2	XSGS001	王先生	001	XSGS		用LEFT函数和RIGHT函数从工号中提取数字编码和字母编码。
3	ZWGS002	刘小姐	002	ZWGS		
4	CZGS003	王炫皓	003	CZGS		
5	CZGS004	方先生	004	CZGS		
6	JSGS005	黄小姐	005	JSGS		
7	CZGS006	黄雅玲	006	CZGS		
8	GLGS007	陈先生	007	GLGS		
9	CZGS008	陆先生	008	CZGS		
10	CZGS009	谢丽秋	009	CZGS		
11	CZGS010	林小姐	010	CZGS		
12	CGGS011	黎先生	011	CGGS		
13	CZGS012	元小姐	012	CZGS		
14	CZGS013	谢小	013	CZGS		
15	ZYGS014	武松	014	ZYGS		
16	CZGS015	王小姐	015	CZGS		

图 5-5-2　从工号中提取需要的信息

【任务资料】

参见下载文件“项目 5　Excel2016 的常用函数\任务 5.5　常用文本函数. xlsx”中的工作表“任务 5.5.3　计算文本长度”。

【操作流程】

(1) 双击“任务 5.5　常用文本函数. xlsx”，单击“任务 5.5.3　计算文本长度”工作表标签。

(2) 在 C2 单元格中输入公式“=LEN(B2)”。

(3) 双击 E2 单元格右下角的实心十字。

【成果展示】

操作结果如图 5-5-3 所示。

C2　=LEN(B2)

	A	B	C	D	E
1	工号	姓名及电话号码	长度		任务描述：
2	XSGS001	王生13991674122	13		使用LEN函数计算姓名及电话号码的长度。
3	ZWGS002	刘小姐13941086362	14		
4	CZGS003	王炫皓13988848516	14		
5	CZGS004	方格先生13942715809	15		
6	JSGS005	黄小姐13971935661	14		
7	CZGS006	黄雅玲13988514618	14		
8	GLGS007	陈先生13980163291	14		
9	CZGS008	陆先生13954306109	14		
10	CZGS009	谢丽秋13960531137	14		
11	CZGS010	林小姐13916470491	14		
12	CGGS011	黎先生13985184102	14		
13	CZGS012	元小姐13974864126	14		
14	CZGS013	谢小13937575008	13		
15	ZYGS014	武松13914011764	13		
16	CZGS015	欧阳小姐13996735870	15		

图 5-5-3　计算文本长度

任务 5.6 常用日期函数

Excel 常用的逻辑函数如下。

1. EDATE 函数

EDATE 函数用于计算某个日期之前(或之后)指定月数的日期序列号。EDATE 函数各参数表示如下：

= EDATE(start_date, months)

= EDATE(开始日期,开始日期之前或之后的月份数)

如果 months 为正值,则将生成未来日期;如果 months 为负值,则将生成过去日期。

如果 start_date 不是有效的日期,则 EDATE 函数将返回＃VALUE!。

如果 months 不是整数,则将截尾取整。

2. EOMONTH 函数

EOMONTH 函数用于返回指定日期之前或之后某个月的最后一天的日期。EOMONTH 函数各参数表示如下：

=EOMONTH(start_date, months)

=EOMONTH(开始日期,开始日期之前或之后的月份数)

如果 months 为正值,则将生成未来日期;如果 Months 为零,则将生成本月日期;如果 months 为负值,则将生成过去日期。

如果 start_date 不是有效的日期,则 EOMONTH 函数将返回＃NUM!。

如果 months 不是整数,则将截尾取整。

3. TODAY 函数

TODAY 函数用于返回系统当天的日期,如果要保持固定日期,一般不使用 TODAY 函数。该函数无参数。

4. DAY 函数

DAY 函数用于返回指定日期的天数。返回的值都是公历值。DAY 函数各参数表示如下：

=DAY(serial_number)

= DAY(指定日期)

5. YEAR 函数

YEAR 函数用于返回指定日期的年数。返回的值都是公历值。YEAR 函数各参数表示如下：

=YEAR(serial_number)

= YEAR(指定日期)

6. MONTH 函数

MONTH 函数用于返回指定日期的月数。返回的值都是公历值。MONTH 函数各参数表示如下：

=MONTH(serial_number)

=MONTH(指定日期)

7. DATE 函数

如果需要采用三个单独的值并将它们合并为一个日期，则可以使用 DATE 函数。DATE 函数各参数表示如下：

=DATE(year, month, day)

=DATE(年，月，日)

8. DATEDIF 函数

DATEDIF 函数是 Excel 中的一个隐藏函数。在输入该函数时，必须将全部字母及括号一并输入。此函数用于计算两个日期之间相差的时间，这个时间可以是年、月或天。DATEDIF 函数各参数表示如下：

=DATEDIF(start_date, end_date, unit)

=DATEDIF(开始日期，终止日期，比较单位)

参数中，start_date 为一个日期，它代表时间段内的第一个日期或起始日期。end_date 为一个日期，它代表时间段内的最后一个日期或结束日期。unit 表示返回的时间代码，如“D”“M”“Y”“MD”“YM”和“YD”。其中，“D”表示时间段中的天数；“M”表示时间段中的整月数；“Y”表示时间段中的整年数；“MD”表示 start_date 与 end_date 日期中天数的差，忽略日期中的月和年；“YM”表示 start_date 与 end_date 日期中月数的差，忽略日期中的日和年；“YD”表示 start_date 与end_date 日期中天数的差，忽略日期中的年。

【提示】

(1) DATEDIF 函数中的“结束日期”必须大于“起始日期”。

(2) 时间代码不区分大小写。

(3) DATEDIF 函数在计算 2 个月数差时，有时其计算结果会有误差。所以需慎用此函数。

5.6.1 利用 EDATE 函数计算到期日

【任务描述】

到当前日期止,计算信用期 3 个月的应收账款的到期日和逾期天数。

【任务资料】

参见下载文件“项目 5 Excel2016 的常用函数\任务 5.6 常用日期函数. xlsx”中的工作表“任务 5.6.1 利用 EDATE 函数计算到期日”。

【操作流程】

(1) 双击“任务 5.6 常用日期函数. xlsx”,单击“任务 5.6.1 利用 EDATE 函数计算到期日”工作表标签。

(2) 在 D4 单元格中输入公式“=EDATE(C4,3)”。

(3) 在 E4 单元格中输入公式“=$A$2-D4”。

(4) 选中 D4:E4 单元格区域,双击 E4 单元格右下角的实心十字。

(5) 更改 E 列为常规格式。

【成果展示】

操作结果如图 5-6-1 所示。

	A	B	C	D	E	F	G
1	创造公司应收账款逾期分析表						任务描述:
2	2019/12/28						到当前日期止,计算信用期3个月的应收账款的到期日和逾期天数。
3	对方单位	应收金额	入账日期	到期日期	逾期天数		
4	长发公司	98,684.00	2019年1月17日	2019年4月17日	255		
5	诚实公司	98,939.00	2019年6月22日	2019年9月22日	97		
6	中天公司	132,426.00	2019年9月12日	2019年12月12日	16		
7	中域公司	75,004.00	2018年10月21日	2019年1月21日	341		
8	英达公司	181,135.00	2019年5月14日	2019年8月14日	136		
9	英利公司	63,323.00	2018年11月16日	2019年2月16日	315		
10	伟捷公司	71,294.00	2019年7月18日	2019年10月18日	71		
11	为民公司	98,036.00	2018年11月20日	2019年2月20日	311		
12	平民商场	106,174.00	2019年1月3日	2019年4月3日	269		
13	利华公司	90,572.00	2019年9月15日	2019年12月15日	13		
14	利民超市	188,540.00	2019年1月1日	2019年4月1日	271		
15	诚实公司	72,978.00	2019年1月26日	2019年4月26日	246		
16	华扬超市	175,876.00	2019年6月24日	2019年9月24日	95		
17	长发公司	60,430.00	2019年8月25日	2019年11月25日	33		
18	华容超市	186,106.00	2019年8月26日	2019年11月26日	32		
19	英达公司	59,837.00	2019年8月31日	2019年11月30日	28		

图 5-6-1 利用 EDATE 函数计算到期日

5.6.2 利用 EOMONTH 函数计算当月结的款项的到期日

【任务描述】

以应付款项为例,计算当月结的应付款项的“到期日”。

【任务资料】

参见下载文件“项目 5　Excel2016 的常用函数\任务 5.6　常用日期函数. xlsx”中的工作表“任务 5.6.2　利用 EOMONTH 函数计算当月结的应付款项的到期日”。

【操作流程】

(1) 双击“任务 5.6　常用日期函数. xlsx”，单击“任务 5.6.2　利用 EOMONTH 函数计算当月结的应付款项的到期日”工作表标签。

(2) 在 C2 单元格中输入公式“=EOMONTH(A2,0)”。

(3) 双击 C2 单元格右下角的实心十字。

【成果展示】

操作结果如图 5-6-2 所示。

	A	B	C	D	E	F
1	购货日期	付款条件	到期日		任务描述：	
2	2019/7/28	当月结	2019/7/31		计算当月结的应付款项的"到期日"。	
3	2019/7/16	当月结	2019/7/31			
4	2019/7/19	当月结	2019/7/31			
5	2019/1/25	当月结	2019/1/31			
6	2019/2/13	当月结	2019/2/28			
7	2019/1/29	当月结	2019/1/31			
8	2019/4/26	当月结	2019/4/30			
9	2019/1/25	当月结	2019/1/31			
10	2019/2/13	当月结	2019/2/28			

图 5-6-2　利用 EOMONTH 函数计算当月结的应付款项的到期日

5.6.3　利用日期函数计算已计提折旧月份数

【任务描述】

计算已计提折旧的月份数。

【任务资料】

参见下载文件“项目 5　Excel2016 的常用函数\任务 5.6　常用日期函数. xlsx”中的工作表“任务 5.6.3　利用日期函数计算已计提折旧月份数”。

【操作流程】

(1) 双击“任务 5.6　常用日期函数. xlsx”，单击“任务 5.6.3　利用日期函数计算已计提折旧月份数”工作表标签。

(2) 在 L4 单元格中输入公式“=(YEAR($B$2)-YEAR(D4))*12+MONTH($B$2)-MONTH(D4)-1”。

(3) 双击 L2 单元格右下角的实心十字。

【成果展示】

操作结果如图 5-6-3 所示。

	A	B	C	D	E	F	G	H	I	J	K	L
1	2019年12月31日固定资产折旧计提表											
2	当前日期:	2019/12/31										
3	资产名称	资产编号	使用部门	启用日期	预计使用年限	资产状态	资产来源	资产原值	净残值率	资产残值	折旧方法	已计提月份数
4	华为笔记本电脑	011018	行政部	2017/6/1	5	正常使用	购入	160,000	5%	8,000	年数总和法	29
5	联想台式电脑	051052	一分公司	2016/3/2	5	正常使用	购入	8,800	1%	88	年数总和法	44
6	别克轿车	051089	二分公司	2019/5/7	10	正常使用	购入	5,200	1%	52	年限平均法	6
7	佳能打印机	051066	一分公司	2018/11/8	10	正常使用	购入	900	1%	9	年限平均法	12
8	线切割机床	021057	生产部	2012/12/1	15	正常使用	购入	68,000	2%	1,360	年限平均法	83
9	吊车	021058	生产部	2012/12/1	15	正常使用	购入	62,000	2%	1,240	双倍余额递减法	83
10	复印机	021034	生产部	2011/9/1	5	正常使用	购入	186,000	4%	7,440	双倍余额递减法	98
11	客货两用车	051078	二分公司	2013/8/3	10	正常使用	购入	4,500	1%	45	年数总和法	75
12	奔驰轿车	041008	物流部	2013/12/30	15	正常使用	购入	140,000	2%	2,800	双倍余额递减法	71
13	厂房	041009	物流部	2013/12/30	50	正常使用	购入	126,000	2%	2,520	双倍余额递减法	71
14												
15	任务描述:											
16	计算已计提折旧月份数。											

图 5-6-3　利用日期函数计算已计提折旧月份数

5.6.4　利用 DATE 函数将数字变为日期

【任务描述】

将代表年月日的数字变为日期。

【任务资料】

参见下载文件“项目 5　Excel2016 的常用函数\任务 5.6　常用日期函数.xlsx”中的工作表“任务 5.6.4　利用 DATE 函数将数字变为日期”。

【操作流程】

(1) 双击“任务 5.6　常用日期函数.xlsx”,单击“任务 5.6.4　利用 DATE 函数将数字变为日期”工作表标签。

(2) 在 D2 单元格中输入公式“=DATE(A4, B4, C4)”。

(3) 双击 D2 单元格右下角的实心十字。

【成果展示】

操作结果如图 5-6-4 所示。

D2　=DATE(A4,B4,C4)

	A	B	C	D	E	F	G	H	I	J
1	库存现金日报表								任务描述:	
2				2019年12月5日					将代表年月日的数字变为日期。	
3	年	月	日	凭证编号	摘要	借方金额	贷方金额			
4	2019	12	05	02	提现	8,000.00				
5	2019	12	05	09	报销差旅费	295.00				
6	2019	12	05	13	购买办公用品一批		500.00			
7	2019	12	05	23	销售代垫运费		100.00			
8	2019	12	05	35	付搬运费		230.00			
9	2019	12	05	69	盘点盘亏现金		500.00			

图 5-6-4　利用 DATE 函数将数字变为日期

【任务拓展】

（1）试着用 COUNTIFS 函数计算下载文件“项目 5　Excel2016 的常用函数\任务 5.3　常用统计函数. xlsx”中的工作表“任务 5.3.1　常用统计函数”中的 K8 单元格，即“南城区线下销售额大于 3 000 元的人次”。

（2）打开下载文件“项目 5　Excel2016 的常用函数”中的“任务拓展　分离姓名和手机号. xlsx”，使用文本函数分离出姓名和手机号。

项 目 6

Excel2016 在会计工作中的应用

任务 6.1 基础设置
任务 6.2 凭证处理
任务 6.3 账簿设置
任务 6.4 财务报表编制
任务 6.5 固定资产管理
任务 6.6 应收账款管理
任务 6.7 财务分析

对于数据整理和数据分析，虽然有大量的工具可供选择，但 Excel2016 是成本低廉且最好用的工具之一，因此在中小企业中得到广泛应用。

任务 6.1　基础设置

从本次任务开始，本书将详细讲解如何使用前面学习的 Excel2016 提供的各种函数和功能，来完成一家模拟企业的账务处理。假定：创造公司于 2019 年 10 月初建账，相关的科目代码、总账科目、明细科目、期初数据及常用摘要都已经准备完毕。

6.1.1　期初余额试算平衡

【任务描述】

根据已录入的期初余额，实现期初余额表的试算平衡。

【任务资料】

参见下载文件“项目 6　Excel2016 在会计工作中的应用\任务 6.1　基础设置.xlsx”中的工作表“基础设置”。

【操作流程】

(1) 双击“任务 6.1　基础设置.xlsx”。

(2) 在 H1 单元格中输入检查是否平衡的公式“=IF(H6=H7,"经试算已平衡","试算不平衡，请查明原因")”。

(3) 在 H2 单元格中输入资产类科目期初余额总计公式“=SUMIF(A:A,"1???",D:D)-SUMIF(A:A,"1???",E:E)”。

(4) 在 H3 单元格中输入负债类科目期初余额总计公式“=SUMIF(A:A,"2???",E:E)-SUMIF(A:A,"2???",D:D)”。

(5) 在 H4 单元格中输入所有者权益类科目期初余额总计公式“=SUMIF(A:A,"3???",E:E)-SUMIF(A:A,"3???",D:D)”。

(6) 在 H5 单元格中输入成本类科目期初余额总计公式“=SUMIF(A.A,"4???",D:D)-SUMIF(A:A,"4???",E:E)”。

(7) 在 H6 单元格中输入“资产+成本”合计公式“=H2+H5”。

(8) 在 H7 单元格中输入“负债+所有者权益”合计公式“=H3+H4”。

(9) 当全部期初余额输入完毕后，试算的结果应该是平衡的。

【成果展示】

操作结果如图 6-1-1 所示。

	A	B	C	D	E	F	G	H
1	科目代	总账科目	明细科目	期初借方余	期初贷方余		期初试算平衡检查:	经试算已平衡
2	1001	库存现金		570.00			资产:	2,382,046.47
3	1002	银行存款		40,573.69			负债:	2,274,902.77
4	1012	其他货币资金					所有者权益:	871,455.80
5	1101	交易性金融资产		5,000.00			成本:	764,312.10
6	1121	应收票据					资产+成本:	3,146,358.57
7	1122	应收账款		52,155.00			负债+所有者权益:	3,146,358.57
8	112201	应收账款	东莞市宏达商场有限公司					
9	112202	应收账款	东莞市兴盛有限公司	17,155.00				
10	112203	应收账款	深圳市彩怡百货有限公司	20,000.00				
11	112204	应收账款	东莞市瑞祥贸易行	10,000.00				
12	112205	应收账款	东莞市华润贸易公司	5,000.00			任务描述:	
13	1123	预付账款		6,000.00			1、任务6.1.1 对左方已录入的期初数据，进行期初余额试算平衡检查。	
14	112301	预付账款	深圳市华彩公司					
15	112302	预付账款	东莞市富润有限公司	6,000.00				

图 6-1-1　期初余额试算平衡检查(部分)

6.1.2　设置常用摘要和有效科目

【任务描述】

设置常用摘要和有效科目。

【任务资料】

参见下载文件“项目 6　Excel2016 在会计工作中的应用\任务 6.1　基础设置.xlsx”中的工作表“基础设置”。

【操作流程】

(1) 接任务 6.1.1。

(2) 选择 J1:J64 单元格区域，点击“插入”→“表格”，勾选“表包含标题”，并更改表名称为“摘要”。同时将 J2:J64 单元格区域的名称定义为“常用摘要”。

【提示】

将 J2:J64 单元格区域变成特殊表格后，常用摘要项目的增删与凭证摘要的填制也将保持同步。

(3) 复制 A、B、C 三列至 L1 单元格开始的位置，删除非末级科目及格式化处理。

(4) 将 L2:N99 单元格区域的名称定义为“有效科目”。

(5) 将 L2:L99 单元格区域的名称定义为“录入凭证用代码”。

(6) 复制 B 列内容到 P1 单元格，单击“数据”→“删除重复项”。

【成果展示】

操作结果如图 6-1-2 所示。

J	K	L	M	N	O	P
常用摘要		科目代码	总账科目	明细科目		总账科目
支付租金		1001	库存现金			库存现金
提现		1002	银行存款			银行存款
销售商品		1012	其他货币资金			其他货币资金
预付款购包装袋		1101	交易性金融资产			交易性金融资产
现金折扣		1121	应收票据			应收票据
购材料		112201	应收账款	东莞市宏达商场有限公司		应收账款
分期销售商品		112202	应收账款	东莞市兴盛有限公司		预付账款
购设备		112203	应收账款	深圳市彩怡百货有限公司		其他应收款

图 6-1-2 设置常用摘要和有效科目(部分)

任务 6.2 凭 证 处 理

利用 Excel2016 进行账务处理,可以在完成基础设置的初始数据的前提下,快速进行账务处理,大大减轻重复录入数据的繁重工作,且数据计算准确,也便于后期数据分析和查询。

6.2.1 设计记账凭证清单

【任务描述】

根据已完成的"基础设置"资料,设计记账凭证清单工作表。

(1) 设置日期所在列的格式为"yyyy/mm/dd"。

(2) 设置凭证号所在列的格式为"00"。

(3) 设置摘要所在列,通过下拉列表选取"常用摘要"。

(4) 设置科目代码所在列为有效的末级科目,并对其进行输入限制。

(5) 设置总账科目和明细科目所在列,使其能够自动显示相应的科目名称。

(6) 设置借、贷方金额列的格式为千位分隔且两位小数显示。

【任务资料】

参见下载文件"项目 6 Excel2016 在会计工作中的应用\任务 6.2 凭证处理.xlsx"中的工作表"记账凭证清单"。

【操作流程】

(1) 接任务 6.1.2。

(2) 双击"任务 6.2　凭证处理.xlsx",单击"记账凭证清单"工作表标签。

(3) 选中 A 列,参照项目 2 中介绍的方法,设置自定义格式为"yyyy/mm/dd"。

(4) 选中 B 列,设置自定义格式为"00"。

【提示】

如果企业日常凭证号超过两位数,不超过三位数,则设置自定义格式为"000"。

(5) 选中 C 列,参照项目 1 中介绍的方法,设置"数据验证"中的"允许"为"序列",其"来源"为"常用摘要"。

(6) 选中 D 列,设置"数据验证"中的"允许"为"序列",其"来源"为"录入凭证用代码",在"出错警告"中的"样式"栏中选择"停止",并设置适当的标题,如"非末级科目或科目不存在"等,如图 6-2-1 所示。

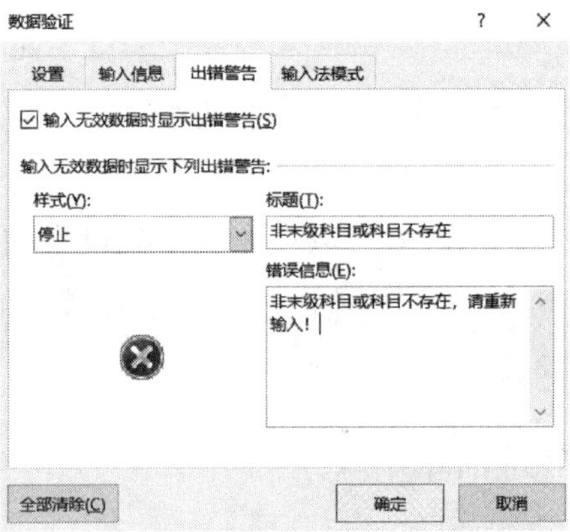

图 6-2-1　设置出错警告

(7) 在 E2 单元格中输入公式"=IFERROR(VLOOKUP($D2,有效科目,2,0),"")",在 F2 单元格中输入公式"=IFERROR(VLOOKUP($D2,有效科目,3,0),"")&"""。

(8) 选中 E2:F2 单元格区域,向下复制公式到足够大。

(9) 选中 G:H 列,设置格式为"千位分隔,两位小数,负数以红字显示"。

6.2.2　设置借贷不平衡自动提示

【任务描述】

设置借贷不平衡自动提示。

【任务资料】

参见下载文件"项目 6　Excel2016 在会计工作中的应用\任务 6.2　凭证处

理. xlsx”中的工作表“记账凭证清单”。

【操作流程】

(1) 双击“任务 6.2　凭证处理. xlsx”,单击“记账凭证清单”工作表标签。

(2) 在 J1 单元格输入公式“=IF(ROUND(SUM($G:$G),2)=ROUND(SUM($H:$H),2),"恭喜你借贷平衡!","借贷不平衡!请检查凭证!"&"借贷差额为:"&ROUND(SUM($G:$G)-SUM($H:$H),2))”。

【成果展示】

操作结果如图 6-2-2 所示。

图 6-2-2　设置借贷不平衡提示

【提示】

“借贷不平衡提示”功能还可以通过设置自定义格式来实现。

6.2.3　录入记账凭证清单

【任务描述】

请为下载文件“项目 6　Excel2016 在会计工作中的应用\创造公司 10 月份业务. docx”中的经济业务编制分录,并录入到同一目录下的“任务 6.2　凭证处理. xlsx”的“记账凭证清单”工作表中。

【提示】

录入后,可以采用“高级筛选”功能将“任务 6.2　凭证处理. xlsx”的“记账凭证清单”工作表与“2019 年 10 月份记账凭证清单. xlsx”进行核对。

【成果展示】

操作结果如图 6-2-3 所示。

录入完创造公司 10 月份业务的记账凭证清单后,选择 A1:H256 单元格区域,将其定义名称为“凭证”。

F2 =IFERROR(VLOOKUP($D2,有效科目,3,0),"")&""

	A	B	C	D	E	F	G	H
1	日期	凭证号	摘要	科目代码	总账科目	明细科目	借方金额	贷方金额
2	2019/10/01	01	支付租金	4101	制造费用		7,000.00	
3	2019/10/01	01	支付租金	1002	银行存款			7,000.00
4	2019/10/01	02	提现	1001	库存现金		8,000.00	
5	2019/10/01	02	提现	1002	银行存款			8,000.00
6	2019/10/01	03	销售商品	112203	应收账款	深圳市彩怡百货有限公司	439,005.00	
7	2019/10/01	03	销售商品	5001	主营业务收入			388,500.00
8	2019/10/01	03	销售商品	22210106	应交税费	应交增值税（销项税额）		50,505.00
9	2019/10/01	04	预付款购入包装袋	1411	周转材料		6,000.00	
10	2019/10/01	04	预付款购入包装袋	22210101	应交税费	应交增值税（进项税额）	780.00	
11	2019/10/01	04	预付款购入包装袋	112302	预付账款	东莞市富润有限公司		6,780.00

图 6-2-3　录入记账凭证清单(部分)

任务6.3　账 簿 设 置

本次任务需要在“任务 6.1　基础设置”和“任务 6.2　凭证处理”的成稿基础之上进行操作。利用 Excel 进行账务处理,可以在完成记账凭证清单的前提下,快速自动生成各类账簿,也便于后期数据分析和查询。

6.3.1　设置日记账

【任务描述】

根据已完成的“基础设置”和“记账凭证清单”资料,设置日记账。

【任务资料】

参见下载文件“项目 6　Excel2016 在会计工作中的应用\任务 6.3　账簿设置.xlsx”中的工作表“日记账”。

【操作流程】

(1) 双击“任务 6.3　账簿设置.xlsx”。

(2) 复制“记账凭证清单”工作表的全部内容到“日记账”工作表的 A1 单元格,删除 J1 单元格中的公式。

(3) 按“任务 1.2.3　筛选”中介绍的方法筛选出任意一个总账科目,如“库存现金”。

(4) 选择 G 列和 H 列有内容的区域,同时再多选一行用于存放公式。

(5) 单击“开始”→“自动求和”,如图 6-3-1a 所示。

(6) 系统自动为“借方金额”和“贷方金额”插入求和公式。

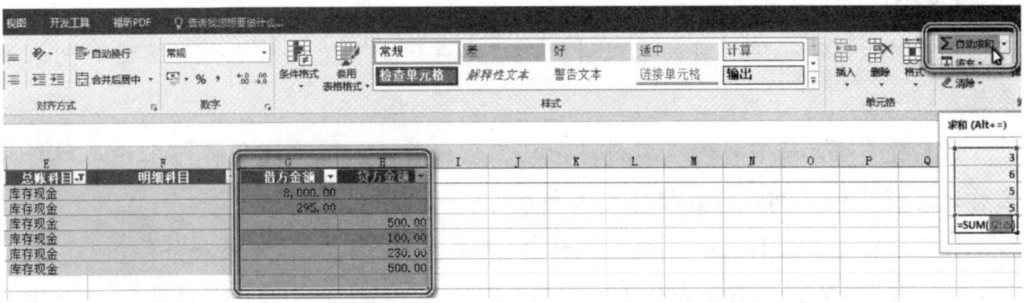

图 6-3-1a　输入“日记账”求和公式前的准备(部分)

(7) 在“摘要”列的第一个空白单元格中输入“本月合计”，并调整相应的单元格格式。

【成果展示】

操作结果如图 6-3-1b 所示。

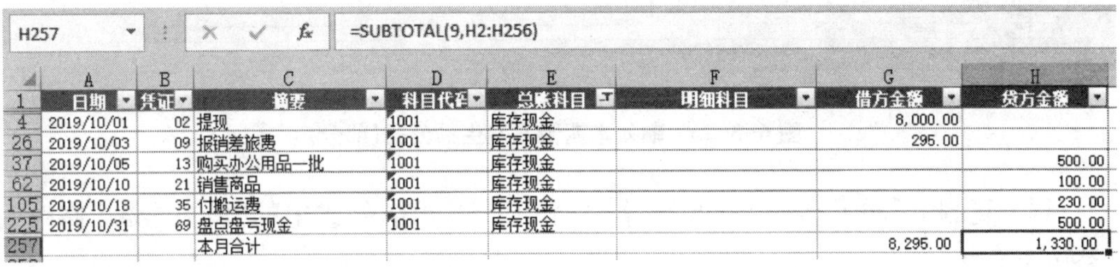

图 6-3-1b　“库存现金”日记账

6.3.2　编制科目余额表

【任务描述】

编制科目余额表。

【任务资料】

参见下载文件“项目 6　Excel2016 在会计工作中的应用\任务 6.3　账簿设置.xlsx”中的工作表“余额表”。

【操作流程】

(1) 双击“任务 6.3　账簿设置.xlsx”，单击“记账凭证清单”工作表标签。

(2) 按“任务 5.2.4　用 SUMIFS 函数汇总门店销售台账”中介绍的方法对“科目代码”“总账科目”“借方金额”“贷方金额”批量定义名称。

【提示】

(1) 对于只有一级科目的末级科目,如“库存现金”,使用总账科目名称作为求和条件。

(2) 对于有三级科目的二级科目,如“应交税费——应交增值税”,无论是用科目名称还是科目代码都不能直接作为求和条件。

(3) 对于无三级科目的二级末级科目,应采用科目代码作为求和条件。

(3) 在 F3 单元格中输入公式“=IF(LEN($A3)=4,SUMIF(总账科目,$B3,借方金额),IF(AND(LEN($A3)=6,SUMIF(科目代码,$A3,借方金额)=0),SUMIF(科目代码,$A3&"*",借方金额),SUMIF(科目代码,$A3,借方金额)))”,如图 6-3-2a 所示。

F3 =IF(LEN($A3)=4,SUMIF(总账科目,$B3,借方金额),IF(AND(LEN($A3)=6,SUMIF(科目代码,$A3,借方金额)=0),SUMIF(科目代码,$A3&"*",借方金额),SUMIF(科目代码,$A3,借方金额)))

余 额 表

科目代码	总账科目	明细科目	期初借方余额	期初贷方余额	本期借方发生额	本期贷方发生额	期末借方余额	期末贷方余额
1001	库存现金		570.00		8,295.00			
1002	银行存款		40,573.69					
1012	其他货币资金							
1101	交易性金融资产		5,000.00					
1121	应收票据							
1122	应收账款		52,155.00					
112201	应收账款	东莞市宏达商场有限公司						
112202	应收账款	东莞市兴盛有限公司	17,155.00					
112203	应收账款	深圳市彩怡百货有限公司	20,000.00					

图 6-3-2a 输入本期借方发生额公式(部分)

(4) 复制 F3 单元格至 G3 单元格,并将 G3 单元格公式中的“借方金额”修改为“贷方金额”。

(5) 在 H3 单元格中输入公式“=ROUND(IF(D3+F3-E3-G3>=0,D3+F3-E3-G3,0),2)”。

(6) 在 I3 单元格中输入公式“=ROUND(IF(E3+G3-D3-F3>=0,E3+G3-D3-F3,0),2)”。

(7) 选中 F3:I3 单元格区域,向下复制公式。

(8) 在 D116 单元格中输入公式“=SUMIF($A:$A,"????",D1)”。

(9) 拖动 D116 单元格右下角的实心十字,复制公式至 I116 单元格。

【成果展示】

操作结果如图 6-3-2b 所示。

6.3.3 编制科目汇总表

【任务描述】

编制科目汇总表。

	A	B	C	D	E	F	G	H	I
1	余 额 表								
2	科目代码	总账科目	明细科目	期初借方余额	期初贷方余额	本期借方发生额	本期贷方发生额	期末借方余额	期末贷方余额
102	560204	管理费用	交通费						
103	560205	管理费用	办公费			500.00	500.00		
104	560206	管理费用	水电费			1,776.00	1,776.00		
105	560207	管理费用	房屋租赁费						
106	560208	管理费用	员工活动费						
107	560209	管理费用	员工工资			53,100.00	53,100.00		
108	560210	管理费用	折旧			9,202.08	9,202.08		
109	560211	管理费用	无形资产摊销			2,150.00	2,150.00		
110	560212	管理费用	社会保险			8,428.52	8,428.52		
111	560213	管理费用	公积金			5,200.00	5,200.00		
112	560214	管理费用	其他			9,533.20	9,533.20		
113	5603	财务费用				11,485.00	11,485.00		
114	5711	营业外支出				31,022.50	31,022.50		
115	5801	所得税费用							
116		合计		3,160,195.24	3,160,195.24	16,832,048.47	16,832,048.47	3,991,850.72	3,991,850.72

图 6-3-2b　余额表(部分)

【任务资料】

详见下载文件“项目 6　Excel2016 在会计工作中的应用\任务 6.3　账簿设置.xlsx”中的工作表“科目汇总表”。

【操作流程】

(1) 打开“任务 6.3　账簿设置.xlsx”,按“任务 1.2.6　数据透视表”中的方法,根据“记账凭证清单”的内容创建数据透视表。

(2) 将“总账科目”拖至行;将“借方金额”和“贷方金额”拖至列,并修改“值字段汇总方式”的“计算类型”为“求和”,如图 6-3-3a 所示。

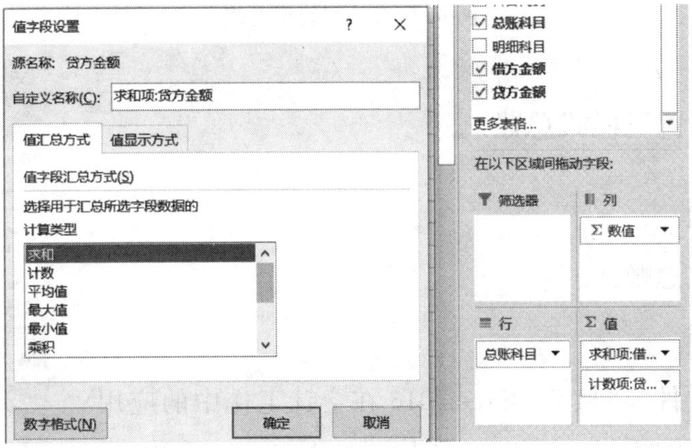

图 6-3-3a　设置科目汇总字段(部分)

(3) 利用“基础设置”工作表中的 P 列内容,按“任务 1.2.2　自定义序列与排序”中的方法,将数据透视表中的“总账科目”列按自定义序列排序。

(4) 在适当位置输入相应内容并设置字体和格式。

(5) 插入日期切片器。

【成果展示】

操作结果如图 6-3-3b 所示。

科目汇总表

总账科目	借方	贷方
库存现金	8,295.00	600.00
银行存款	1,596,221.20	1,024,280.08
交易性金融资产	50,000.00	
应收账款	779,530.50	439,005.00
预付账款		13,560.00
其他应收款	9,639.45	3,000.00
在途物资	41,000.00	41,000.00
原材料	193,820.00	
委托加工物资	3,000.00	
周转材料	12,000.00	
固定资产	243,600.00	
无形资产	240,000.00	
短期借款	50,000.00	50,000.00
应付账款	111,553.60	219,016.60
预收账款	148,412.50	120,000.00
应付职工薪酬	129,205.09	
应交税费	522,178.54	211,684.20
应付股利	50,000.00	
其他应付款	11,660.00	
长期借款		80,000.00
实收资本		420,000.00
制造费用	7,000.00	
主营业务收入		1,586,340.00
其他业务收入		42,000.00
销售费用	33,785.00	
管理费用	500.00	
财务费用	9,085.00	
总计	4,250,485.88	4,250,485.88

图 6-3-3b　科目汇总表

6.3.4　设置三栏式总账

【任务描述】

制作三栏式总账。

【任务资料】

参见下载文件“项目 6　Excel2016 在会计工作中的应用\任务 6.3　账簿设置. xlsx”中的工作表“总账”。

【操作流程】

(1) 双击“任务 3　账簿设置. xlsx”,根据“记账凭证清单”中的内容在“总账”工作表的 A3 单元格创建数据透视表。

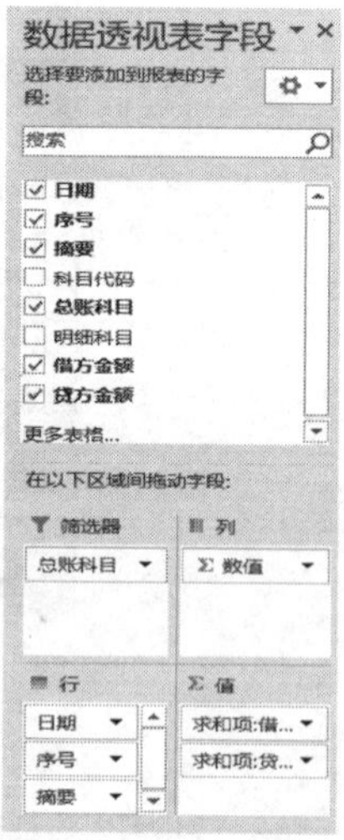

图 6-3-4a　数据透视表字段设置

(2) 设置报表“筛选器”为“总账科目”,其他设置如图 6-3-4a

所示。

(3) 单击数据透视表内任意一个单元格，选择“数据透视表工具”→“设计”→“分类汇总”→“不显示分类汇总”；选择“报表布局”→“以表格形式显示”和“重复项目标签”选项。

(4) 将“借方金额”改为“借方”，“贷方金额”改为“贷方”，并设置适当的格式。在 B1 单元格中选择“银行存款”，得到如图 6-3-4b 所示的初步总账。

	A	B	C	D	E
1	总账科目	银行存款			
2					
3	日期	凭证号	摘要	借方	贷方
25	2019/10/18	37	付广告费		23,000.00
26	2019/10/19	38	收到前欠货款	40,000.00	
27	2019/10/19	39	收违约罚款	3,400.00	
28	2019/10/20	42	折扣销售商品95%		150.00
29	2019/10/21	43	购买国债		250,000.00
30	2019/10/23	44	偿还前欠货款		35,000.00
31	2019/10/26	46	分期销售收款	900,000.00	
32	2019/10/29	49	偿还前欠货款		46,330.00
33	2019/10/31	57	支付电费		98,536.00
34	2019/10/31	67	向灾区捐款		20,000.00
35	本月合计			2,539,621.20	1,657,296.08

图 6-3-4b　“银行存款”总账(部分)

(5) 在 F2 单元格中输入“方向”，G2 单元格中输入“余额”，H2 单元格中输入“备注”，H3 单元格中输入“期初余额”。

(6) 在 G3 单元格中输入获取期初余额公式“=VLOOKUP($B$1,基础设置!$B:$E,3,0)-VLOOKUP($B$1,基础设置!$B:$E,4,0)”。

【提示】

如果要查询 11 月份总账数据，上述公式中的期初余额则应取自 10 月份的期末余额。其他月份取数以此类推。

(7) 选中余额所在的 G 列，设置自定义格式的类型为“#,##0.00;#,##0.00;0.00”，使其余额始终显示为大于等于零。

(8) 在 G4 单元格中输入总账余额公式“=IF(A:A="本月合计",$G$3+D4-E4,IF(C4="","",G3+D4-E4))”。

(9) 拖动 G4 单元格右下角的实心十字，把公式向下复制到足够大的位置。结果如图 6-3-4c 所示。

(10) 在 F3 单元格中输入“=G3”，双击 F3 单元格右下角的实心十字，并设置自定义格式的类型为“借;贷;平”。

(11) 重新在 B1 单元格中选择一个总账科目，如“应付账款”，即可得到新的总账。

G4 =IF(A:A="本月合计",$G$3+D4-E4,IF(C4="","",G3+D4-E4))

	A	B	C	D	E	F	G	H
1	总账科目	银行存款						
2						方向	余额	备注
3	日期	凭证号	摘要	借方	贷方		40,573.69	期初余额
25	2019/10/18	37	付广告费		23,000.00		429,514.81	
26	2019/10/19	38	收到前欠货款	40,000.00			469,514.81	
27	2019/10/19	39	收违约罚款	3,400.00			472,914.81	
28	2019/10/20	42	折扣销售商品95%		150.00		472,764.81	
29	2019/10/21	43	购买国债		250,000.00		222,764.81	
30	2019/10/23	44	偿还前欠货款		35,000.00		187,764.81	
31	2019/10/26	46	分期销售收款	900,000.00			1,087,764.81	
32	2019/10/29	49	偿还前欠货款		46,330.00		1,041,434.81	
33	2019/10/31	57	支付电费		98,536.00		942,898.81	
34	2019/10/31	67	向灾区捐款		20,000.00		922,898.81	
35	本月合计			2,539,621.20	1,657,296.08		922,898.81	

图 6-3-4c　设置总账余额栏的公式

【成果展示】

操作结果如图 6-3-4d 所示。

	A	B	C	D	E	F	G	H
1	总账科目	应付账款						
2						方向	余额	备注
3	日期	凭证号	摘要	借方	贷方	贷	955,800.00	期初余额
4	2019/10/2	06	购入材料		111,553.60	贷	1,067,353.60	
5	2019/10/5	14	购入材料		46,330.00	贷	1,113,683.60	
6	2019/10/6	15	偿还前欠货款	111,553.60		贷	1,002,130.00	
7	2019/10/10	23	购入材料		61,133.00	贷	1,063,263.00	
8	2019/10/20	41	购入材料		179,670.00	贷	1,242,933.00	
9	2019/10/23	44	偿还前欠货款	35,000.00		贷	1,207,933.00	
10	2019/10/28	48	转应付票据	61,133.00		贷	1,146,800.00	
11	2019/10/29	49	偿还前欠货款	46,330.00		贷	1,100,470.00	
12	2019/10/31	57	支付电费	87,200.00		贷	1,013,270.00	
13	2019/10/31	58	计提电费		87,200.00	贷	1,100,470.00	
14	本月合计			341,216.60	485,886.60	贷	1,100,470.00	

图 6-3-4d　“应付账款”科目总账

6.3.5　设置明细账

【任务描述】

利用“高级筛选”功能制作明细账。

【任务资料】

参见下载文件“项目 6　Excel2016 在会计工作中的应用\任务 6.3　账簿设置.xlsx”中的工作表“明细账”。

【操作流程】

(1) 双击“任务 6.3　账簿设置.xlsx”，单击“明细账”工作表标签。

(2) 复制“记账凭证清单”表中的 D1:F2 单元格区域，粘贴到 I1 单元格。适当修改 J2 单元格和 K2 单元格中的公式。

(3) 在 I2 单元格中选择科目代码为“140301”，结果如图 6-3-5a 所示。

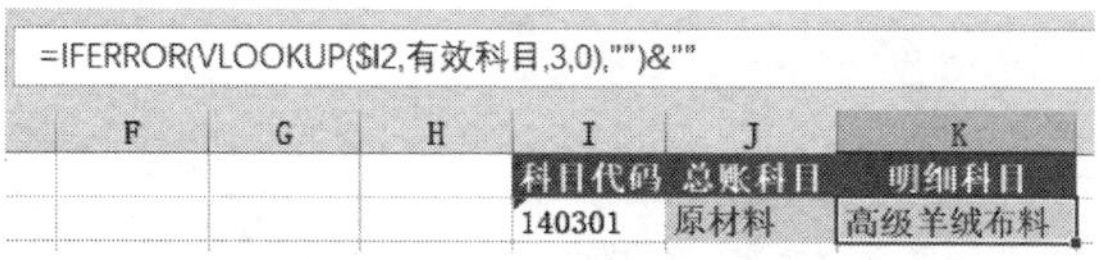

图 6-3-5a　构造“条件区域”

(4) 在 A1 单元格输入公式“=IF(K2="",J2&"明细账",J2&"--"&K2& "明细账")”。

(5) 复制“记账凭证清单”工作表 A1:H1 表头区域，粘贴到“明细账”工作表的 A3 单元格。删除不需要的“科目代码”“总账科目”和“明细科目”。

(6) 执行“高级筛选”功能，如图 6-3-5b 所示。

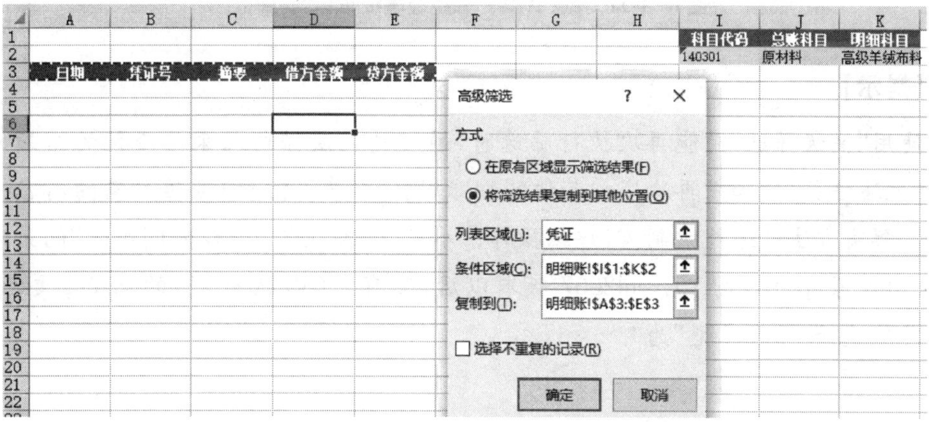

图 6-3-5b　执行高级筛选

(7) 在 F3 和 G3 单元格分别输入“方向”和“余额”。

(8) 选中第 4 行，插入一新行。

(9) 在 A4 单元格中输入查询账簿日期的月初日期，如 2019 年 10 月 1 日。

(10) 在 C4 单元格中输入“期初余额”。

(11) 在 G4 单元格中输入期初余额取数公式“=VLOOKUP(明细账!$I$2,基础设置!$A:$E,4,0)-VLOOKUP(明细账!$I$2,基础设置!$A:$E,5,0)”，并

将上述公式定义名称为“明细账期初余额公式”。

(12) 按“任务 6.3.4　设置三栏式总账”中介绍的方法，分别设置方向栏和余额栏的公式。

【成果展示】

操作结果如图 6-3-5c 所示。

	A	B	C	D	E	F	G
1	原材料——高级羊绒布料　明细账						
2							
3	日期	凭证号	摘要	借方金额	贷方金额	方向	余额
4	2019/10/01		期初余额			借	24,000.00
5	2019/10/02	06	购入材料	61,000.00		借	85,000.00
6	2019/10/10	23	购入材料	36,900.00		借	121,900.00
7	2019/10/20	41	购入材料	119,000.00		借	240,900.00
8	2019/10/31	50	领料		120,450.00	借	120,450.00
9	2019/10/31	66	结转材料成本		36,135.00	借	84,315.00
10	2019/10/31	70	盘点材料		6,022.50	借	78,292.50
11							

图 6-3-5c　“原材料——高级羊绒布料”明细账

【提示】

使用“高级筛选”功能再次执行筛选时，通常是无法保留原来已查询的结果。例如，在上述任务中，如果再次查询其他明细账，则 A4 单元格和 C4 单元格的内容将被清除。解决方法是通过录制宏（详细操作请参见“任务 6.3.5　设置明细账”的录制视频）来固定原有的格式。Excel2007 版本以后，带有宏（VBA 代码）的 Excel 文件，在保存时应选择“保存类型”为“. xlsm”。

任务 6.4　财务报表编制

在完成任务 6.1、任务 6.2 和任务 6.3 后，我们就可以利用已经制作好的所有科目的发生额及余额表来编制财务报表了。

6.4.1　编制利润表

【任务描述】

根据余额表编制利润表。

【任务资料】

参见下载文件“项目 6　Excel2016 在会计工作中的应用\任务 6.4　财务报表编制.xlsm”中的工作表“利润表”。

“本年累计金额”为上期报表的“本年累计金额”＋本期报表的“本月金额”栏，这里直接给出数据。

【操作流程】

(1) 双击“任务 6.4　财务报表编制.xlsm”，单击“利润表”工作表标签。

(2) 使用 VLOOKUP 函数设置公式，如图 6-4-1a 所示。

	A	B	C	D
1			利　润　表	
2				会小企02表
3	编制单位：创造公司　　2019 年 10 月			单位：元
4	项　　目	行次	本年累计金额	本月金额
5	一、营业收入	1	20708677.5	=VLOOKUP("主营业务收入",余额表!$B:$I,5,0)+VLOOKUP("其他业务收入",余额表!$B:$I,5,0)
6	减：营业成本	2	17437829.9	=VLOOKUP("主营业务成本",余额表!$B:$I,6,0)+VLOOKUP("其他业务成本",余额表!$B:$I,6,0)
7	税金及附加	3	233730.71	=VLOOKUP("税金及附加",余额表!$B:$I,6,0)
8	其中：消费税	4		
9	城市维护建设税	5	163611.49	=VLOOKUP("应交城建税",余额表!$C:$I,5,0)
10	资源税	6		
11	土地增值税	7		
12	城镇土地使用税、房产税、车船税、印花税	8		
13	教育费附加、矿产资源补偿费、排污费	9	70119.22	=VLOOKUP("教育费附加",余额表!$C:$I,5,0)
14	销售费用	10	772563.05	=VLOOKUP("销售费用",余额表!$B:$I,6,0)
15	其中：商品维修费	11		
16	广告费和业务宣传费	12		
17	管理费用	13	764063.3	=VLOOKUP("管理费用",余额表!$B:$I,6,0)
18	其中：开办费	14		=VLOOKUP("开办费",余额表!$C:$I,5,0)
19	业务招待费	15		=VLOOKUP("业务招待费",余额表!$C:$I,5,0)
20	研究费用	16		=VLOOKUP("研究费用",余额表!$C:$I,5,0)
21	财务费用	17	97622.5	=VLOOKUP("财务费用",余额表!$B:$I,6,0)
22	其中：利息费用（收入以“-”号填列）	18		
23	加：投资收益（损失以“-”号填列）	19		
24	二、营业利润（亏损以“-”号填列）	20	1402868.04	=D5-D6-D7-D14-D17-D21+D23
25	加：营业外收入	21	29685.4	=VLOOKUP("营业外收入",余额表!$B:$I,5,0)
26	其中：政府补助	22		
27	减：营业外支出	23	263691.25	=VLOOKUP("营业外支出",余额表!$B:$I,6,0)
28	其中：坏账损失	24		
29	无法收回的长期债券投资损失	25		
30	无法收回的长期股权投资损失	26		
31	自然灾害等不可抗力因素造成的损失	27		
32	税收滞纳金	28		
33	三、利润总额（亏损总额以“-”号填列）	29	1168862.19	=D24+D25-D27
34	减：所得税费用	30		
35	四、净利润（净亏损以“-”号填列）	31	1168862.19	=D33-D34

图 6-4-1a　利润表公式

【成果展示】

操作结果如图 6-4-1b 所示。

	A	B	C	D
1	**利 润 表**			
2				会小企02表
3	编制单位：创造公司 2019 年 10 月			单位：元
4	**项 目**	**行次**	**本年累计金额**	**本月金额**
5	**一、营业收入**	1	20,708,677.50	2,436,315.00
6	**减：营业成本**	2	17,437,829.90	2,051,509.40
7	**税金及附加**	3	233,730.71	24,002.43
8	其中：消费税	4		
9	城市维护建设税	5	163,611.49	16,801.70
10	资源税	6		
11	土地增值税	7		
12	城镇土地使用税、房产税、车船税、印花税	8		
13	教育费附加、矿产资源补偿费、排污费	9	70,119.22	7,200.73
14	**销售费用**	10	772,563.05	90,889.77
15	其中：商品维修费	11		
16	广告费和业务宣传费	12		
17	**管理费用**	13	764,063.30	89,889.80
18	其中：开办费	14		0.00
19	业务招待费	15		0.00
20	研究费用	16		0.00
21	**财务费用**	17	97,622.50	11,485.00
22	其中：利息费用（收入以“-”号填列）	18		
23	**加：投资收益（损失以“-”号填列）**	19		
24	**二、营业利润（亏损以“-”号填列）**	20	1,402,868.04	168,538.60
25	**加：营业外收入**	21	29,685.40	3,492.40
26	其中：政府补助	22		
27	**减：营业外支出**	23	263,691.25	31,022.50
28	其中：坏账损失	24		
29	无法收回的长期债券投资损失	25		
30	无法收回的长期股权投资损失	26		
31	自然灾害等不可抗力因素造成的损失	27		
32	税收滞纳金	28		
33	**三、利润总额（亏损总额以“-”号填列）**	29	1,168,862.19	141,008.50
34	**减：所得税费用**	30		
35	**四、净利润（净亏损以“-”号填列）**	31	1,168,862.19	141,008.50

图 6-4-1b 利润表

6.4.2 编制资产负债表

【任务描述】

根据余额表编制资产负债表。

【任务资料】

参见下载文件“项目 6 Excel2016 在会计工作中的应用\任务 6.4 财务报表编制.xlsm”中的工作表“资产负债表”。

其中，“年初余额”栏为上一年报表的“期末余额”栏，这里直接给出。

【操作流程】

(1) 双击“任务 6.4 财务报表编制.xlsm”，单击“资产负债表”工作表标签。

(2) 使用 VLOOKUP 函数设置公式。其中，资产类项目的公式如图 6-4-2a 所示。

	A	B	C	D
1				资 产 负 债 表
2				
3	编制单位:	创继		43769
4	资 产	行次	年初余额	期末余额
5	**流动资产:**			
6	货币资金	1	465391.27	=VLOOKUP("库存现金",余额表!$B:$I,7,0)+VLOOKUP("银行存款",余额表!$B:$I,7,0)+VLOOKUP("其他货币资金",余额表!$B:$I,7,0)
7	交易性金融资产	2	49500	=VLOOKUP("交易性金融资产",余额表!$B:$I,7,0)
8	应收票据	3	486000	=VLOOKUP("应收票据",余额表!$B:$I,7,0)
9	应收账款	4	216048.38	=VLOOKUP("112201",余额表!$A:$I,8,0)+VLOOKUP("112202",余额表!$A:$I,8,0)+VLOOKUP("112203",余额表!$A:$I,8,0)+VLOOKUP("
10	预付款项	5	36683.1	=VLOOKUP("112301",余额表!$A:$I,8,0)+VLOOKUP("112302",余额表!$A:$I,8,0)+VLOOKUP("220201",余额表!$A:$I,8,0)+VLOOKUP("
11	应收股利	6		
12	应收利息	7		
13	其他应收款	8	9125.51	=VLOOKUP("其他应收款",余额表!$B:$I,7,0)
14	存货	9	491523.71	=VLOOKUP("在途物资",余额表!$B:$I,7,0)+VLOOKUP("原材料",余额表!$B:$I,7,0)+VLOOKUP("库存商品",余额表!$B:$I,7,0)+VLOOK
15	其中：原材料	10	109521.72	=VLOOKUP("在途物资",余额表!$B:$I,7,0)+VLOOKUP("原材料",余额表!$B:$I,7,0)
16	在产品	11		=VLOOKUP("生产成本",余额表!$B:$I,7,0)+VLOOKUP("制造费用",余额表!$B:$I,7,0)
17	库存商品	12	369488.39	=VLOOKUP("库存商品",余额表!$B:$I,7,0)
18	周转材料	13	4320	=VLOOKUP("周转材料",余额表!$B:$I,7,0)
19	其他流动资产	14		
20	**流动资产合计**	15	1754271.96	=SUM(D6:D14,D19)
21	**非流动资产:**			
22	长期债券投资	16	270000	=VLOOKUP("长期债券投资",余额表!$B:$I,7,0)
23	长期股权投资	17		
24	固定资产原价	18	1183140	=VLOOKUP("固定资产",余额表!$B:$I,7,0)
25	减：累计折旧	19	78271.76	=VLOOKUP("累计折旧",余额表!$B:$I,8,0)
26	固定资产账面价	20	1104868.24	=D24-D25
27	在建工程	21		
28	工程物资	22		
29	固定资产清理	23	9450	=VLOOKUP("固定资产清理",余额表!$B:$I,7,0)
30	生产性生物资产	24		
31	无形资产	25	228465	=VLOOKUP("无形资产",余额表!$B:$I,7,0)-VLOOKUP("累计摊销",余额表!$B:$I,8,0)
32	开发支出	26		
33	长期待摊费用	27		
34	其他非流动资产	28		
35	**非流动资产合计**	29	1612783.24	=SUM(D22:D23,D26:D34)
36	**资产总计**	30	3367055.21	=D20+D35

图 6-4-2a　资产项目期末余额公式

(3) 负债类和所有者权益类项目的公式,如图 6-4-2b 所示。

	E	F	G	H
1				
2				会小企01
3				单位：元
4	负债和所有者权益	行次	年初余额	期末余额
5	**流动负债:**			
6	短期借款	31	45000	=VLOOKUP("短期借款",余额表!$B:$I,8,0)
7	应付票据	32	58967.3	=VLOOKUP("应付票据",余额表!$B:$I,8,0)
8	应付账款	33	605402.64	=VLOOKUP("112301",余额表!$A:$I,9,0)+VLOOK
9	预收款项	34	453482.1	=VLOOKUP("112201",余额表!$A:$I,9,0)+VLOOK
10	应付职工薪酬	35	160118.5	=VLOOKUP("应付职工薪酬",余额表!$B:$I,8,0)
11	应交税费	36	521503.57	=VLOOKUP("应交税费",余额表!$B:$I,8,0)
12	应付利息	37	21015	=VLOOKUP("应付利息",余额表!$B:$I,8,0)
13	应付股利	38		
14	其他应付款	39	10494	=VLOOKUP("其他应付款",余额表!$B:$I,8,0)
15	其他流动负债	40		
16	**流动负债合计**	41	1873983.11	=SUM(H6:H15)
17	非流动负债:			
18	长期借款	42	207000	=VLOOKUP("长期借款",余额表!$B:$I,8,0)
19	长期应付款	43		
20	递延收益	44		
21	其他非流动负债	45		
22	**非流动负债合计**	46	207000	=SUM(H18:H21)
23	**负债合计**	47	2080983.11	=H16+H22
24				
25				
26				
27				
28				
29				
30	**所有者权益（或股东权益）:**			
31	实收资本（或股本）	48	1043623.08	=VLOOKUP("实收资本",余额表!$B:$I,8,0)
32	资本公积	49		
33	盈余公积	50	64246.5	=VLOOKUP("盈余公积",余额表!$B:$I,8,0)
34	未分配利润	51	178202.52	=VLOOKUP("本年利润",余额表!$B:$I,8,0)+VLOO
35	**所有者权益（或股东权益）合计**	52	1286072.1	=SUM(H31:H34)
36	**负债和所有者权益（或股东权益）总计**	53	3367055.21	=H23+H35

图 6-4-2b　负债和所有者权益项目期末余额公式

【成果展示】

操作结果如图 6-4-2c 所示。

	A	B	C	D	E	F	G	H
1					资 产 负 债 表			
2								会小企01
3	编制单位:	创造公司			2019年10月31日			单位: 元
4	资 产	行次	年初余额	期末余额	负债和所有者权益	行次	年初余额	期末余额
5	流动资产:				流动负债:			
6	货币资金	1	465,391.27	930,433.81	短期借款	31	45,000.00	50,000.00
7	交易性金融资产	2	49,500.00	55,000.00	应付票据	32	56,967.30	61,133.00
8	应收票据	3	486,000.00	540,000.00	应付账款	33	605,402.64	1,113,030.00
9	应收账款	4	216,048.38	233,123.75	预收款项	34	453,482.10	503,869.00
10	预付款项	5	36,683.10	37,600.00	应付职工薪酬	35	160,118.50	177,909.44
11	应收股利	6			应交税费	36	521,503.57	541,000.11
12	应收利息	7			应付利息	37	21,015.00	23,350.00
13	其他应收款	8	9,125.51	10,139.45	应付股利	38		
14	存货	9	491,523.71	546,137.46	其他应付款	39	10,494.00	11,660.00
15	其中：原材料	10	109,521.72	121,690.80	其他流动负债	40		
16	在产品	11		0.00	流动负债合计	41	1,873,983.11	2,481,951.55
17	库存商品	12	369,488.39	410,542.66	非流动负债:			
18	周转材料	13	4,320.00	4,800.00	长期借款	42	207,000.00	230,000.00
19	其他流动资产	14			长期应付款	43		
20	流动资产合计	15	1,754,271.96	2,352,434.47	递延收益	44		
21	非流动资产:				其他非流动负债	45		
22	长期债券投资	16	270,000.00	300,000.00	非流动负债合计	46	207,000.00	230,000.00
23	长期股权投资	17			负债合计	47	2,080,983.11	2,711,951.55
24	固定资产原价	18	1,183,140.00	1,314,600.00				
25	减：累计折旧	19	78,271.76	86,968.62				
26	固定资产账面价值	20	1,104,868.24	1,227,631.38				
27	在建工程	21						
28	工程物资	22						
29	固定资产清理	23	9,450.00	10,500.00				
30	生产性生物资产	24			所有者权益（或股东权益）：			
31	无形资产	25	228,465.00	253,850.00	实收资本（或股本）	48	1,043,623.08	1,159,581.20
32	开发支出	26			资本公积	49		
33	长期待摊费用	27			盈余公积	50	64,246.50	71,385.00
34	其他非流动资产	28			未分配利润	51	178,202.52	201,498.10
35	非流动资产合计	29	1,612,783.24	1,791,981.38	所有者权益（或股东权益）合计	52	1,286,072.10	1,432,464.30
36	资产总计	30	3,367,055.21	4,144,415.85	负债和所有者权益（或股东权益）总计	53	3,367,055.21	4,144,415.85

图 6-4-2c　资产负债表

任务 6.5　固定资产管理

使用 Excel2016 进行固定资产管理通常涉及以下函数。

1. SLN 函数

返回一个期间内资产的直线折旧，即平均年限法计算折旧。

SLN 函数各参数表示如下：

=SLN(cost, salvage, life)

=SLN(资产原值，资产残值，资产折旧期数)

2. DDB 函数

用双倍余额递减法或其他指定方法，计算指定期间内某项固定资产的折旧值。

DDB 函数各参数表示如下：

=DDB(cost, salvage, life, period, [factor])

=DDB(资产原值,资产残值,资产折旧期数,要计算折旧的期数,余额递减速率)

【提示】

参数中,period 必须使用与 life 相同的单位。factor 为可选参数,如省略,则假定为 2(双倍余额递减法)。以上五个参数都必须是正数。

3. SYD 函数

计算在指定期间内资产按年数总和法计算的折旧。

SYD 函数各参数表示如下:

=SYD(cost, salvage, life, period)

=SYD(资产原值,资产残值,资产折旧期数,要计算折旧的期数)

【提示】

参数中,period 必须使用与 life 相同的单位。

6.5.1 用三种方法分别计算折旧

【任务描述】

请在答题区内求出以下内容:

(1) 用三种折旧方法分别计算不同年份的年折旧额及累计折旧额。

(2) 计算固定资产第 4 年的月折旧额。

【提示】

计算月折旧额的结果保留两位小数。

【任务资料】

参见下载文件“项目 6 Excel2016 在会计工作中的应用\任务 6.5 固定资产管理.xlsx”中的工作表“任务 6.5.1 用三种方法分别计算折旧”。

【操作流程】

(1) 双击“任务 6.5 固定资产管理.xlsx”,单击“任务 6.5.1 用三种方法分别计算折旧”工作表标签。

(2) 设置 B5 单元格公式为“=SLN($B$1, $B$1*$B$3, $B$2)”,拖动填充柄至 B9 单元格。

(3) 设置 C5 单元格公式为“=SYD($B$1, $B$1*$B$3, $B$2, $A5)”,拖动填充柄至 C9 单元格。

(4) 设置 D5 单元格公式为“=DDB($B$1, $B$1*$B$3, $B$2, $A5)”。

由于双倍余额递减法最后 2 年需要转为年限平均法来计算，所以拖动填充柄至 D7 单元格。

(5) 设置 D8 单元格公式为“＝($B$1－$B$1＊$B$3－SUM($D$5:$D$7))/2”，拖动填充柄至 D9 单元格。

(6) 选中 B5:D9 区域，点击“开始”→“自动求和”，如图 6-5-1a 所示。

	A	B	C	D
1	固定资产原值	2,000,000.00		
2	预计使用年限	5		
3	净残值率	10%		
4	年数	年限平均法	年数总和法	双倍余额递减法
5	1	360,000.00	600,000.00	800,000.00
6	2	360,000.00	480,000.00	480,000.00
7	3	360,000.00	360,000.00	288,000.00
8	4	360,000.00	240,000.00	116,000.00
9	5	360,000.00	120,000.00	116,000.00
10	累计折旧	1,800,000.00	1,800,000.00	1,800,000.00

图 6-5-1a　计算年折旧额

(7) 在 G7 单元格中输入年限平均法下第 4 年的月折旧额公式“＝ROUND(B8/12,2)”。G8 和 G9 单元格公式与 G7 单元格公式类同。

【成果展示】

操作结果如图 6-5-1b 所示。

	A	B	C	D	E	F	G	H	I	J
1	固定资产原值	2,000,000.00				已知：某项固定资产于2016年3月20日入账，当前时间为2019年10月31日。				
2	预计使用年限	5				请在答题区内求出：				
3	净残值率	10%				1．三种折旧方法不同年份的年折旧额及累计折旧额。				
4	年数	年限平均法	年数总和法	双倍余额递减法		2．计算固定资产第4年的月折旧额。				
5	1	360,000.00	600,000.00	800,000.00		提示：计算结果保留2位小数				
6	2	360,000.00	480,000.00	480,000.00						
7	3	360,000.00	360,000.00	288,000.00		年限平均法：	30,000.00			
8	4	360,000.00	240,000.00	116,000.00		年数总和法：	20,000.00			
9	5	360,000.00	120,000.00	116,000.00		双倍余额递减法：	9,666.67			
10	累计折旧	1,800,000.00	1,800,000.00	1,800,000.00						

图 6-5-1b　用三种方法分别计算折旧

6.5.2　制作折旧计算表

【任务描述】

根据提供的资料计算并完成固定资产核算表的相关项目。要求“本月计提折旧额”结果保留两位小数，其他按默认。

【任务资料】

参见下载文件“项目 6　Excel2016 在会计工作中的应用\任务 6.5　固定资产管理. xlsx”中的工作表“任务 6.5.2　制作折旧计算表”。

【操作流程】

(1) 双击“任务 5　固定资产管理. xlsx”，单击“任务 6.5.2　制作折旧计算表”工作表标签。

(2) 在 L6 单元格中输入固定资产残值计算公式“=H6 * K6”。

(3) 在表格的右边增加一个辅助列，用于计算固定资产从入账起至本月止应提折旧月数。例如，在 Q6 单元格中输入公式“=(YEAR($B$4)-YEAR(I6)) * 12+MONTH($B$4)-MONTH(I6)”。

(4) 在 N6 单元格中输入固定资产自入账起至本月止“已计提折旧月数(含本月)”的计算公式“=IF(Q6>J6,J6,Q6)”。

(5) 在 M6 单元格中输入固定资产本月计提折旧额的计算公式“=IF(OR(N6<=0,Q6>J6),0,ROUND(SLN(H6,L6,J6),2))”。

(6) 在 O6 单元格中输入固定资产月末累计折旧的计算公式“=ROUND((H6-L6)/J6 * N6,2)”。

(7) 在 P6 单元格中输入净值的计算公式“=H6-L6-O6”。

(8) 在 H22 单元格和 L22:Q22 单元格区域输入求和公式。

(9) 选中 L6:Q6 单元格区域，向下复制公式。

【成果展示】

操作结果如图 6-5-2 所示。

	A	B	G	H	I	J	K	L	M	N	O	P	Q
1	任务描述：												
2	根据固定资产卡片（详见附件）与所学财务知识，将下列固定资产列表填写完整。												
3	提示：计算的“本月计提折旧额”结果保留2位小数，其他按默认。												
4	时间：	2019年10月31日											
5	资产编号	资产名称	使用状况	资产原值	开始使用日期	预计使用年限（月）	净残值率	资产残值	本月计提折旧额	已计提折旧月数（含本月）	月末累计折旧	净值	辅助列
6	01001	精密加工厂房	在用	1,306,600.00	2016/5/1	360	5%	65,330.00	3,447.97	41	141,366.86	1,099,903.14	41
7	01002	成品仓库	在用	160,000.00	2016/6/18	360	5%	8,000.00	422.22	40	16,888.89	135,111.11	40
8	02001	作业叉车	在用	24,000.00	2017/2/16	60	1%	240.00	396.00	32	12,672.00	11,088.00	32
9	02002	生产线	季节性停用	48,000.00	2017/2/16	60	1%	480.00	792.00	32	25,344.00	22,176.00	32
10	02003	数控机1	在用	1,200,000.00	2017/9/30	60	1%	12,000.00	19,800.00	25	495,000.00	693,000.00	25
11	02004	数控机2	大修理停用	1,350,000.00	2017/2/22	60	5%	67,500.00	21,375.00	32	684,000.00	598,500.00	32
12	02005	切割机	在用	15,000.00	2014/8/18	60	1%	150.00	-	60	14,850.00	-	62
13	02006	电焊机	在用	18,000.00	2016/10/31	48	1%	180.00	371.25	36	13,366.00	4,455.00	36
14	02007	高压气泵	在用	8,920.00	2018/1/15	48	3%	267.60	180.26	21	3,785.43	4,866.97	21
15	03001	华为笔记本电脑	在用	6,150.00	2017/2/14	60	5%	307.50	97.38	32	3,116.00	2,726.50	32
16	03002	华为笔记本电脑	在用	6,150.00	2017/2/14	60	5%	307.50	97.38	32	3,116.00	2,726.50	32
17	03003	华为笔记本电脑	在用	6,150.00	2017/2/14	60	5%	307.50	97.38	32	3,116.00	2,726.50	32
18	03004	佳能激光打印机	在用	3,900.00	2017/5/31	60	2%	78.00	63.70	29	1,847.30	1,974.70	29
19	03005	华为笔记本电脑	在用	6,000.00	2019/9/1	60	5%	300.00	95.00	1	95.00	5,605.00	1
20	03006	华为笔记本电脑	在用	6,000.00	2019/9/1	60	5%	300.00	95.00	1	95.00	5,605.00	1
21	03007	华为笔记本电脑	在用	6,000.00	2019/9/1	60	5%	300.00	95.00	1	95.00	5,605.00	1
22	合计	-	-	4,170,870.00	-	-	-	156,048.10	47,425.64	447	1,418,752.48	2,596,069.42	449

图 6-5-2　折旧计算表

任务6.6　应收账款管理

使用 Excel2016 管理应收账款，可以自动、快速、准确地进行账龄分析等。

6.6.1　应收账款逾期分析

【任务描述】

假设在创造公司的应收账款管理规定中，一种信用期计算方式下应收账款信用期为 90 天，另一种信用期计算方式下应收账款信用期为 3 个月。

请在两种不同信用期计算方式下，分别完成应收账款逾期分析。

【任务资料】

参见下载文件“项目 6　Excel2016 在会计工作中的应用\任务 6.6　应收账款管理. xlsx”中的工作表“任务 6.6.1　应收账款逾期分析”。

注：逾期天数大于零时为逾期；逾期天数小于等于零时为未逾期。

【操作流程】

(1) 双击“任务 6.6　应收账款管理. xlsx”，单击“任务 6.6.1　应收账款逾期分析”工作表标签。

(2) 在 D4 单元格中输入到期日期公式“=C4+90”。

(3) 在 E4 单元格中输入逾期天数公式“=$A$2-D4”。

(4) 在 F4 单元格中输入处理措施公式“=IF(E4<=0,"",IF(E4<=90,"电话催讨",IF(E4<=180,"发函催讨","上门催讨")))”。

(5) 将 D4:F4 单元格区域的公式复制到 D19:F19 单元格区域。结果如图 6-6-1a 所示。

(6) 在 D24 单元格中输入到期日期公式“=EDATE(C24,3)”。

(7) E24 和 F24 单元格中的公式分别与 E4 和 F4 类同。结果如图 6-6-1b 所示。

6.6.2　应收账款账龄分析

【任务描述】

根据已知数据资料，请在答题区填写对应账龄的金额，并制作相应的图表。

【任务资料】

参见下载文件“项目 6　Excel2016 在会计工作中的应用\任务 6.6　应收账款管

表1　创造公司应收账款逾期分析表

2019/10/31

对方单位	应收金额	入账日期	到期日期	逾期天数	措施
长发公司	98,684.00	2018年1月17日	2018年4月17日	562	上门催讨
诚实公司	98,939.00	2019年6月22日	2019年9月20日	41	电话催讨
中天公司	132,426.00	2019年9月12日	2019年12月11日	(41)	
中域公司	75,004.00	2018年10月21日	2019年1月19日	285	上门催讨
英达公司	181,135.00	2019年5月14日	2019年8月12日	80	电话催讨
英利公司	63,323.00	2018年11月16日	2019年2月14日	259	上门催讨
伟捷公司	71,294.00	2019年7月18日	2019年10月16日	15	电话催讨
为民公司	98,036.00	2018年11月20日	2019年2月18日	255	上门催讨
平民商场	106,174.00	2019年1月3日	2019年4月3日	211	上门催讨
利华公司	90,572.00	2019年9月15日	2019年12月14日	(44)	
利民超市	188,540.00	2019年1月1日	2019年4月1日	213	上门催讨
诚实公司	72,978.00	2019年1月26日	2019年4月26日	188	上门催讨
华扬超市	175,876.00	2019年6月24日	2019年9月22日	39	电话催讨
长发公司	60,430.00	2019年8月25日	2019年11月23日	(23)	
华容超市	186,106.00	2019年8月26日	2019年11月24日	(24)	
英达公司	59,837.00	2019年8月31日	2019年11月29日	(29)	

已知表1中应收账款账期均为90天，表2中应收账款账期均为3个月。

处理措施如下：

逾期1~90天	电话催讨
逾期91~180天	发函催讨
逾期180天	上门催讨

任务描述：

请在两种不同信用期计算方式下、完成表1和表2的应收账款逾期分析。

图 6-6-1a　以天数计算信用期的逾期分析表

表2　创造公司应收账款逾期分析表

2019/10/31

对方单位	应收金额	入账日期	到期日期	逾期天数	措施
长发公司	98,684.00	2018年1月17日	2018年4月17日	562	上门催讨
诚实公司	98,939.00	2019年6月22日	2019年9月22日	39	电话催讨
中天公司	132,426.00	2019年9月12日	2019年12月12日	(42)	
中域公司	75,004.00	2018年10月21日	2019年1月21日	283	上门催讨
英达公司	181,135.00	2019年5月14日	2019年8月14日	78	电话催讨
英利公司	63,323.00	2018年11月16日	2019年2月16日	257	上门催讨
伟捷公司	71,294.00	2019年7月18日	2019年10月18日	13	电话催讨
为民公司	98,036.00	2018年11月20日	2019年2月20日	253	上门催讨
平民商场	106,174.00	2019年1月3日	2019年4月3日	211	上门催讨
利华公司	90,572.00	2019年9月15日	2019年12月15日	(45)	
利民超市	188,540.00	2019年1月1日	2019年4月1日	213	上门催讨
诚实公司	72,978.00	2019年1月26日	2019年4月26日	188	上门催讨
华扬超市	175,876.00	2019年6月24日	2019年9月24日	37	电话催讨
长发公司	60,430.00	2019年8月25日	2019年11月25日	(25)	
华容超市	186,106.00	2019年8月26日	2019年11月26日	(26)	
英达公司	59,837.00	2019年8月31日	2019年11月30日	(30)	

图 6-6-1b　以月份计算信用期的逾期分析表

理.xlsx”中的工作表“任务 6.6.2　应收账款账龄分析”。

注：逾期天数大于零时为逾期；逾期天数小于零时为未到期。

【操作流程】

(1) 双击“任务 6.6　应收账款管理.xlsx”，单击“任务 6.6.2　应收账款账龄分析”工作表标签。

(2) 在 D4 单元格中输入账龄为 90 天以内的公式“=IF(AND($A$2-$C4>=0,$A$2-$C4<=90),$B4,"")”。

(3) 在 E4 单元格中输入账龄为 91～120 天的公式“=IF(AND($A$2-$C4>=91,$A$2-$C4<=120),$B4,"")”。

(4) 在 F4 单元格中输入账龄为 121～180 天的公式“=IF(AND($A$2-$C4

>=121, $A$2-$C4<=180), $B4,"")”。

(5) 在 G4 单元格中输入账龄超过 180 天的公式“=IF($A$2-$C4>180, $B4,"")”。

(6) 在 D52:G52 单元格区域求“金额合计”,在 D53:G53 单元格区域求“客户数量”,在 D54:G54 单元格区域求“占应收账款总金额比例”,如图 6-6-2a 所示。

	A	B	C	D	E	F	G	H	I
1	创造公司应收账款账龄分析表								任务描述:
2	2019/10/31								已知数据资料如左表,请在答题区给出对应账龄的金额,并制作图表。
45	利华公司	21,686.00	2018年6月4日				21,686.00		
46	利民超市	132,666.00	2019年9月6日	132,666.00					
47	诚实公司	26,419.00	2018年11月15日				26,419.00		
48	华扬超市	109,019.00	2019年1月23日				109,019.00		
49	长发公司	63,104.00	2018年2月15日				63,104.00		
50	华容超市	25,984.00	2018年11月17日				25,984.00		
51	发达公司	72,335.00	2018年4月26日				72,335.00		
52	金额合计	4,326,211.00		971,725.00	120,590.00	368,446.00	2,865,450.00		
53	客户数量	48		10	2	4	32		
54	占应收账款总金额比例			22.46%	2.79%	8.52%	66.23%		

图 6-6-2a 账龄分析表(部分)

(7) 选中 D3:G3 和 D54:G54 单元格区域,点击选项卡“插入”→“三维饼图”,将饼图的标题名称更改为“不同账龄阶段比例”,如图 6-6-2b 所示。

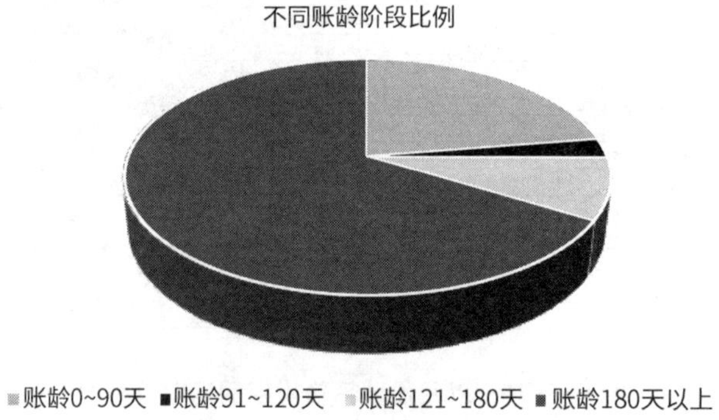

图 6-6-2b 不同账龄阶段比例图

任务 6.7 财 务 分 析

利用 Excel2016 提供的功能辅助财务人员进行财务分析工作,可以大大提高财务分析工作的效率。

6.7.1 产品销售收入统计分析

【任务描述】

根据销售台账表,完成产品销售收入统计分析。

【任务资料】

参见下载文件“项目 6　Excel2016 在会计工作中的应用\任务 6.7 财务分析.xlsx”中的工作表“任务 6.7.1　产品销售收入统计分析”。

【说明】

为便于操作，本任务资料事先对销售台账表“根据所选内容创建”批量定义了以下名称，如“区域”“门店”“渠道”“姓名”“销售日期”“产品类型”及“金额”等。

【操作流程】

(1) 双击“任务 6.7　财务分析.xlsx”，单击“任务 6.7.1　产品销售收入统计分析”工作表标签。

(2) 在 B6 单元格中输入公式“=SUMPRODUCT((姓名=A6)*(销售日期=销售台账!$F$3)*金额)”。选中 B6 单元格，向下复制公式至 B11 单元格。

(3) 在 B14 单元格中输入公式“=SUM(金额)”。

(4) 在 B15 单元格中输入公式“=AVERAGE(金额)”。

(5) 在 B16 单元格中输入公式“=AVERAGEIF(渠道,"线上",金额)”。

(6) 在 B17 单元格中输入公式“=COUNTIFS(渠道,"线上",金额,">5 000")”。

(7) 在 B18 单元格中输入公式“=SUMPRODUCT((渠道="线下")*(金额>5 000)*金额)”。

(8) 在 B19 单元格中输入公式“=SUMIF(产品类型,"笔记本电脑",金额)”。

(9) 对“各门店 2019 年 9 月 27 日及 9 月 30 日两天的收入总额”的统计分析，可使用数据透视表完成。

【成果展示】

操作结果如图 6-7-1 所示。

6.7.2　销售目标达成率分析

【任务描述】

请根据“东莞各镇区业绩达成率分析表 FX1”中给出的数据，将目标达成率填充完整，要求结果保留四位小数，以百分比形式显示，其他按默认。

【任务资料】

参见下载文件“项目 6　Excel2016 在会计工作中的应用\任务 6.7　财务分析.xlsx”中的工作表“任务 6.7.2　销售目标达成率分析”。

	A	B	C	D	E
1	产品销售收入统计分析				
2	根据销售台账表，完成下列（一）、（二）、（三）的作答。				
3					
4	（一）下列员工2019年9月27日的销售金额为：				
5	姓名	销售额			
6	雷横	7,000.00			
7	卢俊义	8,800.00			
8	董平	56,347.00			
9	戴宗	5,000.00			
10	阮小二	28,900.00			
11	杨雄	3,900.00			
12					
13	（二）2019年9月27日及9月30日两天的销售额统计				
14	线上线下总销售额	1,185,924.00			
15	线上线下平均销售额	18,530.06			
16	线上平均销售额	17,750.79			
17	线上销售额大于5000元的人次	21			
18	线下销售额大于5000元的总金额	448,694.00			
19	笔记本电脑销售总额	625,224.00			
20					
21	（三）各门店2019年9月27日及9月30日两天的收入总额统计				
22	各店渠道	金额合计		行标签	求和项:金额
23	东城区	621,630.00		⊟东城区	621,630.00
24	一店	81,000.00		⊟一店	81,000.00
25	线上	76,100.00		线上	76,100.00
26	线下	4,900.00		线下	4,900.00
27	二店	266,630.00		⊟二店	266,630.00
28	线上	258,830.00		线上	258,830.00
29	线下	7,800.00		线下	7,800.00
30	三店	274,000.00		⊟三店	274,000.00
31	线上	114,000.00		线上	114,000.00
32	线下	160,000.00		线下	160,000.00
33	南城区	564,294.00		⊟南城区	564,294.00
34	一店	168,000.00		⊟一店	168,000.00

图 6-7-1　产品销售收入统计分析(部分)

【操作流程】

(1) 双击“任务 6.7　财务分析. xlsx”,单击“任务 6.7.2　销售目标达成率分析”工作表标签。

(2) 在 G6 单元格中输入公式“＝E6＋F6”。

(3) 在 H6 单元格中输入公式“＝ROUND(F6/C6,4)”。

(4) 在 I6 单元格中输入公式“＝ROUND(G6/D6,4)”。

(5) 选中 G6:I6 单元格区域,向下复制公式。

【成果展示】

操作结果如图 6-7-2 所示。

6.7.3　各期收入分析

【任务描述】

(1) 根据“东莞各镇区业绩分析表 FX2”,计算出 2019 年度东莞市月平均销售额,结果保留两位小数。

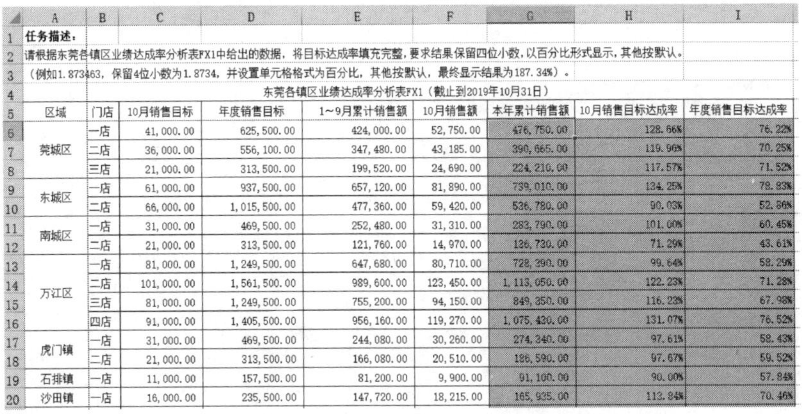

任务描述：								
请根据东莞各镇区业绩达成率分析表FX1中给出的数据，将目标达成率填充完整，要求结果保留四位小数，以百分比形式显示，其他按默认。								
（例如1.873463，保留4位小数为1.8734，并设置单元格格式为百分比，其他按默认，最终显示结果为187.34%）。								
东莞各镇区业绩达成率分析表FX1（截止到2019年10月31日）								
区域	门店	10月销售目标	年度销售目标	1～9月累计销售额	10月销售额	本年累计销售额	10月销售目标达成率	年度销售目标达成率
莞城区	一店	41,000.00	625,500.00	424,000.00	52,750.00	476,750.00	128.66%	76.22%
	二店	36,000.00	556,100.00	347,480.00	43,185.00	390,665.00	119.96%	70.25%
	三店	21,000.00	313,500.00	199,520.00	24,690.00	224,210.00	117.57%	71.52%
东城区	一店	61,000.00	937,500.00	657,120.00	81,890.00	739,010.00	134.25%	78.83%
	二店	66,000.00	1,015,500.00	477,360.00	59,420.00	536,780.00	90.03%	52.86%
南城区	一店	31,000.00	469,500.00	252,480.00	31,310.00	283,790.00	101.00%	60.45%
	二店	21,000.00	313,500.00	121,760.00	14,970.00	136,730.00	71.29%	43.61%
万江区	一店	81,000.00	1,249,500.00	647,680.00	80,710.00	728,390.00	99.64%	58.29%
	二店	101,000.00	1,561,500.00	989,600.00	123,450.00	1,113,050.00	122.23%	71.28%
	三店	81,000.00	1,249,500.00	755,200.00	94,150.00	849,350.00	116.23%	67.98%
	四店	91,000.00	1,405,500.00	956,160.00	119,270.00	1,075,430.00	131.07%	76.52%
虎门镇	一店	31,000.00	469,500.00	244,080.00	30,260.00	274,340.00	97.61%	58.43%
	二店	21,000.00	313,500.00	166,080.00	20,510.00	186,590.00	97.67%	59.52%
石排镇	一店	11,000.00	157,500.00	81,200.00	9,900.00	91,100.00	90.00%	57.84%
沙田镇	一店	16,000.00	235,500.00	147,720.00	18,215.00	165,935.00	113.84%	70.46%

图 6-7-2　销售目标达成率分析(部分)

(2) 根据“东莞各镇区业绩分析表 FX2”,制作业绩分析透视图。

【任务资料】

参见下载文件“项目 6　Excel2016 在会计工作中的应用\任务 6.7　财务分析. xlsx”中的工作表“任务 6.7.3　各期收入分析”。

【操作流程】

(1) 双击“任务 6.7　财务分析. xlsx”,单击“任务 6.7.4　各期收入分析”工作表标签。

(2) 设置 C3 单元格公式为“＝SUM(C8:N28)/12”。

(3) 光标定位“东莞各镇区业绩分析表 FX2”中 B7:N8 区域,点击“插入”→“二维折线图”→“折线图”,并对图表进行适当修饰。

【成果展示】

操作结果如图 6-7-3 所示。

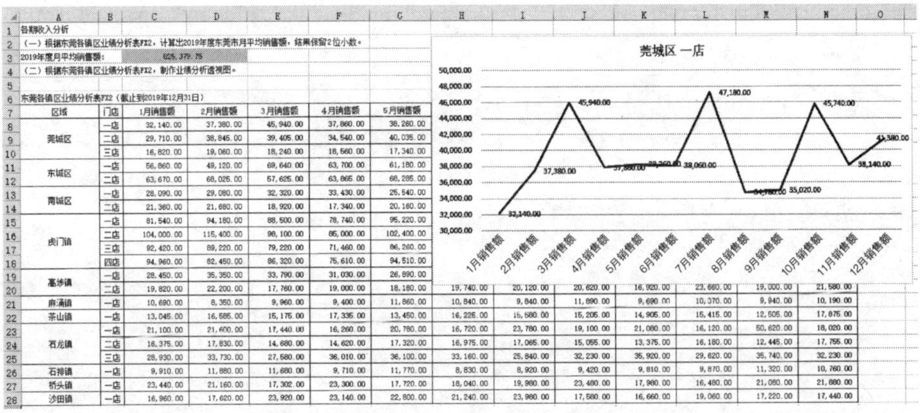

各期收入分析													
（一）根据东莞各镇区业绩分析表FX2，计算出2019年度东莞市月平均销售额，结果保留2位小数。													
2019年度月平均销售额：		625,379.75											
（二）根据东莞各镇区业绩分析表FX2，制作业绩分析透视图。													
东莞各镇区业绩分析表FX2（截止到2019年12月31日）													
区域	门店	1月销售额	2月销售额	3月销售额	4月销售额	5月销售额							
莞城区	一店	32,140.00	37,380.00	45,940.00	37,860.00	38,260.00							
	二店	29,710.00	38,845.00	39,405.00	34,540.00	40,035.00							
	三店	16,820.00	19,060.00	18,240.00	18,560.00	17,340.00							
东城区	一店	56,860.00	49,120.00	69,640.00	63,700.00	61,180.00							
	二店	63,670.00	68,025.00	57,625.00	63,865.00	68,285.00							
南城区	一店	28,090.00	29,080.00	32,320.00	33,430.00	25,540.00							
	二店	21,360.00	21,680.00	18,920.00	17,340.00	20,160.00							
虎门镇	一店	81,540.00	94,180.00	88,500.00	78,740.00	95,220.00							
	二店	104,000.00	115,400.00	98,100.00	86,000.00	102,400.00							
	三店	92,420.00	89,220.00	79,220.00	71,460.00	86,260.00							
	四店	94,960.00	82,450.00	86,320.00	75,610.00	94,510.00							
高埗镇	一店	28,450.00	35,350.00	33,790.00	31,030.00	26,890.00							
	二店	19,820.00	22,200.00	17,760.00	19,000.00	18,180.00	19,740.00	20,120.00	20,620.00	16,920.00	23,660.00	19,000.00	21,580.00
麻涌镇	一店	10,690.00	8,350.00	9,960.00	9,400.00	11,860.00	10,840.00	9,840.00	11,890.00	9,690.00	10,370.00	9,940.00	10,190.00
茶山镇	一店	13,045.00	16,585.00	15,175.00	17,335.00	13,450.00	16,225.00	15,580.00	15,205.00	14,905.00	15,415.00	12,505.00	17,875.00
石龙镇	一店	21,100.00	21,600.00	17,440.00	16,260.00	20,780.00	16,720.00	23,780.00	19,100.00	21,080.00	16,120.00	50,620.00	18,020.00
	二店	16,375.00	17,830.00	14,680.00	14,620.00	17,320.00	16,975.00	17,065.00	15,055.00	13,375.00	16,180.00	12,445.00	17,755.00
	三店	28,930.00	33,730.00	27,580.00	36,010.00	36,100.00	33,160.00	25,840.00	32,230.00	35,920.00	29,620.00	35,740.00	32,230.00
石排镇	一店	9,910.00	11,880.00	11,680.00	9,710.00	11,770.00	8,830.00	8,920.00	9,420.00	9,810.00	9,870.00	11,320.00	10,760.00
桥头镇	一店	23,440.00	21,160.00	17,302.00	23,300.00	17,720.00	18,040.00	19,980.00	23,480.00	17,980.00	16,480.00	21,080.00	21,880.00
沙田镇	一店	16,960.00	17,620.00	23,920.00	23,140.00	22,800.00	21,240.00	23,980.00	17,580.00	16,660.00	19,060.00	17,220.00	17,440.00

图 6-7-3　各期收入分析(部分)

项目 7

Excel2016 在进销存中的应用

企业从接获订单合同开始，到物料的采购、入库、领用，产品完工入库、交货，再到回收货款、支付材料款等，每一步都会产生大量的数据，都要进行大量的数据处理。

本项目将采用 Excel2016 来处理企业简单的进销存业务，包括采购管理、库存管理及销售管理。

任务 7.1　采 购 管 理

本任务主要从采购统计分析和填制库存表本期购入栏两个方面入手，讲解 Excel2016 在采购管理中的应用。

7.1.1　完善购进货物汇总表并进行采购分析

【任务描述】

根据“购进货物汇总表”计算出“金额”，并进行采购统计分析。（要求金额和平均单价均保留 2 位小数）

【任务资料】

参见下载文件“项目 7　Excel2016 在进销存中的应用\进销存管理. xlsx”。

【操作流程】

(1) 双击“进销存管理. xlsx”，单击“购进货物汇总表”工作表标签。

(2) 在 H3 单元格中输入公式“＝ROUND(F3 * G3, 2)”。

(3) 向下复制公式，结果如图 7-1-1a 所示。

	A	B	C	D	E	F	G	H
1	购进货物汇总表							
2	单号	企业名称	名称	型号	交易日期	数量	单价	金额
3	S0001	谷成电脑有限公司	固态硬盘	创见MTS600系列（512GB）	2019年10月1日	13	1,147.23	14,913.99
4	S0002	鲲鹏电脑有限公司	显卡	RX550-2G	2019年10月2日	8	192.13	1,537.04
5	S0003	谷成电脑有限公司	处理器	i9-9900k(4.70GHz/16MB/8核)	2019年10月5日	18	2,888.34	51,990.12
6	S0004	谷成电脑有限公司	处理器	i5-8600k(4.30GHz/9MB/4核)	2019年10月6日	14	967.08	13,539.12
7	S0005	谷成电脑有限公司	机械硬盘	2T蓝盘WD2PZX	2019年10月6日	7	438.38	3,068.66
8	S0006	宏展电脑有限公司	显卡	RX550-2G	2019年10月6日	2	430.34	860.68
9	S0007	鲲鹏电脑有限公司	处理器	i9-9900k(4.70GHz/16MB/8核)	2019年10月9日	2	350.85	701.70
10	S0008	依阳电脑有限公司	机械硬盘	1T普盘ST10DM010	2019年10月12日	5	817.59	4,087.95
11	S0009	鲲鹏电脑有限公司	固态硬盘	创见MTS600系列（512GB）	2019年10月12日	2	477.02	954.04

图 7-1-1a　购进货物汇总表(部分)

（4）在“购进货物汇总表”中增加“辅助列”，在 I2 单元格中输入“辅助列”，在 I3 单元格中输入公式“＝C3&D3”。双击 I3 单元格右下角的实心十字，向下复制公式。

（5）根据“购进货物汇总表”创建数据透视表，并将数据透视表放置在“现有工作表”中的“采购统计分析！＄E＄3”。

（6）设置数据透视表字段，如图 7-1-1b 所示。

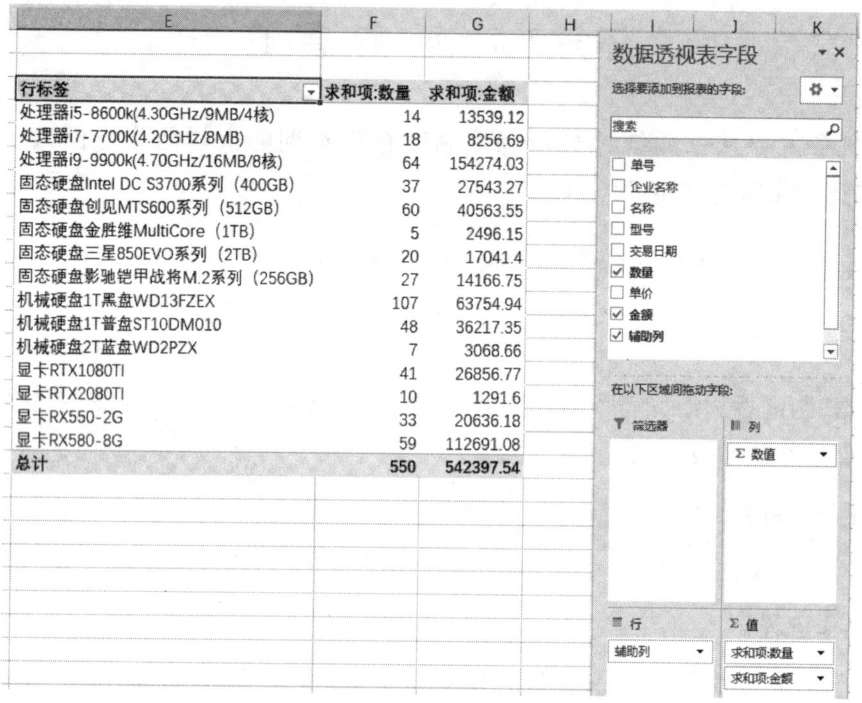

行标签	求和项:数量	求和项:金额
处理器i5-8600k(4.30GHz/9MB/4核)	14	13539.12
处理器i7-7700K(4.20GHz/8MB)	18	8256.69
处理器i9-9900k(4.70GHz/16MB/8核)	64	154274.03
固态硬盘Intel DC S3700系列（400GB）	37	27543.27
固态硬盘创见MTS600系列（512GB）	60	40563.55
固态硬盘金胜维MultiCore（1TB）	5	2496.15
固态硬盘三星850EVO系列（2TB）	20	17041.4
固态硬盘影驰铠甲战将M.2系列（256GB）	27	14166.75
机械硬盘1T黑盘WD13FZEX	107	63754.94
机械硬盘1T普盘ST10DM010	48	36217.35
机械硬盘2T蓝盘WD2PZX	7	3068.66
显卡RTX1080TI	41	26856.77
显卡RTX2080TI	10	1291.6
显卡RX550-2G	33	20636.18
显卡RX580-8G	59	112691.08
总计	550	542397.54

图 7-1-1b 数据透视表字段设置

（7）在“采购统计分析”工作表中的 C4 单元格中输入公式“＝G19”。

【提示】

G19 为数据透视表中单元格，当调用此单元格中的内容时，系统自动更改公式为“＝GETPIVOTDATA("求和项:金额",＄E＄3)”。其他与此类似。

（8）在 C5 单元格中输入公式“＝round(G6/F6,2)”。

（9）在 C7 单元格中输入公式“＝IFERROR(VLOOKUP(B7,E:G,2,0),0)”。向下复制公式至 C16 单元格。

（10）在 C18 单元格中输入公式“＝IFERROR(VLOOKUP(B18,E:G,3,0),0)”。向下复制公式至 C27 单元格。

【成果展示】

操作结果如图 7-1-1c 所示。

A	B	C
任务描述：		
请利用购进货物汇总表中的数据，将下列问题填写完整。空白处以零值填充。		
编号	问题	答案
1	购进货物汇总表整表合计金额是多少？	542397.54
2	本月购入的处理器i9-9900k(4.70GHz/16MB/8核)平均单价是多少？	2410.53
3	请依次填写下列各种型号设备对应的数量。	—
3.1	处理器i9-9900k(4.70GHz/16MB/8核)	64
3.2	处理器i7-7700K(4.20GHz/8MB)	18
3.3	固态硬盘创见MTS600系列（512GB）	60
3.4	固态硬盘三星850EVO系列（2TB）	20
3.5	机械硬盘1T普盘ST10DM010	48
3.6	机械硬盘1T黑盘WD13FZEX	107
3.7	显卡RX580-8G	59
3.8	显卡RX550-4G	0
3.9	显卡RTX2080TI	10
3.10	显卡RTX1080TI	41
4	请依次填写下列各种型号设备对应的金额。	—
4.1	处理器i9-9900k(4.70GHz/16MB/8核)	154274.03
4.2	处理器i7-7700K(4.20GHz/8MB)	8256.69
4.3	固态硬盘创见MTS600系列（512GB）	40563.55
4.4	固态硬盘三星850EVO系列（2TB）	17041.4
4.5	机械硬盘1T普盘ST10DM010	36217.35
4.6	机械硬盘1T黑盘WD13FZEX	63754.94
4.7	显卡RX580-8G	112691.08
4.8	显卡RX550-4G	0
4.9	显卡RTX2080TI	1291.6
4.10	显卡RTX1080TI	26856.77

行标签	求和项:数量	求和项:金额
处理器i5-8600k(4.30GHz/9MB/4核)	14	13539.12
处理器i7-7700K(4.20GHz/8MB)	18	8256.69
处理器i9-9900k(4.70GHz/16MB/8核)	64	154274.03
固态硬盘Intel DC S3700系列（400GB）	37	27543.27
固态硬盘创见MTS600系列（512GB）	60	40563.55
固态硬盘金胜维MultiCore（1TB）	5	2496.15
固态硬盘三星850EVO系列（2TB）	20	17041.4
固态硬盘影驰铠甲战将M.2系列（256GB）	27	14166.75
机械硬盘1T黑盘WD13FZEX	107	63754.94
机械硬盘1T普盘ST10DM010	48	36217.35
机械硬盘2T蓝盘WD2PZX	7	3068.66
显卡RTX1080TI	41	26856.77
显卡RTX2080TI	10	1291.6
显卡RX550-2G	33	20636.18
显卡RX580-8G	59	112691.08
总计	550	542397.54

图 7-1-1c　采购统计分析

7.1.2　填制库存表的本期购入栏目

【任务描述】

根据已完成的购进货物汇总表，按要求汇总填制库存表的本期购入栏目。

【任务资料】

参见下载文件“项目 7　Excel2016 在进销存中的应用\进销存管理. xlsx”。

【操作流程】

(1) 双击“进销存管理. xlsx”，单击“库存表”工作表标签。

(2) 在 E4 单元格中设置本期购入数量公式“＝SUMIF(购进货物汇总表! $I:$I, $A4&$B4,购进货物汇总表! $F:$F)”。

【提示】

如果任务描述中没有要求“根据已完成的购进货物汇总表”，则可以用公式“＝IFERROR(VLOOKUP(A4&B4,采购统计分析!E:G,2,0),0)”。

(3) 在 F4 单元格中设置本期购入金额公式“＝SUMIF(购进货物汇总表! $I:

$I, $A4&$B4,购进货物汇总表!$H:$H)”。

【提示】

同样,如果任务描述中没有要求“根据已完成的购进货物汇总表”,则可以用公式“=IFERROR(VLOOKUP(A4&B4,采购统计分析!E:G,3,0),0)”。

(4) 选中 E4:F4 单元格区域,鼠标移至 F4 单元格右下角,出现实心十字,双击复制公式。

【成果展示】

操作结果如图 7-1-2 所示。

	A	B	C	D	E	F
1		库存表(2019年10月)				
2	存货名称	存货型号	期初库存		本期购入	
3			数量	金额	数量	金额
4	处理器	i5-8600k(4.30GHz/9MB/4核)	74	70,087.62	14	13,539.12
5	处理器	i7-7700K(4.20GHz/8MB)	487	1,205,802.26	18	8,256.69
6	处理器	i9-9900k(4.70GHz/16MB/8核)	97	225,300.93	64	154,274.03
7	高性能主板	Z390	426	1,466,330.34		-
8	固态硬盘	970EVO500G	621	1,726,367.58		-
9	固态硬盘	Intel DC S3700系列(400GB)	80	59,904.00	37	27,543.27

图 7-1-2 库存表中本期购入栏(部分)

任务 7.2 库 存 管 理

本任务主要介绍如何计算材料的单价(假定创造公司采用月末一次加权平均法),本期发出和期末结存材料的数量和金额,以及如何制作产品成本计算表等。

7.2.1 计算材料月末一次加权平均单价

【任务描述】

根据任务 7.1 已完成的购进货物汇总表和部分完成的库存表,按要求计算材料月末一次加权平均单价,并保留 4 位小数。

【任务资料】

参见下载文件“项目 7 Excel2016 在进销存中的应用\进销存管理. xlsx”。

【操作流程】

(1) 双击“进销存管理. xlsx”,单击“库存表”工作表标签。

(2) 在 G4 单元格中输入计算月末一次加权平均单价公式“=ROUND((D4+

F4)/(C4＋E4),4)”。

(3) 鼠标移至 G4 单元格右下角,出现实心十字,双击鼠标,自动复制公式至 G28 单元格。

【成果展示】

操作结果如图 7-2-1 所示。

G4　=ROUND((D4+F4)/(C4+E4),4)

	A	B	C	D	E	F	G
1	库存表（2019年10月）						
2	存货名称	存货型号	期初库存		本期购入		月末一次加权平均单价
3			数量	金额	数量	金额	
4	处理器	i5-8600k(4.30GHz/9MB/4核)	74	70,087.62	14	13,539.12	950.3039
5	处理器	i7-7700K(4.20GHz/8MB)	487	1,205,802.26	18	8,256.69	2,404.0771
6	处理器	i9-9900k(4.70GHz/16MB/8核)	97	225,300.93	64	154,274.03	2,357.6084
7	高性能主板	Z390	426	1,466,330.34		-	3,442.0900
8	固态硬盘	970EVO500G	621	1,726,367.58		-	2,779.9800

图 7-2-1　计算材料月末一次加权平均单价(部分)

7.2.2　完成发出材料汇总表

【任务描述】

按要求完成发出材料汇总表,并对金额保留 2 位小数。

【任务资料】

参见下载文件“项目 7　Excel2016 在进销存中的应用\进销存管理.xlsx”。

【操作流程】

(1) 双击“进销存管理.xlsx”,单击“发出材料汇总表”工作表标签。

(2) 在 I3 单元格中输入获取单价公式“＝SUMPRODUCT((库存表!$B$4:$B$28＝F3)*库存表!$G$4:$G$28)”,或输入公式“＝VLOOKUP(F3,库存表!B:G,6,0)”,或输入公式“＝LOOKUP(1,0/(库存表!$B$4:$B$28＝F3),库存表!$G$4:$G$28)”。

【提示】

如果使用最后一个公式,请自学 LOOKUP 函数。

(3) 在 J3 单元格中输入金额计算公式“＝ROUND(H3*I3,2)”。复制 I3:J3 单元格区域公式至 I42:J42 单元格区域。

【成果展示】

操作结果如图 7-2-2 所示。

	A	B	C	D	E	F	G	H	I	J
1	发出材料汇总表H1									
2	序号	领料单编号	领用日期	生产产品名称	存货名称	型号	单位	数量	单价（元）	金额（元）
3	1	LLD190901	2019年10月1日	台式电脑B	处理器	i9-9900k(4.70GHz/16MB/8核)	个	20	2,357.6084	47,152.17
4	2	LLD190902	2019年10月1日	台式电脑A	高性能主板	Z390	个	40	3,442.0900	137,683.60
5	3	LLD190903	2019年10月1日	台式电脑B	机械硬盘	1T黑盘WD13FZEX	个	22	571.8805	12,581.37
6	4	LLD190904	2019年10月2日	台式电脑A	静音电源T1	RM750X	个	17	1,053.0500	17,901.85
7	5	LLD190905	2019年10月2日	台式电脑B	静音机箱x1	H500P	个	22	1,123.6700	24,720.74
8	6	LLD190906	2019年10月2日	台式电脑A	内存条	DDR4-400016GB	个	12	2,012.8100	24,153.72
9	7	LLD190907	2019年10月2日	台式电脑A	显卡	RTX2080TI	个	23	137.6207	3,165.28
10	8	LLD190908	2019年10月3日	台式电脑B	显卡一体式水冷散热器	TITAN-X	个	38	1,854.6700	70,477.46
11	9	LLD190909	2019年10月3日	台式电脑B	处理器	i9-9900k(4.70GHz/16MB/8核)	个	36	2,357.6084	84,873.90
12	10	LLD190910	2019年10月3日	台式电脑B	高性能主板	Z390	个	37	3,442.0900	127,357.33
13	11	LLD190911	2019年10月3日	台式电脑A	机械硬盘	1T黑盘WD13FZEX	个	40	571.8805	22,875.22
14	12	LLD190912	2019年10月4日	台式电脑B	静音电源T1	RM750X	个	25	1,053.0500	26,326.25
15	13	LLD190913	2019年10月6日	台式电脑B	静音机箱x1	H500P	个	45	1,123.6700	50,565.15
16	14	LLD190914	2019年10月6日	台式电脑A	内存条	DDR4-400016GB	个	28	2,012.8100	56,358.68
17	15	LLD190915	2019年10月9日	台式电脑B	显卡	RTX2080TI	个	10	137.6207	1,376.21
18	16	LLD190916	2019年10月10日	台式电脑A	显卡	RTX2080TI	个	15	137.6207	2,064.31

图 7-2-2　发出材料汇总表(部分示例)

7.2.3　计算库存表本期发出和期末结存的数量和金额

【任务描述】

根据已完成的发出材料汇总表，按要求计算库存表本期发出和期末结存的数量和金额，全部金额均保留 2 位小数。

【任务资料】

参见下载文件“项目 7　Excel2016 在进销存中的应用\进销存管理. xlsx”。

【操作流程】

(1) 双击“进销存管理. xlsx”，单击“库存表”工作表标签。

(2) 在 H4 单元格中输入获取本期发出数量公式“＝SUMIF(发出材料汇总表! $F:$F,$B4,发出材料汇总表!H:H)”。

(3) 向右拖动 H4 单元格右下角的实心十字至 I4 单元格，并修改 H 列为 J 列，从而获取本期发出金额公式“＝SUMIF(发出材料汇总表! $F:$F,$B4,发出材料汇总表!J:J)”。

(4) 在 J4 单元格中输入获取本期结存数量公式“＝C4＋E4－H4”。

(5) 向右拖动 J4 单元格右下角的实心十字至 K4 单元格，即可获得本期结存金额公式“＝D4＋F4－I4”。当然也可以根据实际需要在 K4 单元格中输入公式“＝ROUND(G4 * J4,2)”。

【提示】

用操作流程中步骤(5)中的两个公式计算出的结果可能有微小的误差，属于四舍五入造成的正常结果。

（6）复制 H4:K4 单元格区域公式至 H28:K28 单元格区域。

【成果展示】

操作结果如图 7-2-3 所示。

	A	B	C	D	E	F	G	H	I	J	K
1		库存表（2019年10月）									
2	存货名称	存货型号	期初库存		本期购入		月末一次加权平均单价	本期发出		期末结存	
3			数量	金额	数量	金额		数量	金额	数量	金额
4	处理器	i5-8600k(4.30GHz/9MB/4核)	74	70,087.62	14	13,539.12	950.3039		-	88	83,626.74
5	处理器	i7-7700K(4.20GHz/8MB)	487	1,205,802.26	18	8,256.69	2,404.0771	70	168,285.40	435	1,045,773.55
6	处理器	i9-9900k(4.70GHz/16MB/8核)	97	225,300.93	64	154,274.03	2,357.6084	56	132,026.07	105	247,548.89
7	高性能主板	Z390	426	1,466,330.34		-	3,442.0900	77	265,040.93	349	1,201,289.41
8	固态硬盘	970EVO500G	621	1,726,367.58		-	2,779.9800	51	141,778.98	570	1,584,588.60
9	固态硬盘	Intel DC S3700系列（400GB）	80	59,904.00	37	27,543.27	747.4126	13	9,716.36	104	77,730.91

图 7-2-3　库存表(部分)

7.2.4　制作产品成本计算表

【任务描述】

根据提供的资料，填制制造费用分配表和电费分配表；假设期末无在产品，填制产品成本计算表。要求分配率和单位成本保留 4 位小数，所有金额均保留 2 位小数。

【任务资料】

参见下载文件“项目 7　Excel2016 在进销存中的应用\进销存管理.xlsx”。

【操作流程】

（1）双击“进销存管理.xlsx”，单击“产品成本计算表”工作表标签。

（2）选中 C4:C6 单元格区域，输入制造费用分配率公式“=ROUND($D$6/$B$6,4)”，按【Ctrl+Enter】组合键。

（3）在 D4 单元格中输入计算分配的金额公式“=ROUND(B4*C4,2)”。

（4）在 D5 单元格中输入倒挤的分配金额公式“=D6-D4”。

（5）用与分配制造费用类似的方法设置电费分配表的公式。选中 H4:H6 单元格区域，输入电费分配率公式“=ROUND($I$6/$G$6,4)”，按【Ctrl+Enter】组合键。

（6）在 I4 单元格中输入计算分配的金额公式“=ROUND(G4*H4,2)”。

（7）在 I5 单元格中输入倒挤的分配金额公式“=I6-I4”。

（8）在 D12 单元格中，输入本期投入的直接材料金额计算公式“=SUMIF(发出材料汇总表!D:D,A11,发出材料汇总表!J:J)+I4”。

（9）在 E12 单元格中，输入本期投入的直接人工金额计算公式“=SUMIF(车间人员工资表!C:C,车间人员工资表!C6,车间人员工资表!D:D)”。

(10) 在 F12 单元格中输入公式“=D4”。

(11) 对于合计栏都使用 SUM 函数求和即可。

(12) C15 至 F15 单元格的金额分别等于 C13 至 F13 单元格的金额。

(13) 在 G15 单元格中输入台式电脑 A 的单位成本计算公式“=ROUND(H15/C15,4)”。

(14) 同理设置第二个产品“台式电脑 B”的计算公式。

【成果展示】

操作结果如图 7-2-4 所示。

	A	B	C	D	E	F	G	H	I
1	制造费用分配表					电费分配表			
2				2019年10月					2019年10月
3	产品名称	工时分配	分配率	分配金额		产品名称	工时分配	分配率	分配金额
4	台式电脑A	520.00	34.6052	17,994.70		台式电脑A	520.00	75.7576	39,393.95
5	台式电脑B	800.00	34.6052	27,684.19		台式电脑B	800.00	75.7576	60,606.05
6	合计	1,320.00	34.6052	45,678.89		合计	1,320.00	75.7576	100,000.00
7									
8									
9	产品成本计算表								
10	产品名称	阶段	数量	直接材料金额	直接人工金额	制造费用金额	单位成本	合计总成本	
11	台式电脑A	期初在产品	20	389,456.00	12,345.00	1,819.00	-	403,620.00	
12		本期投入	80	887,318.33	85,887.00	17,994.70	-	991,200.03	
13		合计	100.00	1,276,774.33	98,232.00	19,813.70	-	1,394,820.03	
14		期末在产品	0	0.00	0.00	0.00	-	0.00	
15		产成品	100.00	1,276,774.33	98,232.00	19,813.70	13,948.2003	1,394,820.03	
16	台式电脑B	期初在产品	0	0.00	0.00	0.00	-	0.00	
17		本期投入	100	694,669.64	67,979.00	27,684.19	-	790,332.83	
18		合计	100.00	694,669.64	67,979.00	27,684.19	-	790,332.83	
19		期末在产品	0	0.00	0.00	0.00	-	0.00	
20		产成品	100.00	694,669.64	67,979.00	27,684.19	7,903.3283	790,332.83	

图 7-2-4 费用分配与产品成本计算

任务 7.3 销售管理

对销售出库单,我们可以按照前面介绍的数据处理方法进行整理,完成销售出库的汇总,成本的计算,并对售价进行定价和销售分析。

7.3.1 销售出库汇总表的制作

【任务描述】

根据资料,制作销售出库汇总表。

【任务资料】

参见下载文件“项目 7　Excel2016 在进销存中的应用\进销存管理. xlsx”。

【操作流程】

(1) 双击“进销存管理. xlsx”，单击“销售出库汇总表”工作表标签。

(2) 在 K3 单元格中输入成本单价的计算公式“＝IF(F3＝产品成本计算表！$A$11，产品成本计算表！$G$15，产品成本计算表！$G$20)”。复制公式至 K8 单元格。

(3) 在 L3 单元格中输入销售金额计算公式“＝J3＊I3”。复制公式至 L8 单元格。

(4) 在 M3 单元格中输入成本金额计算公式“＝I3＊K3”。复制公式至 M8 单元格。

(5) 在 N3 单元格中输入毛利计算公式“＝L3－M3”。复制公式至 N8 单元格。

【成果展示】

操作结果如图 7-3-1 所示。

	A	B	C	D	E	F	G	H	I	J	K	L	M	N	O	P
1	销售出库汇总表															
2	出库单号码	出库日期	库别	产品代码	供货商	产品名称	规格	单位	销售数量	销售单价	成本单价	销售金额	成本金额	毛利	入库制单	月份
3	20001	2019/10/12	成品库	0010001	A公司	台式电脑A		台	300	15,000.00	13,948.20	4,500,000.00	4,184,460.09	315,539.91	肖雨	10
4	20001	2019/10/12	成品库	0010003	A公司	台式电脑B		台	800	9,200.00	7,903.33	7,360,000.00	6,322,662.64	1,037,337.36	肖雨	10
5	20002	2019/10/20	成品库	0010001	B公司	台式电脑A		台	1000	14,800.00	13,948.20	14,800,000.00	13,948,200.30	851,799.70	刘娜	10
6	20002	2019/10/20	成品库	0010003	B公司	台式电脑B		台	1200	9,000.00	7,903.33	10,800,000.00	9,483,993.96	1,316,006.04	刘娜	10
7	20003	2019/10/28	成品库	0010001	C公司	台式电脑A		台	500	14,900.00	13,948.20	7,450,000.00	6,974,100.15	475,899.85	肖雨	10
8	20003	2019/10/28	成品库	0010003	C公司	台式电脑B		台	600	9,100.00	7,903.33	5,460,000.00	4,741,996.98	718,003.02	肖雨	10

图 7-3-1　销售出库汇总表的制作

7.3.2　销售成本分析

【任务描述】

利用数据透视表对销售成本进行分析。

【任务资料】

参见下载文件“项目 7　Excel2016 在进销存中的应用\进销存管理. xlsx”。

【操作流程】

(1) 双击“进销存管理. xlsx”，单击“销售出库汇总表”工作表中的任一单元格。

(2) 点击“插入”→“数据透视表”，选择放置数据透视表的位置为“现有工作表”中的“销售成本分析！$A$2”。

(3) 设置数据透视表字段，如图 7-3-2a 所示。

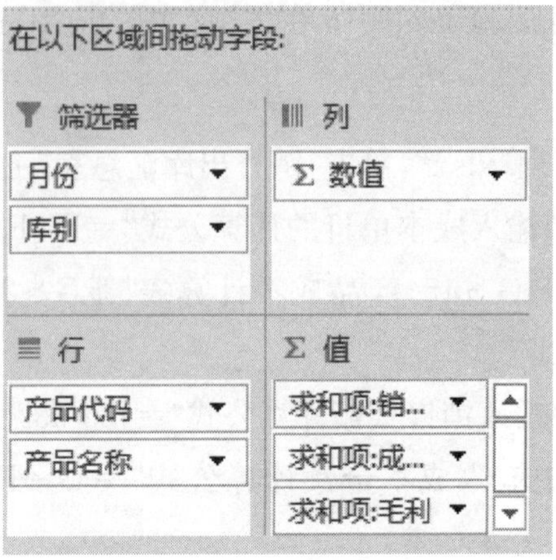

图 7-3-2a　数据透视表字段设置

(4) 点击选项卡“数据透视表工具”→“设计”→“分类汇总”→“不显示分类汇总”,如图 7-3-2b 所示。

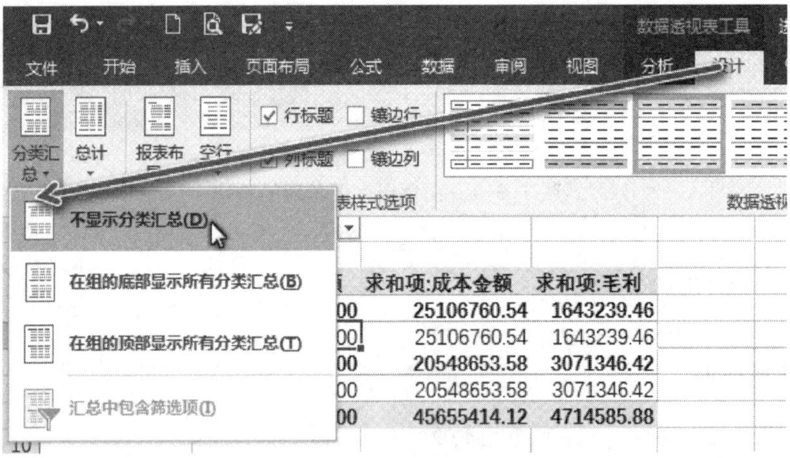

图 7-3-2b　不显示分类汇总

(5) 点击选项卡“数据透视表工具”→“设计”→“报表布局”→“以表格形式显示”。

【成果展示】

操作结果如图 7-3-2c 所示。

	A	B	C	D	E
1	月份	(全部)			
2	库别	(全部)			
3					
4	**产品代码**	**产品名称**	**销售金额**	**成本金额**	**毛利**
5	**⊟0010001**	台式电脑A	26,750,000.00	25,106,760.54	1,643,239.46
6	**⊟0010003**	台式电脑B	23,620,000.00	20,548,653.58	3,071,346.42
7	**总计**		**50,370,000.00**	**45,655,414.12**	**4,714,585.88**

图 7-3-2c　销售成本分析(示例)

【提示】

可以使用切片器设置月份和库别。

项 目 8

Excel2016 在人力资源管理中的应用

在中小企业的人力资源管理中，常用Excel建立员工数据库、进行员工信息的检索、特殊日期提醒等。同时由于工资计算在企业中的保密原则，使用Excel进行薪酬管理也是目前比较流行的做法。本项目将从实际应用出发，介绍Excel2016在人力资源管理中的几个典型案例。

任务8.1　工资处理

企业五险一金、个人所得税以及实发工资的计算都可以使用Excel2016进行很好的数据处理，并且便于工资数据的分析和检索。

8.1.1　制作社保和公积金计算表

【任务描述】

制作社保和公积金计算表。

【任务资料】

参见下载文件“项目8　Excel2016在人力资源管理中的应用\任务8.1　工资处理.xlsx”中的工作表“社保和公积金计算表”。

【操作流程】

(1) 双击“任务8.1　工资处理.xlsx”，单击“任务提示”工作表标签。

(2) 将“表1　各项社保及公积金比例”的内容复制到“社保和公积金计算表”工作表的R2:X4单元格区域，并做相应调整。

(3) 在“社保和公积金计算表”工作表的E4单元格中，输入“职工缴费额——养老保险”计算公式“=$D4*S$4”。拖动E4单元格的填充柄将公式复制到F4和G4单元格。

(4) 在H4单元格中输入“职工缴费额——住房公积金”计算公式“=$D4*X$4”。

(5) 在I4单元格中输入“职工缴费额——个人代扣合计”计算公式“=SUM(E4:H4)”。

(6) 在J4单元格中输入“企业缴费额——养老保险”计算公式“=$D4*S$3”。拖动J4单元格的填充柄将公式复制到K4、L4、M4、N4及O4单元格。

(7) 在P4单元格中输入“企业缴费额——企业缴费合计”计算公式“=SUM(J4:O4)”。

(8) 将 E4:P4 单元格区域的公式复制至 E4:P113 单元格区域。

【成果展示】

操作结果如图 8-1-1 所示。

	A	B	C	D	E	F	G	H	I	J	K	L	M	N	O	P
1			2019年度创造公司社保和公积金计算表													
2	工号	姓名	部门	缴费基数	职工缴费额					企业缴费额						
3					养老保险	医疗保险	失业保险	住房公积金	个人代扣合计	养老保险	医疗保险	失业保险	工伤保险	生育保险	住房公积金	企业缴费合计
4	CZGS001	宋江	行政部	15,000.00	1,200.00	300.00	30.00	1,500.00	3,030.00	2,100.00	1,020.00	75.00	75.00	75.00	750.00	4,095.00
5	CZGS002	卢俊义	行政部	14,800.00	1,184.00	296.00	29.60	1,480.00	2,989.60	2,072.00	1,006.40	74.00	74.00	74.00	740.00	4,040.40
6	CZGS003	吴用	行政部	14,800.00	1,184.00	296.00	29.60	1,480.00	2,989.60	2,072.00	1,006.40	74.00	74.00	74.00	740.00	4,040.40
7	CZGS004	公孙胜	总经办	10,000.00	800.00	200.00	20.00	1,000.00	2,020.00	1,400.00	680.00	50.00	50.00	50.00	500.00	2,730.00
8	CZGS005	关胜	总经办	10,000.00	800.00	200.00	20.00	1,000.00	2,020.00	1,400.00	680.00	50.00	50.00	50.00	500.00	2,730.00
9	CZGS006	林冲	总经办	5,000.00	400.00	100.00	10.00	500.00	1,010.00	700.00	340.00	25.00	25.00	25.00	250.00	1,365.00
10	CZGS007	秦明	总经办	7,000.00	560.00	140.00	14.00	700.00	1,414.00	980.00	476.00	35.00	35.00	35.00	350.00	1,911.00
11	CZGS008	呼延灼	财务部	8,000.00	640.00	160.00	16.00	800.00	1,616.00	1,120.00	544.00	40.00	40.00	40.00	400.00	2,184.00

图 8-1-1　社保和公积金计算表(部分)

8.1.2　计算个人所得税

【任务描述】

计算 2019 年 9 月份创造公司预扣预缴个人所得税。

【任务资料】

参见下载文件“项目 8　Excel2016 在人力资源管理中的应用\任务 8.1　工资处理.xlsx”中的工作表“2019 年 9 月份预扣预缴个人所得税”。

【提示】

(1) 下载文件中的“2019 年 8 月份预扣预缴个人所得税”工作表是已经完成但不带公式的结果。

(2) 已定义“'2019 年 8 月份预扣预缴个人所得税'!＄A＄3:＄AR＄111”区域名称为“八月”。

(3) 定义“任务提示!＄G＄15:＄I＄21”区域名称为“税率”。

(4) “2019 年 9 月份预扣预缴个人所得税”工作表中某些区域已经设置好公式，无需处理。

【操作流程】

(1) 双击“任务 8.1　工资处理.xlsx”，单击“2019 年 9 月份预扣预缴个人所得税”工作表标签。

(2) 在 AB4 单元格中输入累计应发计算公式“＝J4＋IFERROR(VLOOKUP

($ A4,八月,COLUMN(AB:AB),0),0)”。

(3) 在 AC4 单元格中输入累计减除费用计算公式“=K4+IFERROR(VLOOKUP($ A4,八月,COLUMN(AC:AC),0),0)”。

(4) 在 AD4 单元格中输入累计专项扣除计算公式“=P4+IFERROR(VLOOKUP($ A4,八月,COLUMN(AD:AD),0),0)”。

(5) 在 AE4 单元格中输入累计子女教育计算公式“=Q4+IFERROR(VLOOKUP($ A4,八月,COLUMN(AE:AE),0),0)”。

(6) 在 AF4 单元格中输入累计赡养老人计算公式“=R4+IFERROR(VLOOKUP($ A4,八月,COLUMN(AF:AF),0),0)”。

(7) 在 AG4 单元格中输入累计住房贷款计算公式“=S4+IFERROR(VLOOKUP($ A4,八月,COLUMN(AG:AG),0),0)”。

(8) 在 AH4 单元格中输入累计住房租金计算公式“=T4+IFERROR(VLOOKUP($ A4,八月,COLUMN(AH:AH),0),0)”。

(9) 在 AI4 单元格中输入累计继续教育计算公式“=U4+IFERROR(VLOOKUP($ A4,八月,COLUMN(AI:AI),0),0)”。

(10) 在 AJ4 单元格中输入累计其他扣除计算公式“=AA4+IFERROR(VLOOKUP($ A4,八月,COLUMN(AJ:AJ),0),0)”。

(11) 在 AK4 单元格中输入累计应纳税所得额计算公式“=AB4-SUM(AC4:AJ4)”。

(12) 在 AL4 单元格中输入税率/预扣率计算公式“=IFERROR(VLOOKUP($ AK4,税率,2,1),0)”。

(13) 在 AM4 单元格中输入速算扣除数计算公式“=IFERROR(VLOOKUP($ AK4,税率,3,1),0)”。

(14) 在 AN4 单元格中输入累计应纳税额计算公式“=ROUND(AK4 * AL4-AM4,2)”。

(15) 在 AO4 单元格中输入上月累计已扣缴税额计算公式“=IFERROR(VLOOKUP($ A4,八月,COLUMN(AQ:AQ),0),0)”。

(16) 在 AP4 单元格中输入本月应补个税计算公式“=MAX(AN4-AO4,0)”。

(17) 在 AQ4 单元格中输入累计已扣缴税额计算公式“=AO4+AP4”。

(18) 在 AR4 单元格中输入实发工资计算公式“=J4-P4-AA4-AP4”。

(19) 选择 AB4:AR4 单元格区域,将公式复制至 AB110:AR110 单元格区域。

(20) 选择“'2019 年 9 月份预扣预缴个人所得税'! $ A $ 3: $ AR $ 110”区域,定

义名称为“九月”，方便下个月使用。

【成果展示】

操作结果如图 8-1-2 所示。

	A	B	C	AA	AB	AC	AD	AE	AF	AG	AH	AI	AJ	AK	AL	AM	AN	AO	AP	AQ	AR
1																					
2	个人信息				个税计算																
3	工号	姓名	部门	其他扣除小计	累计应发	累计减除费用	累计专项扣除	累计子女教育	累计赡养老人	累计住房贷款	累计住房租金	累计继续教育	累计其他扣除	累计应纳税所得额	税率/预扣率	速算扣除数	累计应纳税额	上月累计已扣缴税额	本月应补个税	累计已扣缴税额	实发工资
4	CZGS001	宋江	行政部	0.00	238,286.00	45,000.00	27,270.00	4,500.00	1,000.00	8,000.00	-	-	-	152,516.00	20%	16,920.00	13,583.20	11,880.00	1,700.20	13,583.20	14,312.80
5	CZGS002	卢俊义	行政部	0.00	141,738.00	45,000.00	26,906.40	9,000.00	1,000.00	8,000.00	-	400.00	-	50,429.60	10%	2,520.00	2,522.96	2,211.52	311.44	2,522.96	11,202.96
6	CZGS003	吴用	行政部	0.00	134,125.00	45,000.00	26,906.40	8,500.00	-	8,000.00		400.00	-	45,318.60	10%	2,520.00	2,011.86	1,828.32	183.54	2,011.86	7,551.86
7	CZGS004	公孙胜	总经办	0.00	129,367.00	45,000.00	18,180.00	-	-	8,000.00	-	3,200.00	-	54,987.00	10%	2,520.00	2,978.70	2,594.40	384.30	2,978.70	8,456.70
8	CZGS005	关胜	总经办	0.00	129,466.00	45,000.00	18,180.00	9,000.00	9,000.00	8,000.00	-	3,200.00	-	38,086.00	10%	2,520.00	1,288.60	1,080.00	208.60	1,288.60	7,877.40
9	CZGS006	林冲	总经办	0.00	94,984.00	45,000.00	9,090.00	4,500.00	-	-	-	3,200.00	-	33,194.00	3%	-	995.82	903.84	91.98	995.82	8,474.02
10	CZGS007	秦明	总经办	0.00	86,578.00	45,000.00	12,726.00	500.00	-	-	-	-	-	28,352.00	3%	-	850.56	822.72	27.84	850.56	6,400.16
11	CZGS008	呼延灼	财务部	0.00	80,537.00	45,000.00	14,544.00	1,000.00	8,000.00	1,000.00	-	-	-	10,993.00	3%	-	329.79	354.48	-	354.48	6,177.00
12	CZGS009	花荣	财务部	0.00	78,807.00	45,000.00	16,362.00	4,500.00	-	-	1,500.00	-	-	11,445.00	3%	-	343.35	457.20	-	457.20	3,205.00
13	CZGS010	柴进	财务部	0.00	75,138.00	45,000.00	14,544.00	4,000.00	-	-	1,500.00	-	-	10,094.00	3%	-	302.82	375.84	-	375.84	4,086.00
14	CZGS012	朱仝	财务部	0.00	40,122.00	45,000.00	14,544.00	4,500.00			12,000.00	-	-	35,022.00	0%			0.00	-		3,314.00
15	CZGS013	鲁智深	信息中心	0.00	145,777.00	45,000.00	27,270.00	-	-	-	12,000.00	-	-	61,507.00	10%	2,520.00	3,630.70	3,488.80	141.90	3,630.70	8,277.10
16	CZGS014	武松	信息中心	0.00	50,825.00	45,000.00	18,362.00	1,000.00	-	-	12,000.00	-	-	-23,537.00	0%	-	-	0.00	-	-	5,223.00
17	CZGS015	董平	信息中心	0.00	49,951.00	45,000.00	14,544.00	4,500.00	-	-	-	-	-	-14,093.00	0%	-	-	0.00	-	-	6,007.00
18	CZGS016	张清	信息中心	0.00	84,547.00	45,000.00	9,090.00	500.00	-	-	-	-	-	29,957.00	3%	-	898.71	881.28	17.43	898.71	6,083.57
19	CZGS017	杨志	生产1部	0.00	70,612.00	45,000.00	16,362.00	8,000.00	-	1,000.00	-	-	-	250.00	3%	-	7.50	0.00	7.50	7.50	11,706.50
20	CZGS018	徐宁	生产1部	0.00	62,499.00	45,000.00	18,180.00	5,000.00	-	-	-	-	-	-5,681.00	0%	-	-	0.00	-	-	8,015.00

图 8-1-2　计算个人所得税(部分)

8.1.3　工资分析

【任务描述】

完成公司 2019 年 9 月份的工资分析，并制作 9 月份各部门工资汇总表和 9 月份各部门平均工资表。

【任务资料】

参见下载文件“项目 8　Excel2016 在人力资源管理中的应用\任务8.1　工资处理. xlsx”中的工作表“工资分析”。

【操作流程】

(1) 双击“任务 8.1　工资处理. xlsx”，单击“工资分析”工作表标签。

(2) 选中 A2 单元格，点击选项卡“插入”→“数据透视表”，在弹出的“创建数据透视表”对话框的“表/区域”栏中，点击选项卡“公式”→“fx 用于公式”→选择“九月”，点击“确定”。

(3) 对数据透视表进行字段设置，如图 8-1-3a 所示。

(4) 进行相应格式调整。

【成果展示】

操作结果如图 8-1-3b 所示。

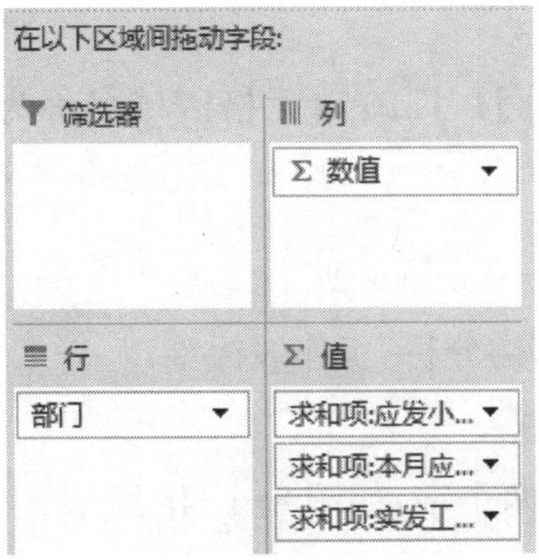

图 8-1-3a 数据透视表字段设置

	A	B	C	D
1	9月份各部门工资汇总表			
2	部门	应发合计	个人所得税	实发合计
3	财务部	23,428.00	0.00	16,762.00
4	工程研发部	64,364.00	0.00	33,060.00
5	供应部	48,193.00	0.00	32,160.21
6	行政部	44,275.00	2,198.18	33,067.62
7	人力资源部	18,401.00	0.00	11,958.21
8	生产1部	164,613.00	280.57	128,397.64
9	生产2部	119,851.00	0.00	83,129.42
10	销售管理部	66,324.00	0.00	40,489.21
11	信息中心	31,204.00	159.33	23,570.67
12	总经办	38,387.00	712.72	31,210.28
13	合计	619,040.00	3,350.80	433,805.26

图 8-1-3b 9 月份各部门工资汇总表

(5) 选中 F2 单元格,点击选项卡"插入"→"数据透视表",在弹出的"创建数据透视表"对话框的"表/区域"栏中,点击选项卡"公式"→"fx 用于公式"→选择"九月",点击"确定"。

(6) 对数据透视表进行字段设置,如图 8-1-3c 所示。

(7) 进行相应格式调整。

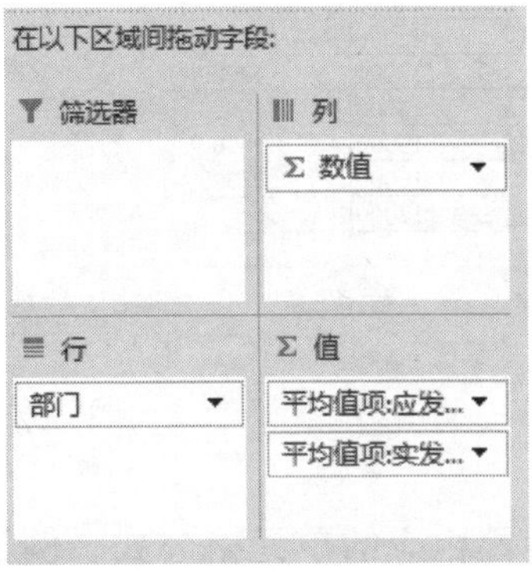

图 8-1-3c 数据透视表字段设置

	F	G	H
1	9月份各部门平均工资表		
2	部门	平均值:应发小计	平均值:实发工资
3	财务部	5,857.00	4,190.50
4	工程研发部	4,290.93	2,204.00
5	供应部	4,381.18	2,923.66
6	行政部	14,758.33	11,022.54
7	人力资源部	4,600.25	2,989.55
8	生产1部	7,157.09	5,582.51
9	生产2部	4,993.79	3,463.73
10	销售管理部	4,421.60	2,699.28
11	信息中心	7,801.00	5,892.67
12	总经办	9,596.75	7,802.57
13	总计	5,785.42	4,054.25

图 8-1-3d 9 月份各部门平均工资表

【成果展示】

操作结果如图 8-1-3d 所示。

8.1.4 工资结构分析

【任务描述】

完成公司 2019 年 9 月份的工资结构分析。

【任务资料】

参见下载文件"项目 8 Excel2016 在人力资源管理中的应用\任务 8.1 工资处理.xlsx"中的工作表"工资结构分析"。

【说明】

事先定义 2019 年 9 月份预扣预缴个人所得税表的 J4:J110 单元格区域名称为“应发小计”。

【操作流程】

(1) 双击“任务 8.1　工资处理. xlsx”,单击“工资结构分析”工作表标签。

(2) 复制 B3:B17 单元格区域至 F3:F17 单元格区域。

(3) 对 F 列进行分列,删除 F17 单元格中的“大于”两个字,如图 8-1-4a 所示。

	A	B	C	D	E	F	G
1	2019年9月工资结构分析表						
2	序号	工资区间	收入类型	区间人数			
3	1	0~4000	基层收入			0	4000
4	2	4000~5000	基层收入			4000	5000
5	3	5000~6000	基层收入			5000	6000
6	4	6000~7000	基层收入			6000	7000
7	5	7000~8000	基层收入			7000	8000
8	6	8000~9000	基层收入			8000	9000
9	7	9000~10000	一般收入			9000	10000
10	8	10000~11000	一般收入			10000	11000
11	9	11000~12000	一般收入			11000	12000
12	10	12000~13000	一般收入			12000	13000
13	11	13000~14000	一般收入			13000	14000
14	12	14000~15000	高收入			14000	15000
15	13	15000~16000	高收入			15000	16000
16	14	16000~17000	高收入			16000	17000
17	15	大于17000	高收入			17000	
18	合计	—	—	0			

图 8-1-4a　数据分列

(4) 根据统计学分组要求的“上组限不在内”,设置相应的单元格公式。例如,在 D3 单元格中输入计算工资大于等于 0 且小于 4 000 的区间人数公式“=SUMPRODUCT((应发小计>=F3)*(应发小计<G3))”。拖动填充柄至 D16 单元格,自动复制公式。

(5) 在 D17 单元格中输入计算工资大于 17 000 的区间人数公式“=COUNTIF(应发小计,">="&F17)”。

(6) 在 C22 单元格中输入计算基层收入类型人数占总人数比例的公式“=ROUND(SUM(D3:D8)/$D$18,4)”。

(7) 在 C23 单元格中输入计算一般收入类型人数占总人数比例的公式“=ROUND(SUM(D9:D13)/$D$18,4)”。

(8) 在 C24 单元格中输入计算高收入类型人数占总人数比例的公式“=ROUND(SUM(D14:D17)/$D$18,4)”。

【成果展示】

操作结果如图 8-1-4b 所示。

	A	B	C	D	E	F	G	H	I
1	2019年9月工资结构分析表								
2	序号	工资区间	收入类型	区间人数					
3	1	0~4000	基层收入	15		0	4000		
4	2	4000~5000	基层收入	43		4000	5000		
5	3	5000~6000	基层收入	21		5000	6000		
6	4	6000~7000	基层收入	9		6000	7000		
7	5	7000~8000	基层收入	6		7000	8000		
8	6	8000~9000	基层收入	2		8000	9000		
9	7	9000~10000	一般收入	2		9000	10000		
10	8	10000~11000	一般收入	4		10000	11000		
11	9	11000~12000	一般收入	0		11000	12000		
12	10	12000~13000	一般收入	1		12000	13000		
13	11	13000~14000	一般收入	1		13000	14000		
14	12	14000~15000	高收入	1		14000	15000		
15	13	15000~16000	高收入	0		15000	16000		
16	14	16000~17000	高收入	1		16000	17000		
17	15	大于17000	高收入	1		17000			
18	合计	—	—	107					
19									
20	计算各收入类型人数占公司总人数比例，以百分比形式列示，保留小数点后两位，例如56.78%。								
21		收入类型	占比						
22		基层收入	89.72%						
23		一般收入	7.48%						
24		高收入	2.80%						

图 8-1-4b　9 月工资结构分析表

8.1.5　制作并打印工资条

【任务描述】

根据已知资料，制作并打印工资条。

【任务资料】

参见下载文件“项目 8　Excel2016 在人力资源管理中的应用\任务 8.1　工资处理. xlsx”中的工作表“工资条”。

【操作流程】

(1) 双击“任务 8.1　工资处理. xlsx”，单击“2019 年 9 月份预扣预缴个人所得税”工作表标签。

(2) 点击名称框，选择“九月”名称，按【Ctrl+C】组合键进行复制。

(3) 点击“工资条”工作表中的 A1 单元格，右击选择“选择性粘贴”→“值和数字格式”。

(4) 删除不需要打印的数据。结果如图 8-1-5a 所示。

	B	C	D	E	F	G	H	I	J	K	L	M	N	O	P	Q	R	S	T	U	V	W
1	姓名	部门	基本工资	岗位工资	绩效工资	加班工资	全勤奖	罚款及扣款	应发小计	基本养老	基本医疗	失业	住房公积金	代扣小计	子女教育	赡养老人	住房贷款	住房租金	继续教育	专项附加扣除小计	本月应补个税	实发工资
2	宋江	行政部	15,000.00	1,500.00	1,746.00	500.00	300.00	-	19,046.00	1,200.00	300.00	30.00	1,500.00	3,030.00	500.00	1,000.00	1,000.00	0.00	0.00	2,500.00	1,703.20	14,312.80
3	卢俊义	行政部	12,000.00	1,300.00	904.00	-	300.00	-	14,504.00	1,184.00	296.00	29.60	1,480.00	2,989.60	1,000.00	1,000.00	1,000.00	0.00	400.00	3,400.00	311.44	11,202.96
4	吴用	行政部	8,000.00	1,300.00	1,125.00	-	300.00	-	10,725.00	1,184.00	296.00	29.60	1,480.00	2,989.60	500.00	0.00	0.00	0.00	400.00	900.00	183.54	7,551.86
5	公孙胜	总经办	8,000.00	1,200.00	1,363.00	-	300.00	-	10,863.00	800.00	200.00	20.00	1,000.00	2,020.00	0.00	0.00	0.00	0.00	0.00	0.00	384.30	8,458.70
6	关胜	总经办	7,000.00	1,200.00	1,306.00	300.00	300.00	-	10,106.00	800.00	200.00	20.00	1,000.00	2,020.00	0.00	1,000.00	0.00	0.00	0.00	1,000.00	208.60	7,877.40
7	林冲	总经办	7,000.00	800.00	1,576.00	-	300.00	100.00	9,576.00	400.00	100.00	10.00	500.00	1,010.00	500.00	0.00	0.00	0.00	0.00	500.00	91.98	8,474.02

图 8-1-5a 删除不需打印数据(部分)

(5) 在 X3 单元格和 Y4 单元格中,分别输入“1”。

(6) 选中 X3:Y4 单元格区域,鼠标移至该区域右下角至出现实心十字,双击鼠标,自动填充数据至 X3:Y108 单元格区域。保持选中状态,按【F5】功能键,选择“定位条件”→“空值”,点击“确定”。结果如图 8-1-5b 所示。

	Q	R	S	T	U	V	W	X	Y
1	赡养老人	住房贷款	住房租金	继续教育	专项附加扣除小计	本月应补个税	实发工资		
2	1,000.00	1,000.00	0.00	0.00	2,500.00	1,703.20	14,312.80		
3	1,000.00	1,000.00	0.00	400.00	3,400.00	311.44	11,202.96	1	
4	0.00	0.00	0.00	400.00	900.00	183.54	7,551.86		1
5	0.00	0.00	0.00	0.00	0.00	384.30	8,458.70	2	
6	1,000.00	0.00	0.00	0.00	1,000.00	208.60	7,877.40		2
7	0.00	0.00	0.00	0.00	500.00	91.98	8,474.02	3	
8	0.00	0.00	0.00	0.00	500.00	27.84	6,400.16		3

图 8-1-5b 定位空值(部分)

(7) 保持选中状态,右击鼠标,选择“插入”,在弹出的对话框中,选择“整行”,点击“确定”。

(8) 选中 X:Y 列,点击“删除”。

(9) 选中 A3:W214 单元格区域,按【F5】功能键,选择“定位条件”→“空值”,点击“确定”。结果如图 8-1-5c 所示。

	A	B	C	D	E	F	G	H	I	J	K	L	M	N	O	P	Q	R	S	T	U	V	W
1	工号	姓名	部门	基本工资	岗位工资	绩效工资	加班工资	全勤奖	罚款及扣款	应发小计	基本养老	基本医疗	失业	住房公积金	代扣小计	子女教育	赡养老人	住房贷款	住房租金	继续教育	专项附加扣除小计	本月应补个税	实发工资
2	CZGS001	宋江	行政部	15,000.00	1,500.00	1,746.00	500.00	300.00	-	19,046.00	1,200.00	300.00	30.00	1,500.00	3,030.00	500.00	1,000.00	1,000.00	0.00	0.00	2,500.00	1,703.20	14,312.80
3																							
4	CZGS002	卢俊义	行政部	12,000.00	1,300.00	904.00	-	300.00	-	14,504.00	1,184.00	296.00	29.60	1,480.00	2,989.60	1,000.00	1,000.00	1,000.00	0.00	400.00	3,400.00	311.44	11,202.96
5																							
6	CZGS003	吴用	行政部	8,000.00	1,300.00	1,125.00	-	300.00	-	10,725.00	1,184.00	296.00	29.60	1,480.00	2,989.60	500.00	0.00	0.00	0.00	400.00	900.00	183.54	7,551.86
7																							
8	CZGS004	公孙胜	总经办	8,000.00	1,200.00	1,363.00	-	300.00	-	10,863.00	800.00	200.00	20.00	1,000.00	2,020.00	0.00	0.00	0.00	0.00	0.00	0.00	384.30	8,458.70
9																							
10	CZGS005	关胜	总经办	7,000.00	1,200.00	1,306.00	300.00	300.00	-	10,106.00	800.00	200.00	20.00	1,000.00	2,020.00	0.00	1,000.00	0.00	0.00	0.00	1,000.00	208.60	7,877.40

图 8-1-5c 快速插入行(部分)

(10) 保持选中状态,在当前编辑单元格 A3 单元格中,输入“＝A＄1”,再按【Ctrl＋Enter】组合键,即可全部插入表头。

(11) 全选整个工作表,按【Ctrl＋C】组合键进行复制,右击选择“选择性粘贴”→“数值”,去掉公式影响。

【成果展示】

操作结果如图 8-1-5d 所示。

	A	B	C	D	E	F	G	H	I	J	K	L	M	N	O	P	Q	R	S	T	U	V	W
1	工号	姓名	部门	基本工资	岗位工资	绩效工资	加班工资	全勤奖	罚款及扣款	应发小计	基本养老	基本医疗	失业	住房公积金	代扣小计	子女教育	赡养老人	住房贷款	住房租金	继续教育	专项附加扣除小计	本月应补个税	实发工资
2	CZGS001	宋江	行政部	15,000.00	1,500.00	1,746.00	500.00	300.00	-	19,046.00	1,200.00	300.00	30.00	1,500.00	3,030.00	500.00	1,000.00	1,000.00	0.00	0.00	2,500.00	1,703.20	14,312.80
3	工号	姓名	部门	基本工资	岗位工资	绩效工资	加班工资	全勤奖	罚款及扣	应发小计	基本养老	基本医疗	失业	住房公积金	代扣小计	子女教育	赡养老人	住房贷款	住房租金	继续教育	专项附加扣	本月应补个	实发工资
4	CZGS002	卢俊义	行政部	12,000.00	1,300.00	904.00	-	300.00	-	14,504.00	1,184.00	296.00	29.60	1,480.00	2,989.60	1,000.00	1,000.00	1,000.00	0.00	400.00	3,400.00	311.44	11,202.96
5	工号	姓名	部门	基本工资	岗位工资	绩效工资	加班工资	全勤奖	罚款及扣	应发小计	基本养老	基本医疗	失业	住房公积金	代扣小计	子女教育	赡养老人	住房贷款	住房租金	继续教育	专项附加扣	本月应补个	实发工资
6	CZGS003	吴用	行政部	8,000.00	1,300.00	1,125.00	-	300.00	-	10,725.00	1,184.00	296.00	29.60	1,480.00	2,989.60	500.00	0.00	0.00	0.00	400.00	900.00	183.54	7,551.86

图 8-1-5d　工资条(部分)

任务 8.2　员 工 管 理

在使用 Excel2016 进行人力资源管理时，经常会用到日期函数和文本函数等。

8.2.1　员工生日提醒

【任务描述】

提前 7 天进行生日提醒。

【任务资料】

参见下载文件“项目 8　Excel2016 在人力资源管理中的应用\任务 8.2　员工管理.xlsx”中的工作表“员工生日提醒”工作表。

【操作流程】

(1) 双击“任务 2　员工管理.xlsx”，单击“员工生日提醒”工作表标签。

(2) 在 E3 单元格中输入通过身份证号码计算员工出生日期公式“=--TEXT(MID(C3,7,8),"#—00—00")”。

(3) 在 F3 单元格中输入生日提醒公式“=IF(AND(G3="",DATEDIF(E3-7,$C$1,"yd")<=7),B3&"同志要过生日了，请买礼物。","")”。

(4) 选中 E3:F3 单元格区域，向下复制公式。

(5) 在 G6 单元格中输入“已买”，则 F6 单元格不再提示。

注：因 C1 单元格采用 TODAY 函数，其数值将随系统日期改变而改变。因此，实际制作的表格与示例可能有出入。下同。

【成果展示】

操作结果如图 8-2-1 所示。

	A	B	C	D	E	F	G	H	I
1	当前日期:		2020/3/2						
2	工号	姓名	身份证号码	入职日期	员工出生日期	生日提醒	备注		
3	CZGS001	宋江	441900195912040151	1978/01/25	1959/12/04				**注意:**
4	CZGS002	卢俊义	440883198212231927	2008/11/23	1982/12/23				**生日提醒,要求提前7天。**
5	CZGS003	吴用	350305199606171426	2012/06/13	1996/06/17				如"XX同志要过生日了,请买礼物。"
6	CZGS004	公孙胜	441322199403072715	2010/06/25	1994/03/07		已买		说明:如果备注已经送了礼物,就不要再提醒了。
7	CZGS005	关胜	441900199105181088	2007/07/14	1991/05/18				
8	CZGS006	林冲	445281199102217049	2007/02/17	1991/02/21				
9	CZGS007	秦明	445221200104081263	2018/02/04	2001/04/08				
10	CZGS008	呼延灼	441900199712070328	2000/11/07	1997/12/07				
11	CZGS009	花荣	44162119750723306x	2018/04/19	1975/07/23				
12	CZGS010	柴进	44190019961115653x	2012/06/01	1996/11/15				
13	CZGS011	李应	441424200003263508	2018/08/22	2000/03/26				
14	CZGS012	朱仝	441900199102187009	2007/01/08	1991/02/18				
15	CZGS013	鲁智深	430481195909279034	2007/03/23	1959/09/27				
16	CZGS014	武松	511304196810233013	1986/11/19	1968/10/23				
17	CZGS015	董平	44142419960704230x	2012/06/30	1996/07/04				

图 8-2-1 生日提醒

8.2.2 员工退休管理

【任务描述】

根据员工身份证号码,自动计算性别、出生日期、退休日期,以及进行退休提醒(退休时间提醒要求提前 1 个月)。如果系统时间已超过退休时间,则提醒"已退休"。

【任务资料】

参见下载文件"项目 8 Excel2016 在人力资源管理中的应用\任务 8.2 员工管理.xlsx"中的工作表"员工退休管理"。

【操作流程】

(1) 双击"任务 8.2 员工管理.xlsx",单击"员工退休管理"工作表标签。

(2) 在 C4 单元格中输入通过身份证号码计算性别的公式"=IF(MOD(MID(B4,17,1),2)=1,"男","女")"。

(3) 在 D4 单元格中输入通过身份证号码计算员工出生日期的公式"=--TEXT(MID(B4,7,8),"#-00-00")。

(4) 在 E4 单元格中输入根据出生日期计算退休日期的公式"=EDATE(D4,IF(C4="男",60,55)*12)"。

(5) 在 F4 单元格中输入退休提醒公式"=IFERROR(IF(DATEDIF($B$2,E4,"m")<=1,"请提醒"&A4&"同志来办公室办理退休手续。",""),"已退休")"。

(6) 选中 C4:F4 单元格区域,向下复制公式。

【成果展示】

操作结果如图 8-2-2 所示。

	A	B	C	D	E	F	G	H
1	员工退休管理表							任务描述:
2	当前时间:	2020/3/1						已知男员工60周岁退休,女员工55周岁退休。
3	员工姓名	身份证号码	性别	出生日期	退休日期	退休提醒		(身份证号码倒数第2位,奇数是男,偶数是女。)
4	王小生	441900196003224015	男	1960/3/22	2020/3/22	请提醒王小生同志来办公室办理退休手续。		退休时间提醒要求提前1个月,提醒语为:"请提醒某某同志来办公室办理退休手续。"提示:某某为员工姓名。
5	王炫皓	350305199606171436	男	1996/6/17	2056/6/17			如果系统时间超过退休时间,则提醒语为:"已退休"。
6	方先生	441322199406292715	男	1994/6/29	2054/6/29			请根据以上条件完成左表。
7	刘小苑	440883196411111927	女	1964/11/11	2019/11/11	已退休		
8	黄小姐	441900199107181088	女	1991/7/18	2046/7/18			
9	黄雅玲	445281199102217049	女	1991/2/21	2046/2/21			
10	陈先生	445221199802081010	男	1998/2/8	2058/2/8			
11	陆先生	441900197907290378	男	1979/7/29	2039/7/29			

图 8-2-2　员工退休管理表

8.2.3　员工年龄和工龄统计分析

【任务描述】

根据已知员工入职信息,自动计算员工的年龄和工龄,并进行分析。

【任务资料】

参见下载文件"项目 8　Excel2016 在人力资源管理中的应用\任务 8.2　员工管理.xlsx"中的工作表"员工年龄和工龄统计"。

【操作流程】

首先,自动计算员工的年龄和工龄:

(1) 双击"任务 8.2　员工管理.xlsx",单击"员工年龄和工龄统计"工作表标签。

(2) 在 F4 单元格中输入年龄计算公式"=DATEDIF(D4,$B$2,"y")"。

(3) 向右拖动 F4 单元格填充柄至 G4 单元格,得到工龄计算公式。

(4) 选中 F4:G4 单元格区域,向下复制公式。操作结果如图 8-2-3a 所示。

其次,对员工的年龄进行分析:

(1) 设置 J3 单元格公式为"=COUNTIF($F$4:$F$18,"<20")"。

(2) 设置 J4 单元格公式为"=COUNTIFS($F$4:$F$18,">=20",$F$3:$F$18,"<30")"。

(3) 设置 J5 单元格公式为"=COUNTIFS($F$4:$F$18,">=30",$F$3:$F$18,"<40")"。

(4) 设置 J6 单元格公式为"=COUNTIFS($F$4:$F$18,">=40",$F$3:

员工年龄、工龄统计						
当前时间:	2020/3/1					
工号	姓名	学历	员工出生日期	入职日期	年龄	工龄
CZGS001	宋江	本科	1959/12/04	1978/01/25	60	42
CZGS002	卢俊义	大专	1982/12/23	2008/11/23	37	11
CZGS003	吴用	大专	1996/06/17	2012/06/13	23	7
CZGS004	公孙胜	本科	1994/02/15	2010/06/25	26	9
CZGS005	关胜	大专	1991/05/18	2007/07/14	28	12

图 8-2-3a　员工年龄、工龄统计(部分)

$F$18,"<50")”。

(5) 设置 J7 单元格公式为“=COUNTIFS($F$4:$F$18,">=50",$F$3:$F$18,"<60")”。

(6) 设置 J8 单元格公式为“=COUNTIF($F$3:$F$18,">=60")”。

(7) 选中 I1:J8 单元格区域,点击选项卡“插入”→“二维柱状图”→“簇状柱形图”。操作结果如图 8-2-3b 所示。

年龄分析表	
年龄段	人数
20岁以下	2
20~30岁	8
30~40岁	1
40~50岁	1
50~60岁	1
60岁以上	2

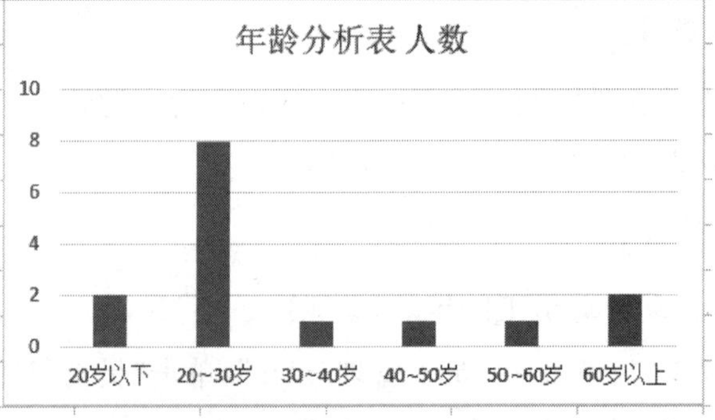

图 8-2-3b　年龄分析

最后,对员工的工龄进行分析:

(1) 设置 J13 单元格公式为“=COUNTIF($G$3:$G$18,"<2")”。

(2) 设置 J14 单元格公式为“=COUNTIFS($G$3:$G$18,">=2",$G$3:$G$18,"<5")”。

(3) 设置 J15 单元格公式为“=COUNTIFS($G$3:$G$18,">=5",$G$3:$G$18,"<10")”。

(4) 设置 J16 单元格公式为“=COUNTIFS($G$3:$G$18,">=10",$G$3:$G$18,"<20")”。

(5) 设置 J17 单元格公式为“=COUNTIF($G$3:$G$18,">=20")”。

(6) 选中 I12:J17 单元格区域,点击选项卡“插入”→“三维柱状图”→“三维簇状柱形图”。操作结果如图 8-2-3c 所示。

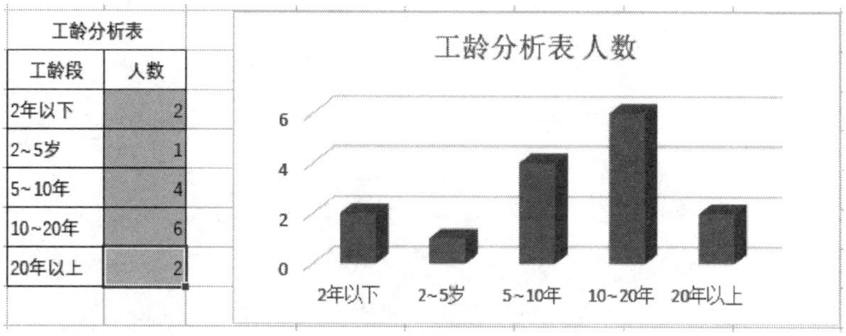

图 8-2-3c　工龄分析

【任务拓展】

请将“任务 8.2.1　员工生日提醒”的任务修改为“××同志还有××天要过生日了,请买礼物”,看看能否写出公式?

【提示】

该公式可能用到 IF 函数、AND 函数、DATEDIF 函数及 TEXT 函数嵌套。